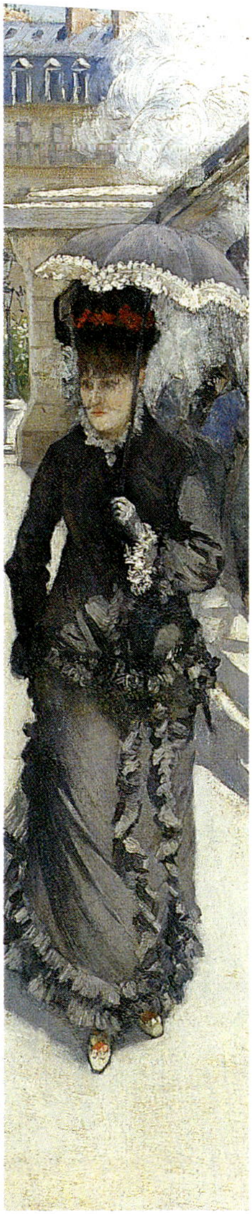

PocheCouleur

Dans la même collection

Directeur artistique et technique :
Ahmed-Chaouki Rafif ;
Coordination éditoriale et iconographique :
Marie-Pierre Kerbrat.

ISBN 2-86770-070-1
ISSN 1248-6981
N° d'éditeur : 1071/1
Dépôt légal : 4e trimestre 1994

Photogravure et montage par CHROMOSTYLE à Tours
Imprimé en France par MAME IMPRIMEURS à Tours

GUSTAVE CAILLEBOTTE
L'oublié de l'Impressionnisme
1848-1894

Jean-Jacques Lévêque

ACR Edition

PocheCouleur

Sommaire

Autoportrait *(1888). Collection particulière. Il y a, dans l'attitude, quelque chose de cette sévérité du bourgeois, avec l'empreinte d'une profonde mélancolie.*

Avant-Propos

Frappé d'une congestion cérébrale le 21 février 1894, Gustave Caillebotte meurt âgé de 46 ans. Il était entré à l'école des Beaux-Arts en 1873. C'est donc dans un laps de temps relativement court (21 ans) qu'il construit une œuvre solide et imposante, reposant sur trois cents peintures répertoriées et de très nombreux dessins préparatoires.
Une œuvre longtemps ignorée ou délaissée, la part de l'artiste dans la vie et le développement de l'Impressionnisme comme amateur et collectionneur ayant occulté le peintre qu'il fut. Proche des impressionnistes par les liens d'estime et d'affection qui s'étaient tissés entre eux et ce grand solitaire, et au-delà d'une période où il avait défini une manière parfaitement adaptée aux ambitions qu'il mettait dans l'acte de peindre, parce qu'il aura été lui aussi tenté par la touche claire et expressive.
Entre la facture libre, vive, ardente d'un Monet qui fut son ami, et le naturalisme de Degas dont il partage le goût pour la modernité, il s'impose comme un artiste singulièrement original ayant su concilier des sujets modernes et une aventure picturale allant dans le sens d'une plus grande liberté d'expression. Là où l'Impressionnisme se déchire entre les tenants de Degas, respectueux de la tradition picturale, mais profondément ancré dans la société de son temps, la modernité, et ceux qui s'affranchissent de la tradition pour une peinture en liberté, Caillebotte parvient à construire une œuvre cohérente, novatrice et d'une stupéfiante richesse intérieure.
Parce que la vie même de Caillebotte n'offre pas d'aspects marquants, qu'elle échappe à tout pittoresque, à toute aventure ; parce que, pour être courte en son développement, ramassée en quelques années, et que la constitution de son œuvre peinte se confond avec sa vie, l'explique autant qu'elle s'en nourrit, cette étude va suivre pas à pas quelques tableaux majeurs qui en sont les points forts.
Comme une sorte de promenade à travers ce qui est une chronique familiale, et la déambulation d'un homme du XIXe siècle, dans une ville tout nouvellement moderne.

Le Père Magloire sur le chemin de Saint-Clair à Étretat *(1884). Collection particulière. Bien plus franchement que ses amis impressionnistes, Caillebotte dépouille l'environnement de ses détails et tend vers une certaine austérité du décor naturel qui renforce le caractère des personnages qui y évoluent. Portant l'attention sur des présences qui prennent une expression forte, et porteuse des propres angoisses et questionnements du peintre. Agissant ici comme un metteur en scène qui charge ses personnages d'exprimer sa pensée.*

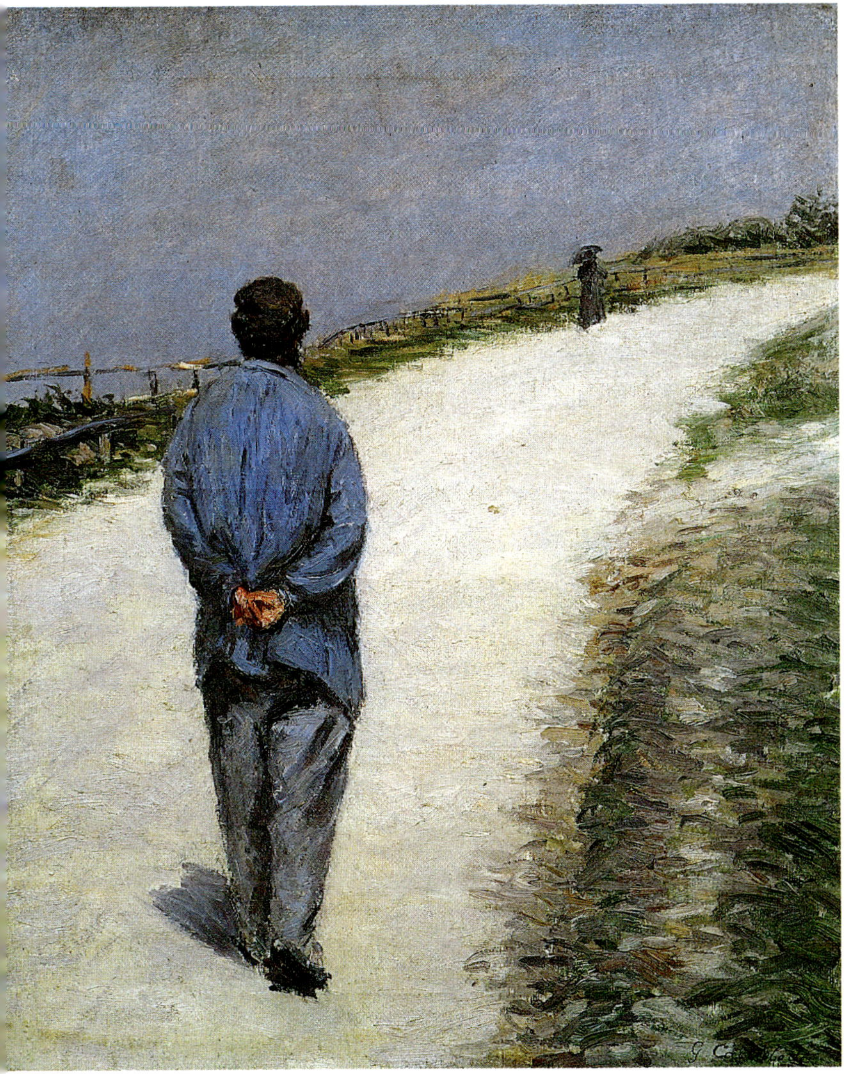

Parce qu'il est bourgeois de naissance, de vie et de mœurs, Caillebotte a vécu dans un climat de luxe tranquille. Un luxe qui n'a rien de voluptueux.
Luxe et calme ne se conjuguent pas avec volupté, et Baudelaire manque à l'appel. On n'est pas, avec lui, dans un monde d'errance frappée de malédiction, où la volupté est une revanche sur la misère et l'angoisse. Mais dans un monde qui offre toutes les apparences de la certitude, et n'expose que l'âme au doute. Non seulement le luxe n'y est jamais un facteur de volupté, mais il semble distiller son propre poison. Il sécrète sa propre ambiguïté. Les personnages de Caillebotte sortent des romans naturalistes. Mais nullement dans la vulgarité convenue d'un Zola, ni la canaillerie morbide d'un Maupassant, et guère plus des affectations mortifères

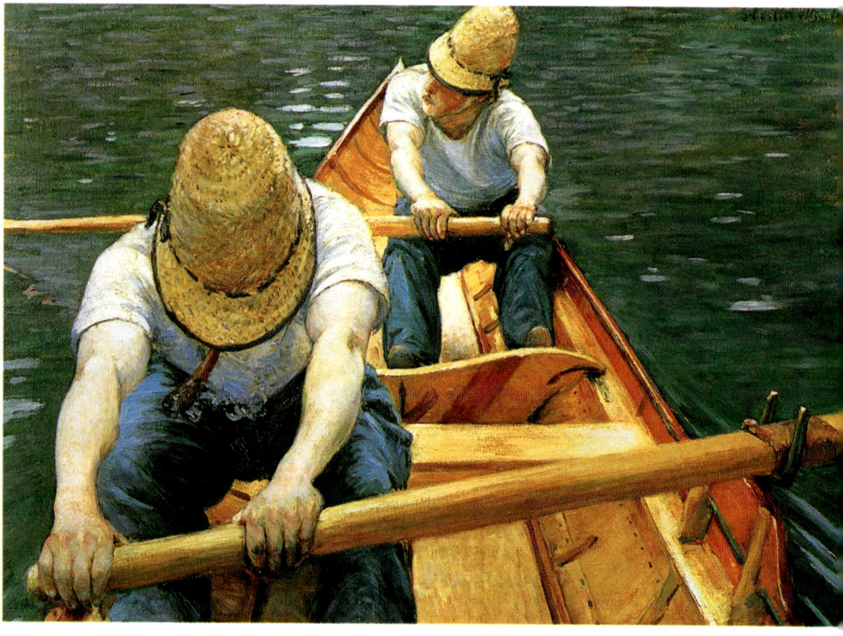

Canotiers ramant sur l'Yerres *(1877). Collection particulière. Au-delà du plaisir du canotage, le peintre souligne l'effort physique. Il retrouve là le goût de la virilité cher à Maupassant.*

Double page suivante :
La Seine à Argenteuil, bateaux au mouillage *(1883). Collection particulière. La Seine aux abords d'Argenteuil aura été un « haut lieu » de l'Impressionnisme. La proximité de la capitale le rendait facilement accessible pour les amateurs de plaisirs nautiques.*

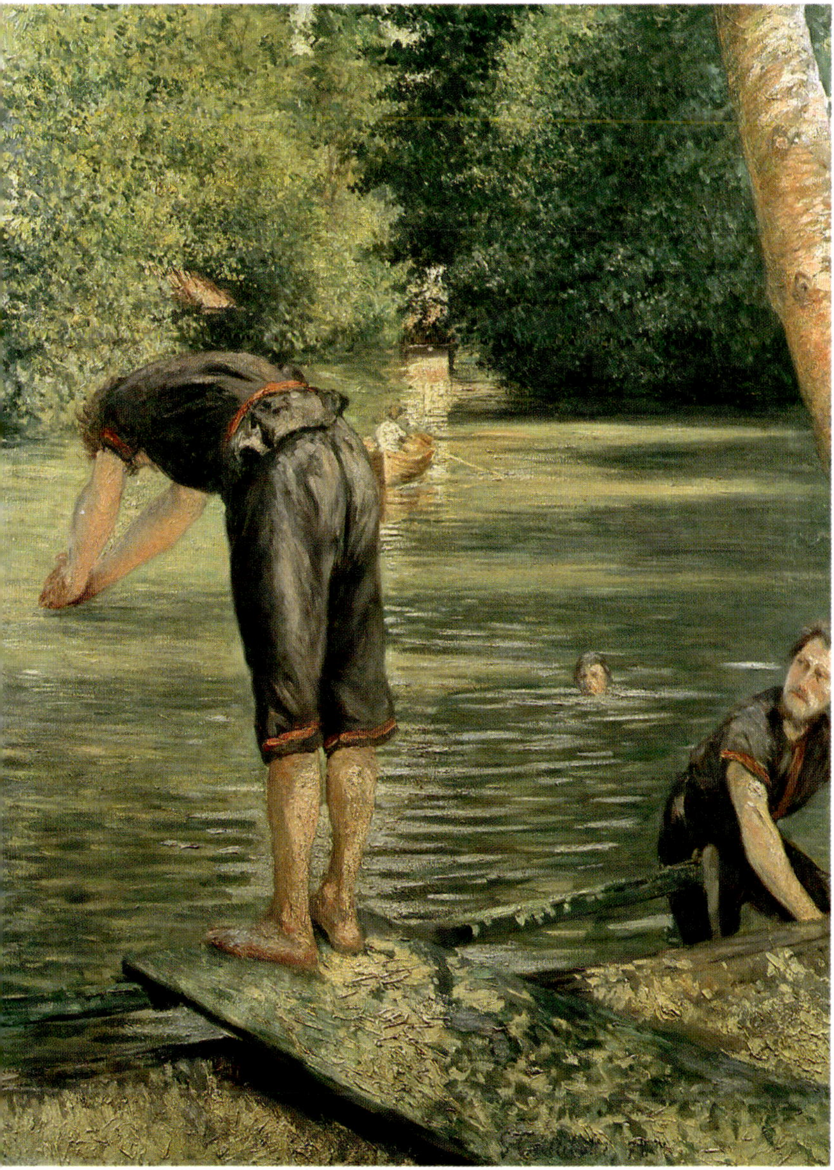

Baigneurs, bords de l'Yerres *(1878). Collection particulière. La présence de l'Yerres, dans la propriété familiale, favorise de grandes baignades où l'on se retrouve en famille et entre amis. Nul débordement comme dans les baignades populaires décrites par Monet ou Renoir.*

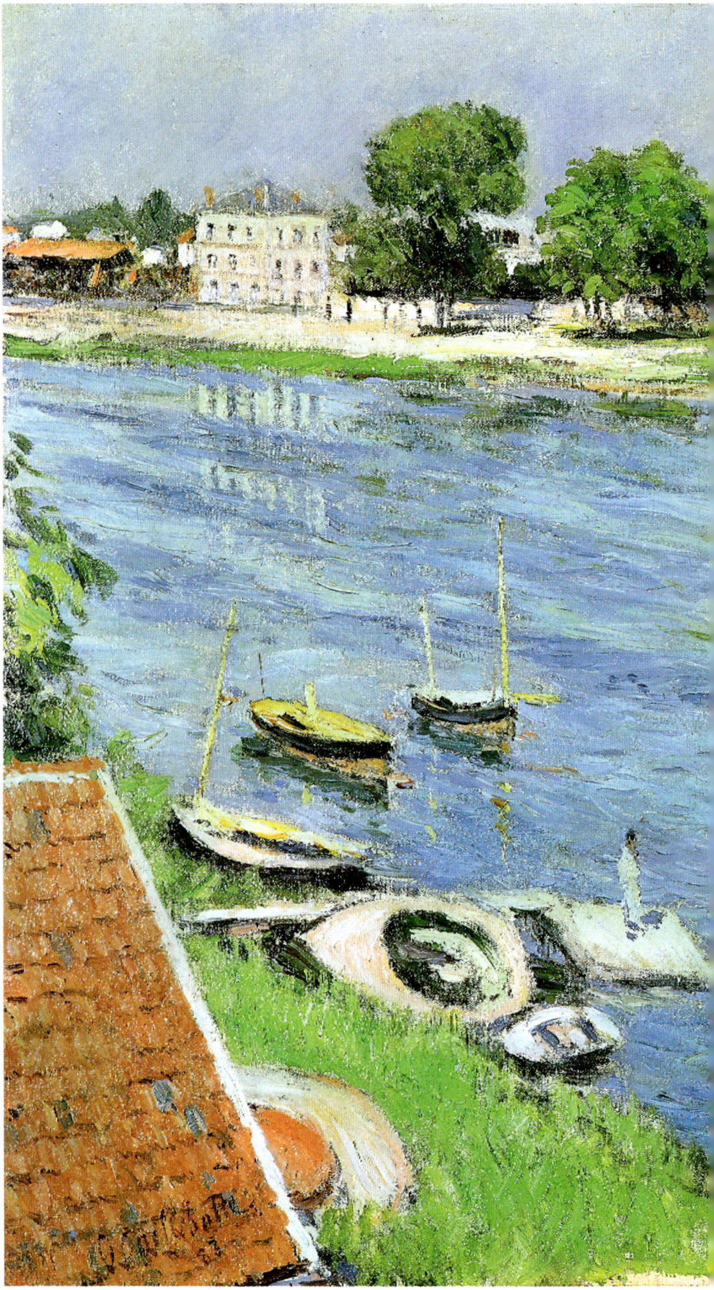

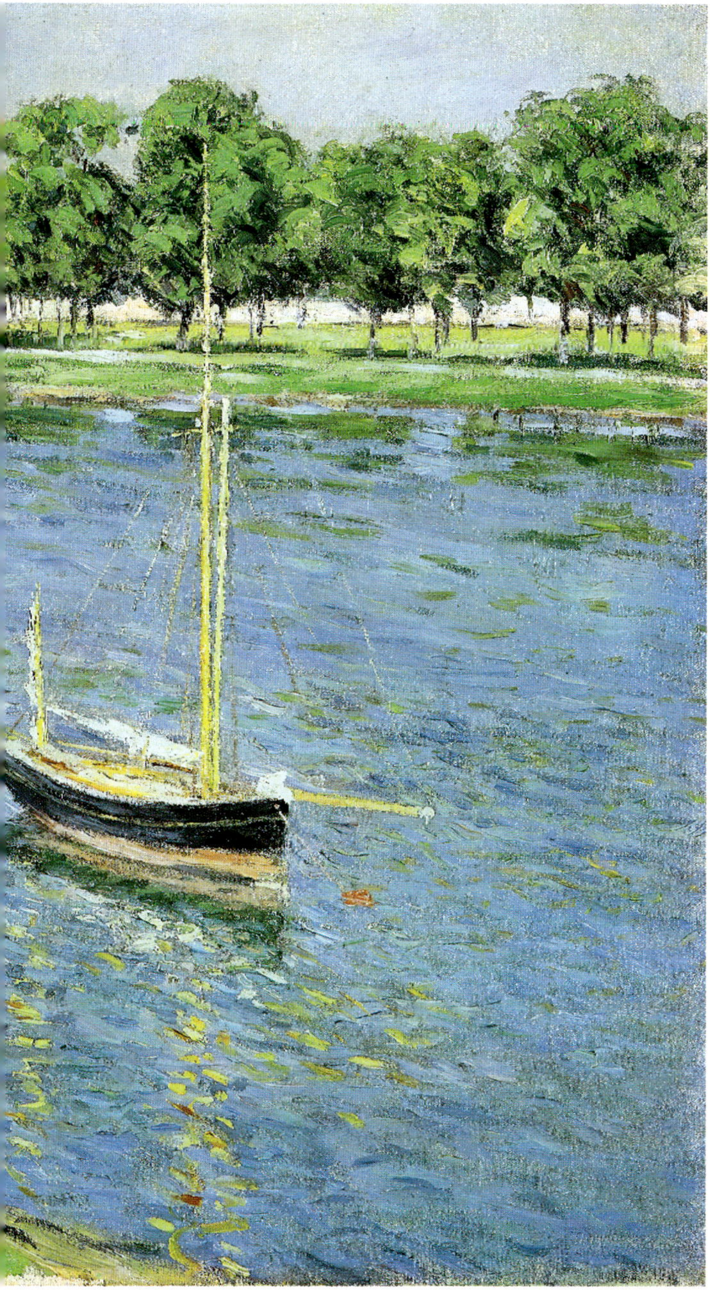

d'un Huysmans, même s'ils émergent parfois des crises de neurasthénie des héros de *Là-Bas*. Les trouverait-on peut-être chez les Goncourt, mais plus dégagés de leur snobisme qu'enfermés dans une certaine pudeur qui les rend finalement énigmatiques. Si profondément ancrés dans leur silence qu'interdits à notre compassion. Se projetant dans une désespérance qui fait basculer leur univers dans une sorte de théâtralité secrète, si discrète qu'elle n'est qu'un murmure. Annonçant là une vision infiniment plus moderne que celle des écrivains de son temps.
Amateur et concepteur de bateaux, et dont l'expérience en ce domaine n'échappe pas à ses compagnons, Caillebotte ne sera pas le meilleur dans cette vision du paysage aquatique qui se développe surtout sur la fin de sa vie et dans laquelle il est loin d'atteindre les sommets de son œuvre, et guère non plus dans ces somptueux bouquets de la phase finale, quand l'art de peindre se confond étroitement à l'art du jardinier. Monet n'était-il pas plus fier de son jardin de Giverny que de ses tableaux ?
Caillebotte est grand, unique, dans sa représentation de la bourgeoisie de son temps, et dans une pratique plus mesurée, plus traditionnelle de la peinture, comme un Fantin-Latour ou un Bazille. Et plus proche encore que ce dernier – climat oblige – de la subtilité parfois nostalgique de la lumière qui se fait avare dans les intérieurs où il donne la pleine mesure de sa véritable profondeur psychologique.
Ici sa peinture s'ancre dans la vision d'un monde (d'une société, d'une classe) dont il connaît les plus subtiles nuances, et jusqu'aux failles qui le minent.
S'il offre d'amples et aimables scènes de jardin où se déploient des groupes tranquilles, c'est parce que la jouissance de la propriété familiale d'Yerres y prédispose, et qu'il y a travaillé à quelques-uns des plus beaux paysages qui n'échappent pas aux délices de la lumière et même les exaltent. Ayant renforcé ses liens avec les impressionnistes, cohabité avec eux, longuement fréquenté Monet avec lequel il partage la passion du jardinage, Caillebotte va éclaircir sa palette, donner plus de fougue à sa touche, et diversifier ses sujets de plein air dans le cadre de ce Petit-Gennevilliers qui lui offre tant de motifs à peindre, au bord de la Seine, et à l'égal du Monet de la période d'Argenteuil, il va s'attacher au thème souvent repris des régates.
Le corps y a sa place, dans l'équilibre des destins longuement prévus, accomplis sans détours ni accidents. Mais la mélancolie y a prise. Qui les ferme sur eux-mêmes, leur confère une dignité qui est peut-être celle du renoncement, du doute existentiel. Il n'y a pas de jubilation chez Caillebotte (on n'est pas chez Renoir), et même ses canotiers si conformes au prototype immortalisé par les nouvelles de Maupassant, qui s'en est largement inspiré, y sont raidis par une forme de dignité qui les distingue et les isole. Nul *Bel Ami* chez lui, mais plutôt de jeunes bourgeois se livrant à une occupation entrant normalement dans leur mode de vie. Sa vision aquatique favorise le plein air et les jeux mobiles et séduisants de l'eau et de l'air. Mais il s'y interdit toute dérive galante. La femme en est quasiment absente.

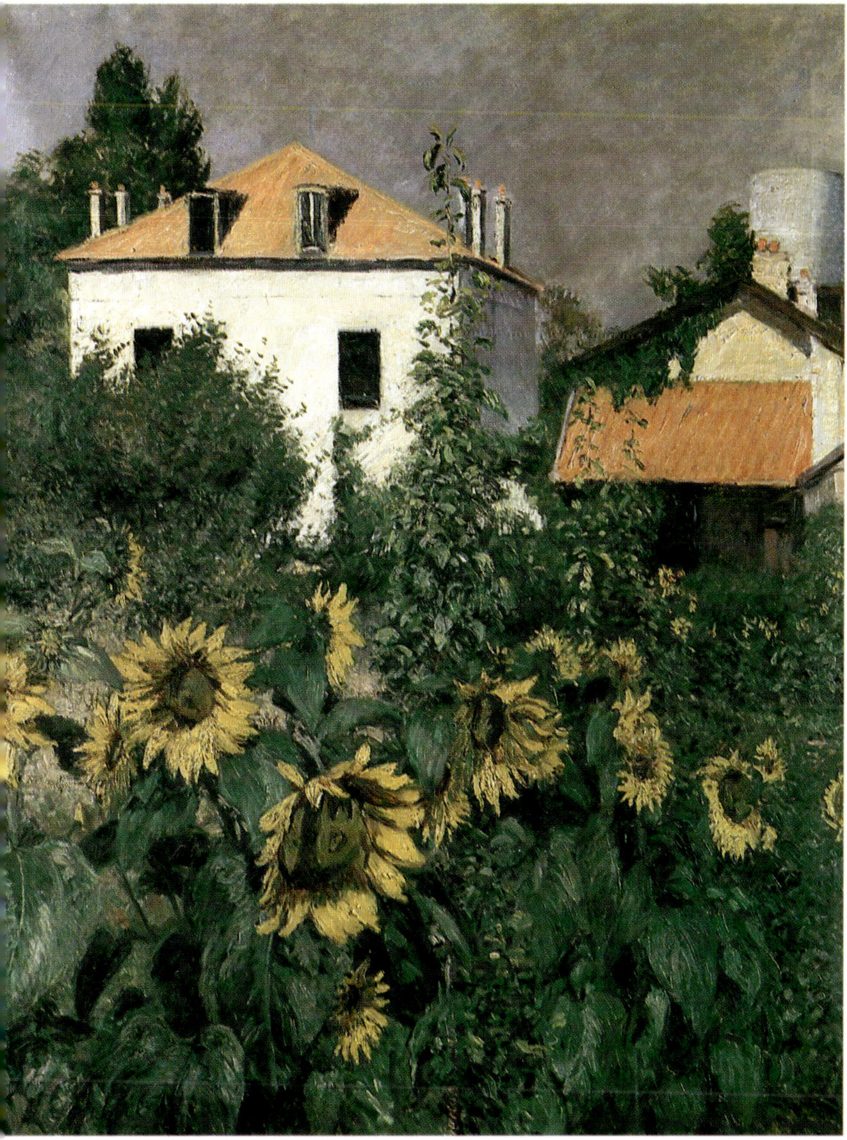

Les Soleils, jardin du Petit-Gennevilliers *(env. 1885). Collection particulière. Tout comme Monet à Giverny, Caillebotte s'attache à créer dans sa maison du Petit-Gennevilliers un véritable laboratoire floral.*

La Caserne de la Pépinière *(1878). Collection particulière. Caillebotte y pratique ce principe des perspectives accusées, et d'une vision très basse, qui donnent une allure imposante aux immeubles.*

La Colonnade du « Casin » *(env. 1870). Collection particulière. Caillebotte s'est souvent attardé sur la belle maison bourgeoise de sa famille à Yerres. Vue de la colonnade parmi les frondaisons amples du jardin.*

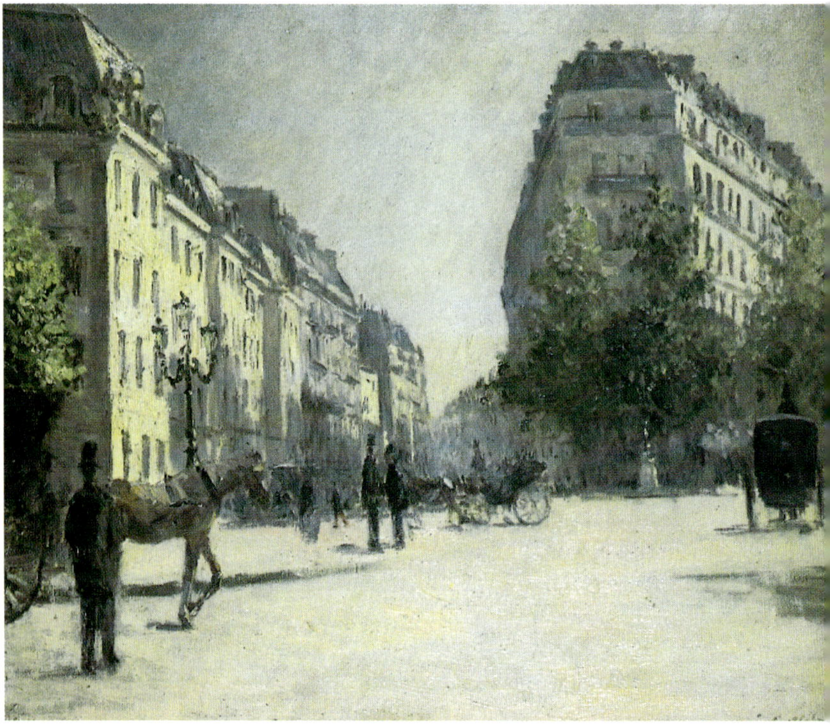

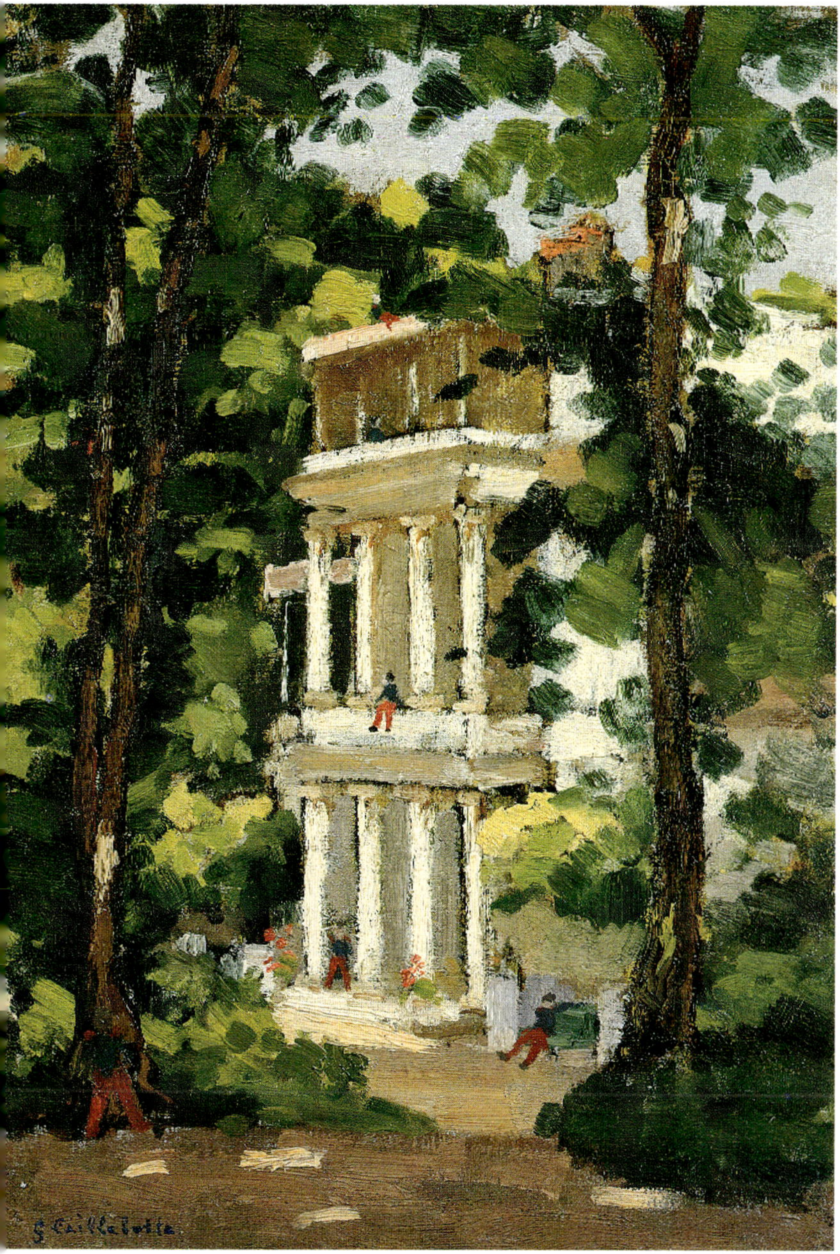
G Caillebotte.

Un peintre naît dans la tourmente

Les premières barricades s'élèvent le 22 février 1848, après des manifestations d'étudiants. Odilon Barrot s'en prend à la Chambre, à l'autoritaire Guizot que Louis-Philippe renvoie pour calmer les esprits, le 23 février. Paris est dans la rue.
Malencontreusement, un soldat est tué boulevard des Capucines, déclenchant une réaction de la troupe qui fait vingt-trois victimes. L'irréparable est arrivé, l'enchaînement de la violence précipite la chute du souverain. Le 24 février, Louis-Philippe quitte les Tuileries peu glorieusement pour gagner l'Angleterre, à bord de l'*Express* sur lequel il embarque au Havre. Sur son chemin il croise, ou presque, Louis-Napoléon qui, sentant son heure venir, arrive à Paris le 1er mars depuis Londres. Mais Lamartine juge plus prudent qu'il tempère son ardeur. L'ultime tentative pour maintenir le régime ébranlé échoue, l'abdication du roi prononcée en faveur de son fils ayant été repoussée par la Chambre. Un gouvernement provisoire se met en place, présidé par Dupont de l'Eure. C'est le 25 février que la République est instaurée par décret. Dès le 26, on abolit la peine de mort pour crime politique et on crée les ateliers nationaux où 130 000 ouvriers sont embauchés et payés 2 francs par jour.
Mois d'effervescence et d'espoir. Quand Paris se soulève, quand Paris lève des barricades, c'est une page d'Histoire flamboyante qui se dessine. Un climat révolutionnaire dans une ville qui compte un million d'habitants mal contenus sur une surface réduite, un tissu urbain serré et anarchique, c'est un climat de fête, et un état de fièvre permanent. Périlleux. On dépave les rues, on plante des drapeaux sur des tas de pierres. Entre deux assauts, c'est la liesse. Inspirée par l'espoir d'un âge nouveau, et parce que le pouvoir est au peuple.
L'instauration, le 5 mars, du suffrage universel, est suivi d'élections (23 avril) qui portent 880 nouveaux députés à l'Assemblée nationale constituante. Ils reçoivent 25 francs par jour et se réunissent dès le 4 mai dans une salle provisoire édifiée dans la cour du Palais Bourbon, « quelque

L'Enfant au canapé *(1885). Musée du Petit Palais, Genève. Plus rare que dans l'univers de Renoir, l'enfant, dans l'œuvre de Caillebotte, s'inscrit dans un catalogue de thèmes liés à la vie familiale. Il en offre une vision intimiste, mais sans la tendresse attentive d'une Berthe Morisot. Sa peinture reste celle d'un homme austère.*

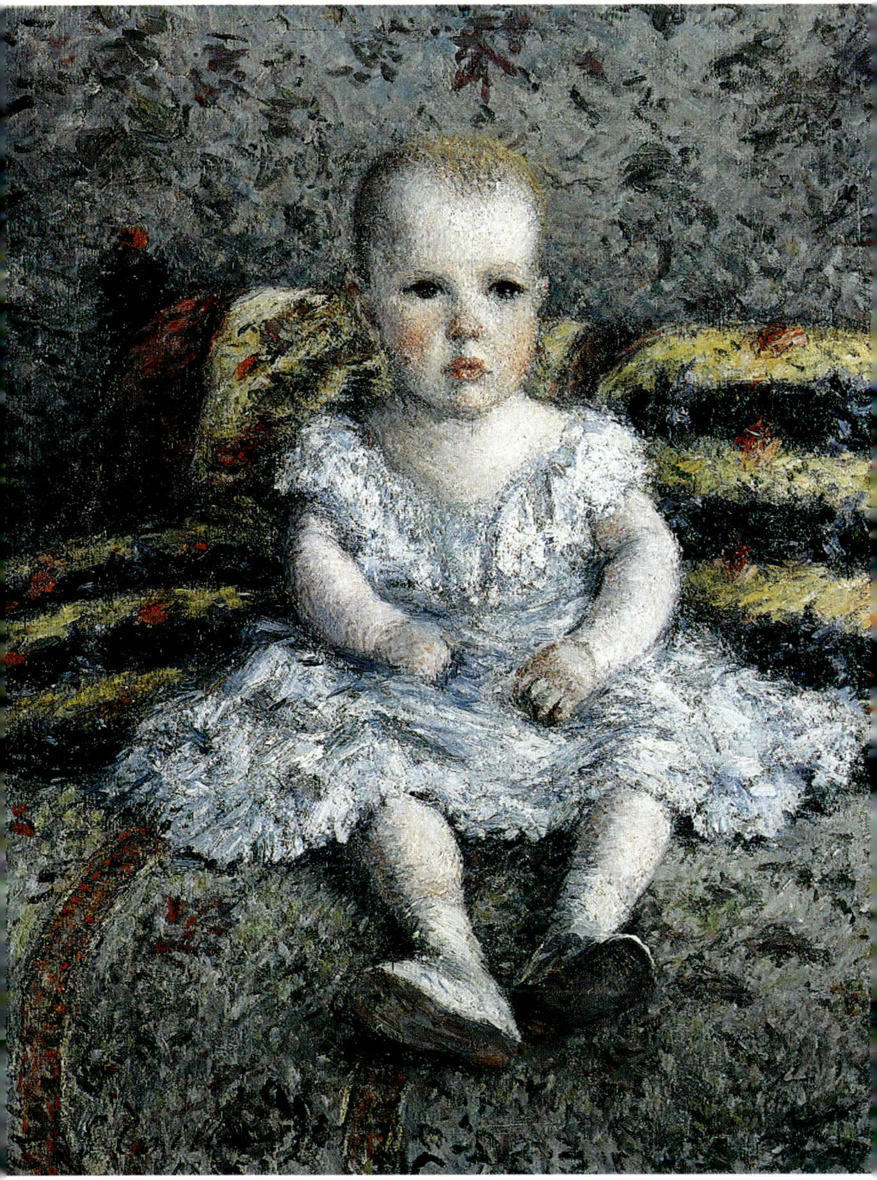

chose comme la salle de théâtre de Carpentras élevée à des proportions gigantesques », précise Hugo. Le 10, une commission exécutive est désignée comprenant Arago, Garnier-Pagès, Lamartine, Ledru-Rollin, Marie.
Garant de l'ordre, ce gouvernement entend en finir avec les ateliers nationaux, vivier de revendications grandissantes. Ces ateliers (une « grève subventionnée » selon Louis Girard) assèchent les ressources publiques et ne produisent que l'aigreur des intéressés. Jugés dangereux pour la reprise efficace des affaires et l'équilibre du pouvoir, il est décidé de les supprimer, ce qui entraîne un vaste mécontentement populaire. Surtout des classes les plus défavorisées vivant presque exclusivement de cette aide camouflée. Comme en février, les désordres reprennent. Mais avec plus de virulence.
Ce sont les journées de juin. Paris s'organise pour entrer en guerre. Les femmes font provision de pain, les hommes graissent leur fusil. Et le 23 des barricades s'élèvent à nouveau. Processus habituel, refrain connu. On en comptabilise 3 883 autour de l'axe nord-sud de Paris, qui, rejetant l'ouest dans une totale indifférence aux événements, se concentrent à l'est, à partir d'une ligne constituée par les rues Saint-Martin et Saint-Jacques, du nord au sud, avec quelques points forts

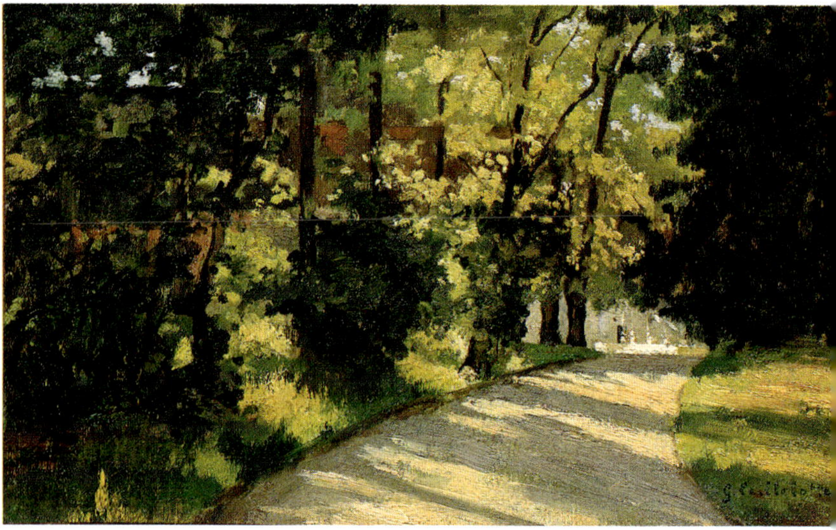

Allée sous bois dans le parc *(avant 1879). Collection particulière. Revenant maintes fois dans les allées de la propriété d'Yerres, Caillebotte expérimente toutes les saveurs d'une lumière tamisée par les arbres, ruisselante et chaude qui participe de l'esprit développé par la peinture impressionniste.*

Camille Daurelle au pied d'un chêne *(avant 1879). Collection particulière. Caillebotte fait volontiers poser les personnes de son entourage. Ici le fils du valet de chambre en service au « Casin ».*

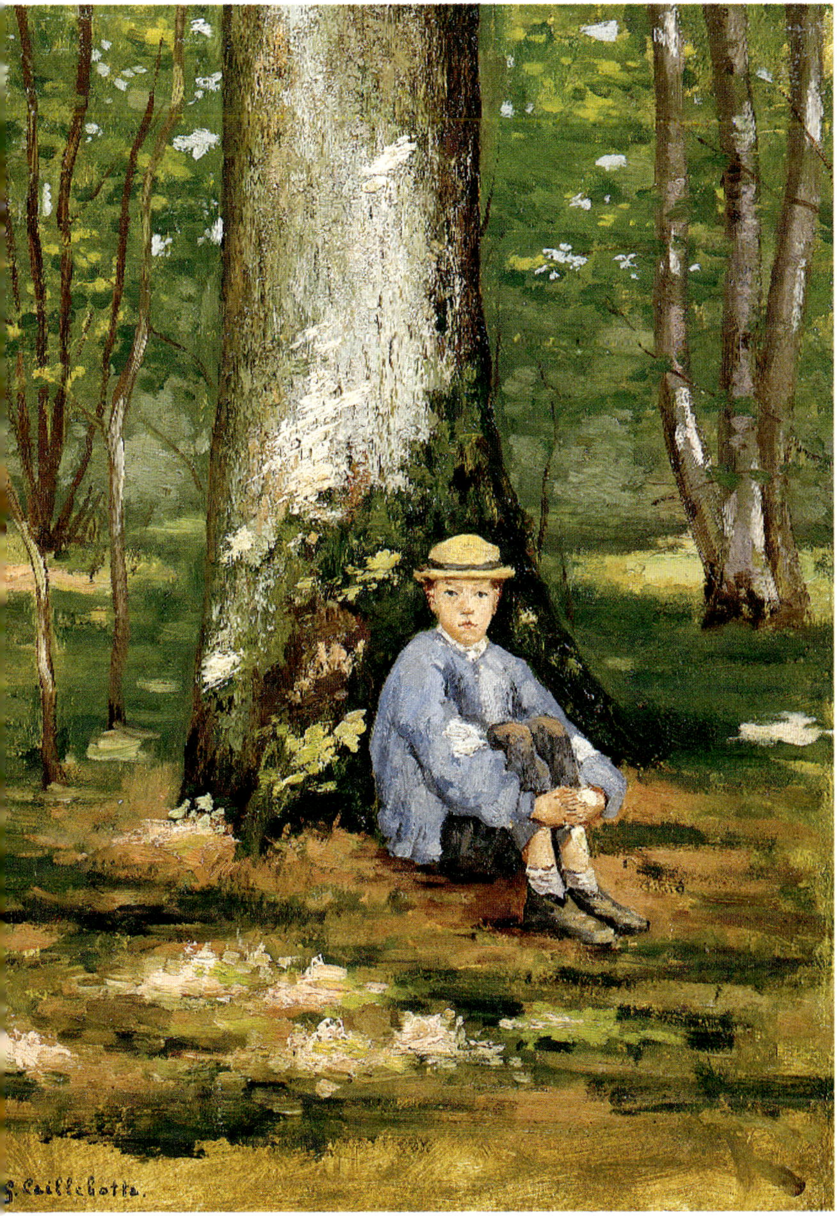
G. Caillebotte.

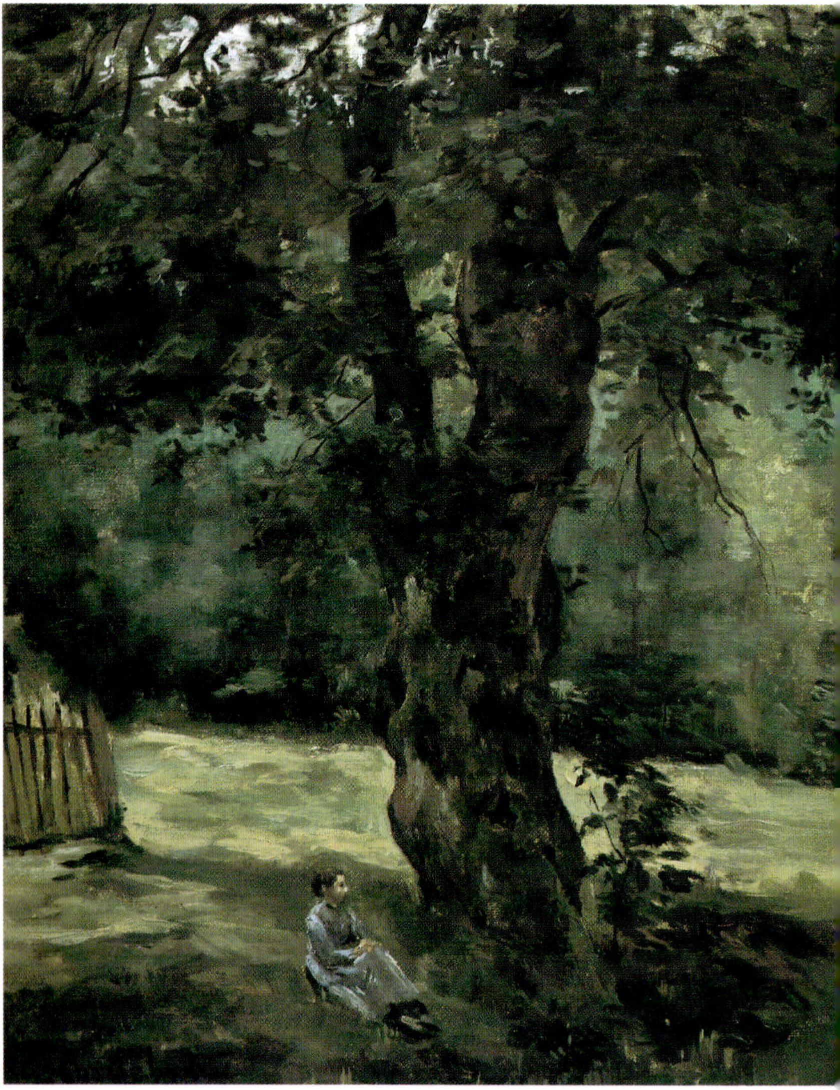

Femme assise sous un arbre *(env. 1874). Collection particulière. Le regard porté par Caillebotte sur la femme est toujours d'une grande réserve, et d'une pudeur rare en son temps.*

comme le Quartier Latin, les abords de l'Hôtel de Ville, les faubourgs Saint-Antoine et du Temple. D'un côté la force publique au service du gouvernement, dirigée par le général Cavaignac (il a la main sur 30 000 hommes déterminés), de l'autre des irréductibles dans la masse populaire des quartiers ouvriers, mais guère plus de 10 à 15 000 hommes, retranchés, fortement intégrés au terrain. Le caractère encore médiéval du centre de Paris est favorable à ces combats de rues propices aux coups de main, aux embuscades, où la troupe s'enlise, et la population à majorité prolétaire qui y demeure est favorable à l'insurrection. Ce seront quatre jours d'un combat pourtant inégal au cours desquels les généraux Négrier, de Bréa, Duvivier et Mgr Affre, archevêque de Paris, trouveront la mort.
C'est Lamoricière qui mène l'ultime combat pour forcer l'insurrection dans ses derniers retranchements au faubourg Saint-Antoine. Le bilan définitif est lourd. Des milliers de victimes, 11 000 personnes arrêtées et 4 500 déportées (en particulier en Algérie).
Le peuple est finalement vaincu, mais on maintient l'état de siège jusqu'en décembre. On ne procède pas à Paris, comme dans le reste de la France, à des élections municipales, craignant l'apparition d'une nouvelle « Commune » (préférant pour la capitale trop brûlante le principe des nominations). En revanche, aux élections législatives de septembre, Louis-Napoléon Bonaparte recueille 110 752 voix sur 247 000 votants, devançant le banquier Achille Fould (79 000 voix) et Raspail (67 000 voix). Un succès que confirme son élection à la présidence de la République le 10 décembre par 5 434 226 voix contre 1 448 107 à Cavaignac, 370 119 à Ledru-Rollin, 36 920 à Raspail, 17 940 à Lamartine, 4 790 à Changarnier.
Dès le 20 décembre, l'ancien proscrit, prêtant serment, est investi à sa charge. Une ère nouvelle s'annonce.

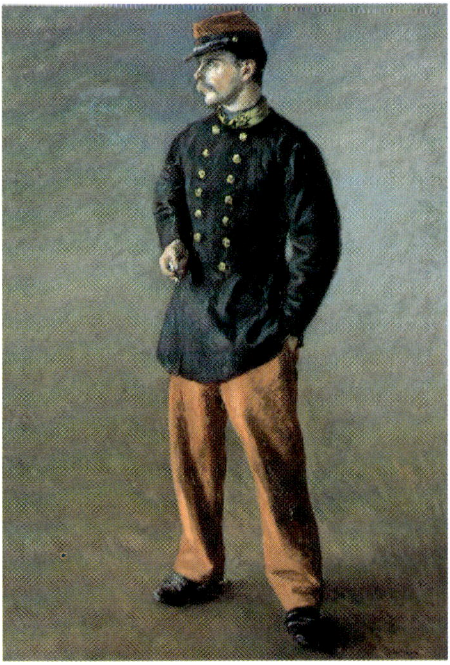

Un Soldat *(env. 1879). Collection Josefowitz. Souvent présent dans des vues du parc d'Yerres, le soldat fait partie de l'univers familier de l'artiste qui est lui-même appelé sous les drapeaux en 1868 et fut affecté à la Garde mobile de la Seine en juillet 1870, combattant d'août à mars 1871.*

Elle va voir l'émergence de forces neuves : celles de l'argent, et donner à la bourgeoisie le plein pouvoir sur les affaires, les mœurs et la culture. Enfant de la bourgeoisie (comme Manet, Degas, Bazille), Gustave Caillebotte, qui voit le jour le 19 août 1848, va vivre ses premières années à la lumière de cette dynamique d'un genre nouveau. Et si c'est dans la fureur de la révolution qu'il amorce son parcours dans le monde qui est le sien, c'est en 1870, lors de la chute de ce régime, qu'il entrera dans le milieu de la peinture. Une enfance sans histoire, sous les lampions de la Vie Parisienne et dans le bruit et les rumeurs de ses plaisirs, une carrière de peintre dans les tumultes d'une fin de siècle inquiète et passionnée.

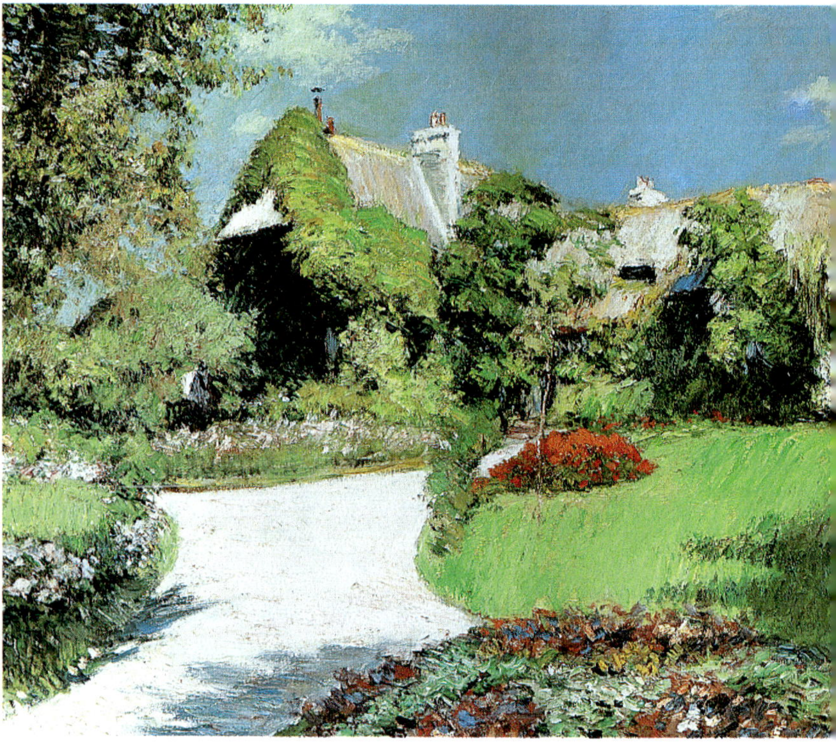

La Chaumière, Trouville *(env. 1882). Art Institute, Chicago. Le regard du peintre impressionniste, face à la nature, s'éloigne de la vision héroïque et littéraire du romantisme et s'attache plus volontiers au charme qu'elle peut dégager. Faisant le lien avec une certaine vision idyllique du XVIIIe. Mais sans aucun artifice ni complaisance au nom d'un paradis retrouvé.*

Femme assise dans l'herbe *(1874). Collection particulière. On retrouve là toute la spontanéité, la fraîcheur et l'heureuse hardiesse de la touche du Monet du* Déjeuner sur l'herbe *(avec un modèle qui pouvait y figurer). Pourtant, Caillebotte est encore aux premiers balbutiements de son art.*

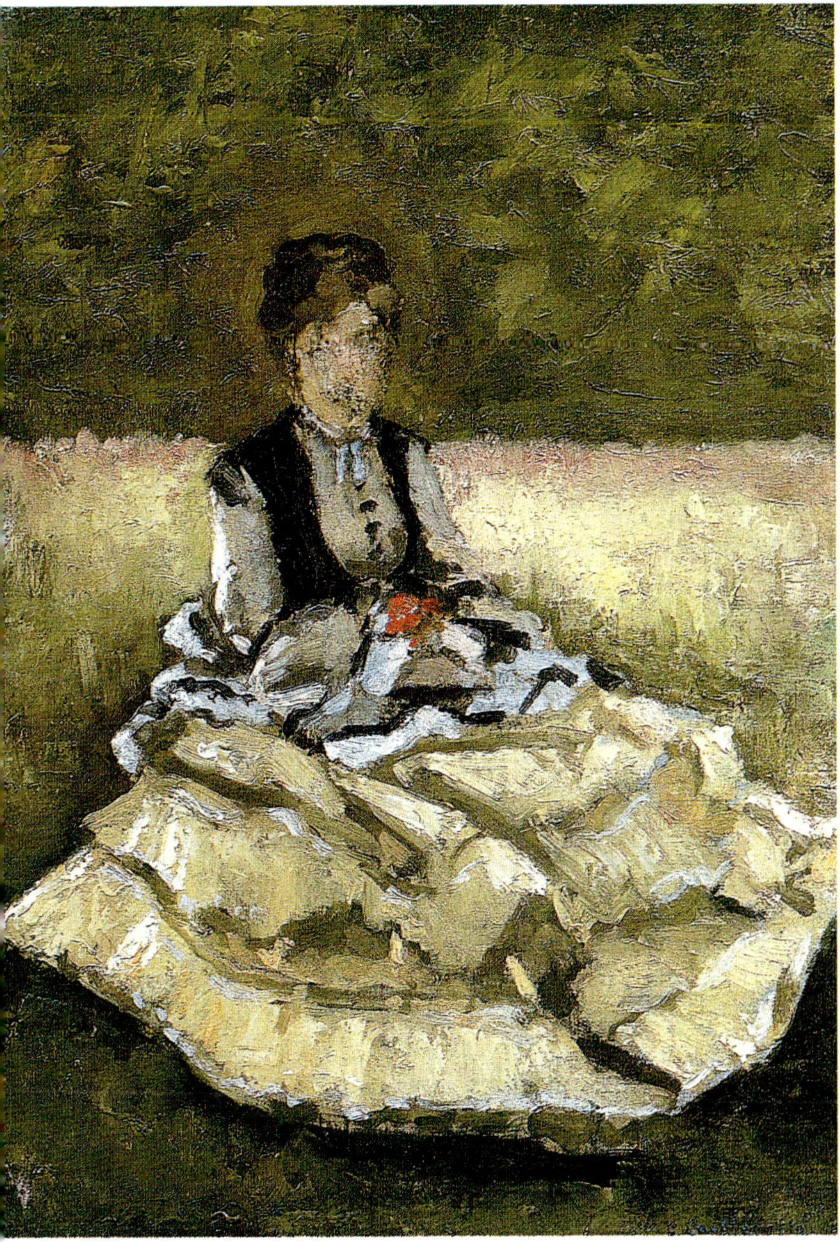

Un humanisme sur fond de négoce

Le Paris où il naît est populaire. La rue du Faubourg Saint-Denis est tracée sur l'un des chemins les plus anciens traversant la capitale, et déjà au temps des Mérovingiens. Elle entre en concurrence avec sa voisine, la rue du Faubourg Saint-Martin, et bientôt la supplante, car elle est le chemin le plus court pour aller du centre administratif de la ville (l'île de la Cité) vers l'abbaye Saint-Denis, haut lieu de la mémoire monarchique, ainsi qu'à la célèbre foire du Lendit. Ainsi la voie sacrée et celle du commerce se fondent en une artère qui était aussi la rue principale du faubourg implanté extra muros, au-delà de la porte Saint-Denis. C'est là que s'ouvre, en 1787, le premier café-concert inventé par un futur membre du Tribunal Révolutionnaire. C'était, à l'enseigne du Cheval Blanc, au fond d'une cour livrée à une plaisante végétation, un lieu de rendez-vous populaire.

La mère de Gustave, Céleste Daufresne, dont il est le premier enfant, n'a que vingt-neuf ans alors que le père, Martial, deux fois veuf avant cette union, avait quarante-neuf ans et déjà un fils, Alfred, qui sera le créateur de la paroisse Saint-Georges, curé à Notre-Dame-de-Lorette, et considéré comme « le plus riche curé de Paris avec cinquante mille livres de rente ». Martial était lui-même le rejeton d'une longue lignée d'industriels du textile installés à Domfront, dans l'Orne, alors que Céleste Daufresne était la fille d'un avocat de Lisieux, et petite-fille d'un notaire. La fortune de l'entreprise était liée au fait qu'elle fournissait draps et couvertures à l'armée. D'où l'enseigne du magasin « Le lit militaire », au 152 faubourg Saint-Denis, où s'installe toute la famille en 1850, venant du 160 de la même rue où est né Gustave. La famille

Portrait d'Eugène Daufresne lisant *(1878). Collection Josefowitz. La pratique de la lecture s'accommode ici d'un climat de luxe tranquille.*

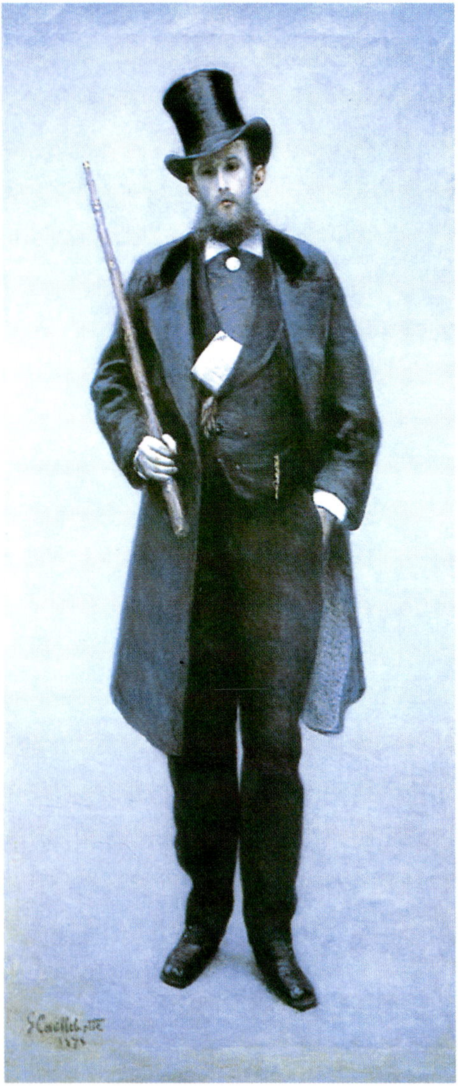

Portrait de Paul Hugot *(1878). Collection particulière. Il se situe entre l'élégance de Carolus Duran et la morgue amusée de Manet. En fait, un pur produit du portrait mondain tel qu'il se pratiquait, et qui faisait le succès d'un maître du moment : Léon Bonnat.*

s'agrandit rapidement avec la naissance en 1851 de René et d'un Martial en 1853.
La jeunesse de Gustave s'écoule au rythme de cette constante croissance et sous le signe de la fortune que marque, en apothéose, la construction d'un hôtel particulier dans les tout nouveaux quartiers de l'ouest parisien et le voisinage du boulevard Malesherbes qui vient juste d'être ouvert. Cette voie dessert un Paris qui s'organise entre le parc Monceau et les grands boulevards, devenant un fief attitré des nouvelles fortunes, des artistes à la mode et des cocottes. Boulevard Malesherbes, large artère bordée d'immeubles cossus, vont s'installer durant ce demi-siècle : le comédien Coquelin cadet, la courtisane Valtesse de la Bigne, les musiciens Georges Bizet, Gabriel Fauré, André Messager, les peintres Edouard Detaille, Ernest Meissonier, Henri Gervex, les écrivains Catulle Mendès et Pierre Louÿs.
C'est à l'angle des rues de Lisbonne et de Miromesnil, au 77 de cette dernière, que s'élève la bâtisse familiale. Une ample demeure de « deux étages, plus un étage de combles où se trouve un atelier de peintre... le passage des voitures se faisant par la porte cochère du 15 rue de Lisbonne... ».
Pas très loin de là, Geneviève Strauss, née Halévy et qui fut, en premières noces, la femme de Georges Bizet, tient un salon célèbre fréquenté par Meilhac, le librettiste à la mode ; Forain, le caricaturiste ; Arthur Meyer, le patron de presse ; Robert de Flers, l'auteur de comédies acides ; Reynaldo Hahn, délicat musicien ; Abel Hermant, romancier mondain. Une galerie des

personnages qui vont bientôt circuler sous des masques dans *A la recherche du temps perdu* de Marcel Proust...
Voisins, les Caillebotte ne sont pas de ce monde-là. Plus tapageur, plus volubile, plus brillant, plus futile que le leur. Plus soucieux d'apparence et d'illusions, plus fragile en ses passions, plus séduisant en ses éclats. Chez les Caillebotte on a la rigueur, la modestie, la retenue des fortunes établies sur le travail. C'est une fortune née du négoce, et si Martial sera juge du Tribunal de la Seine, si le père de Céleste est avocat, on reste là entre gens que l'éclat de la vie mondaine attire peu ; et même rend méfiant. C'est une bourgeoisie laborieuse, rigoureuse, casanière et peu incline à l'éclat, au brio, au bel esprit, au noctambulisme et au panache. Une bourgeoisie en

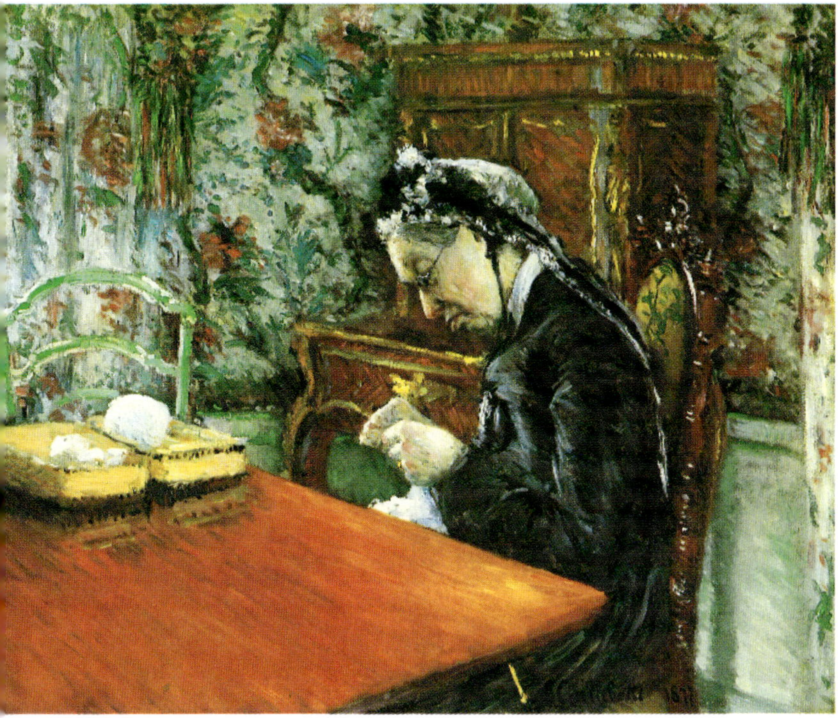

Madame Boissière tricotant *(1877). Museum of Fine Arts, collection John R. et Audrey Jones Beck, Houston (Texas). Proche du* Portrait de madame C *(Caillebotte), il traduit le climat de quiétude laborieuse qui entoure la vie familiale du peintre.*

revanche sensible au luxe des belles demeures.
A l'hôtel de la rue de Miromesnil, qui n'affiche pas l'état d'une fortune, mais le confirme sans ostentation, s'ajoute bientôt, en 1860, une « campagne ». A une quinzaine de kilomètres au sud de Paris, en lisière de la forêt de Sénart, dans le charmant village de Yerres qui doit son nom à la capricieuse rivière qui le traverse.
On est là dans une nature à la fois aimable et docilement civilisée par l'attrait qu'exercent alors les plaisirs champêtres sur une société qui commence à éprouver les tracas d'un Paris qui s'urbanise. Chacun va à la campagne selon ses moyens. Les plus modestes dans des logis de fortune, des cabanes parsemées aux abords des rivières et dans la fréquentation assidue et enthousiaste des auberges et guinguettes qui s'installent de plus en plus nombreuses sur les parcours les plus fréquentés, la croissance des réseaux ferroviaires entrant dans le

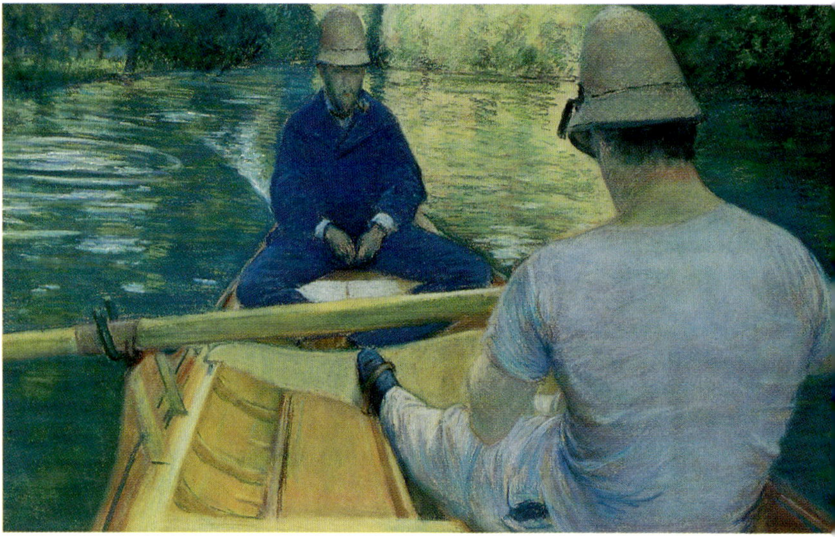

Canotiers sur l'Yerres *(1877). Collection particulière. La vivacité du cadrage retrouve toute la force d'un flash photographique. A quoi s'ajoute la construction rigoureuse dans la coulée franche de l'eau sur laquelle s'inscrit la grande horizontale de la rame. Un étonnant exercice de virtuosité.*

Pêcheur à la ligne *(1878). Collection particulière. Des présences humaines parfaitement intégrées au cadre végétal et participant intimement de leur savoureuse et frémissante ardeur.*

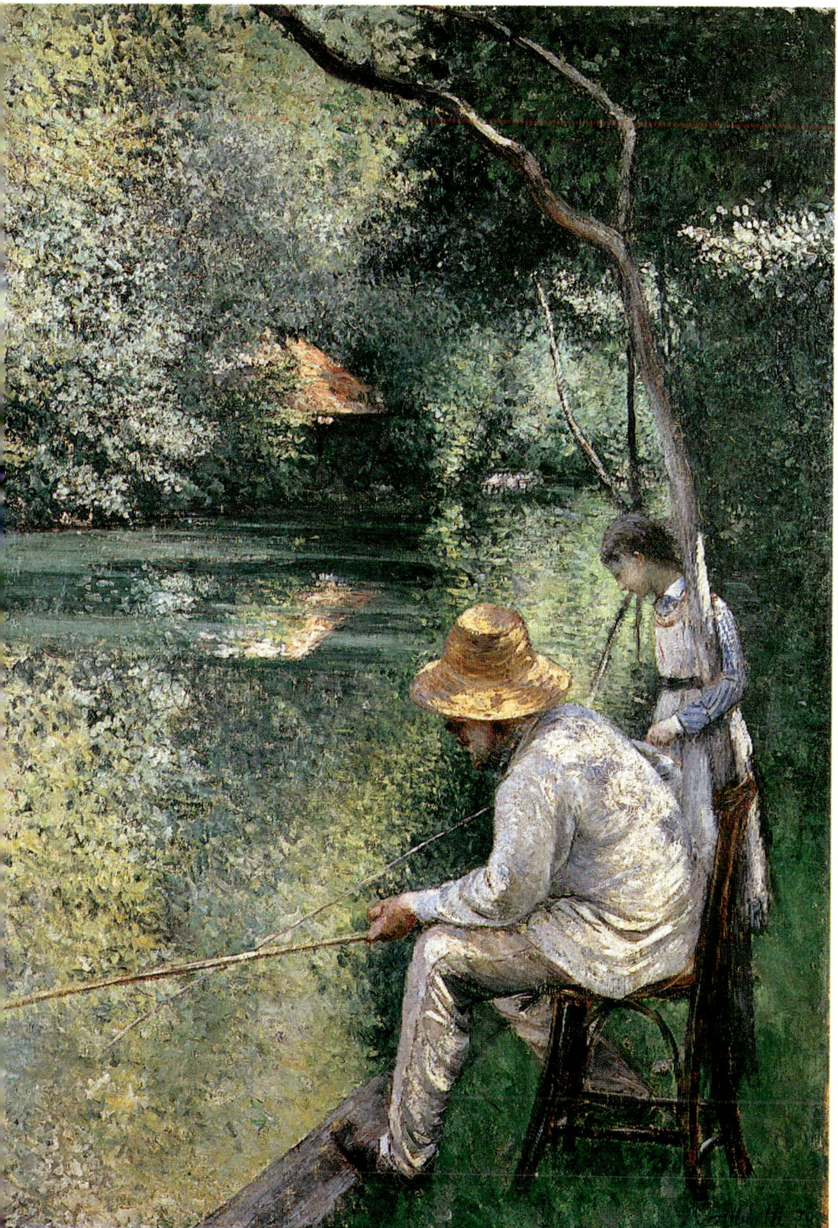

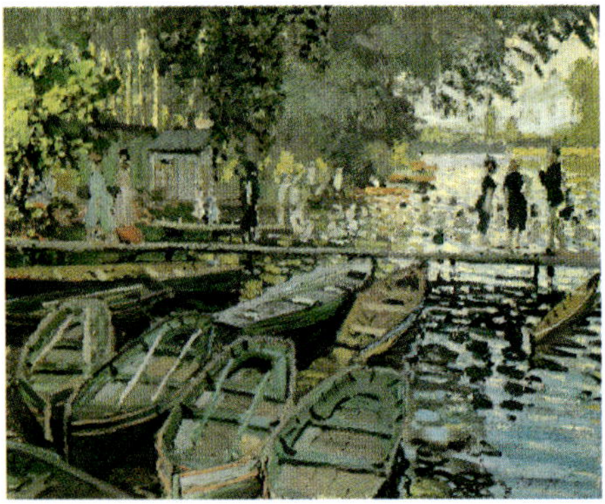

CLAUDE MONET. La Grenouillère. *National Gallery, Londres. Si la fortune personnelle de Caillebotte lui permet de trouver dans son cercle familial les sujets à peindre, et Yerres en constitue un véritable catalogue largement exploité, Monet doit, comme la plupart de ses amis et confrères, fréquenter les lieux publics, guinguettes et baignades, avec leurs foules animées.*

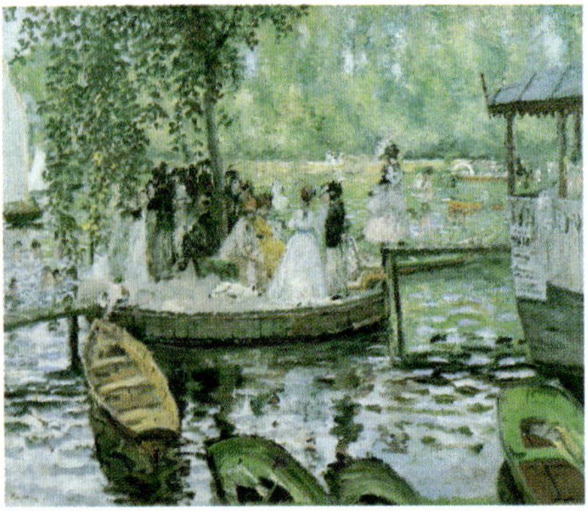

AUGUSTE RENOIR. La Grenouillère. *Collection Oskar Reinhart, Winterthur. Tout comme Monet, Renoir fréquente les lieux publics. C'est côte à côte que les deux peintres ont croqué l'animation de la plage, les jeux de l'eau, dans un chatoiement heureux des couleurs et de la lumière.*

développement de cette mode ; les plus riches dans d'amples et aimables propriétés qui prennent le relais des châteaux aristocratiques et favorisent l'essor d'une nouvelle architecture, faite de pastiches mais agrémentée d'un art des jardins qui reprend en compte l'esprit du XVIIIe siècle. La propriété des Caillebotte illustre parfaitement cette mutation.

« Paris étouffe, il cherche de plus vastes horizons :
pour étaler l'ampleur de ses robes à queue,
Son enceinte est gênante, il lui faut la banlieue ;
Cela lui plaît de voir, sans quitter son fauteuil, la verdure
et les champs... ».

Ce méchant poème de P. Juillera (1861) donne le ton.

L'attrait de la campagne sur les esprits va précipiter la peinture vers de nouveaux horizons.

Caillebotte n'échappe pas à la règle. Il vit le phénomène en privilégié. En riche bourgeois dont la famille s'est rendue acquéreur d'une belle demeure entourée d'un parc. C'est, au 6 de la rue de Coucy, un vaste pavillon du XVIIIe siècle dont la noble façade à sept fenêtres, percée de deux niches, est encadrée de deux avant-corps, surmontés d'une terrasse, qui lui confèrent une allure de petit château précédé de sa cour pavée et doté de nombreuses dépendances. Un vaste parc de sept hectares déploie ses douces ondulations agrémentées de multiples « fabriques » dans l'esprit des jardins de philosophes du XVIIIe siècle, à la mode de Jean-Jacques Rousseau. On y trouve une maison suisse-laiterie, une chapelle dans le genre gothique, émanation du style Troubadour, un kiosque en surélévation sur une grotte qui sert de glacière et, au-delà du lacis d'allées capricieuses, fertiles en surprises paysagées offrant de multiples points de vue sur la maison, l'orangerie ; enfin, murmurante, constamment présente dans ses fouillis de hautes herbes, l'Yerres qui longe le parc et qu'Alphonse Daudet voyait « bleu noir profond, frigide, endormie sous de hauts ombrages... », alors que Caillebotte, qui s'y livrait aux joies du canotage, lui donnait tous les visages possibles, du mystère de ses verts profonds jusqu'aux chatoiements du plein été, quand d'élégantes et fines périssoires y glissaient. Silencieuses.

Avec une expression particulièrement sensible de cette fluidité du temps et de l'espace, associée au lent écoulement de l'eau tranquille où s'inscrit le plus doux frisson d'un air léger. Ce qu'Anatole France a traduit par cette remarque : « Tout s'oublie et se perd au cours rapide des heures (...), toutes nos actions coulent comme l'eau des fleuves entre des rivages sans mémoire... »

C'est que Caillebotte dispose peu de personnages dans ses scènes aquatiques, contrairement à Renoir et Monet peignant *La Grenouillère*, et décrivant des foules joyeuses, pittoresques, et un rien canailles. Il se contente d'une figuration raréfiée et neutre. Toute entière attachée à sa pratique, celle du canotage en périssoire, impliquant une quasi-immobilité du corps, une totale adhésion à la fragile embarcation qui est une sorte de prolongement du corps, de chaque geste finement calculé et obéissant à de strictes lois d'équilibre et à une dynamique du mouvement. Celle de la vitesse. Le bateau n'étant pas ici un lieu de plaisir ou de convivialité, mais d'un record sportif. Même les canotiers (*Canotier ramant sur l'Yerres,* 1877) obéissent aux dures lois de l'effort. Caillebotte passe insidieusement du canotage à l'expression de l'énergie. L'eau offre une résistance qui exige l'union des forces, l'exhibition de la musculature. On entre dans l'espace du surpassement de soi qui attirait

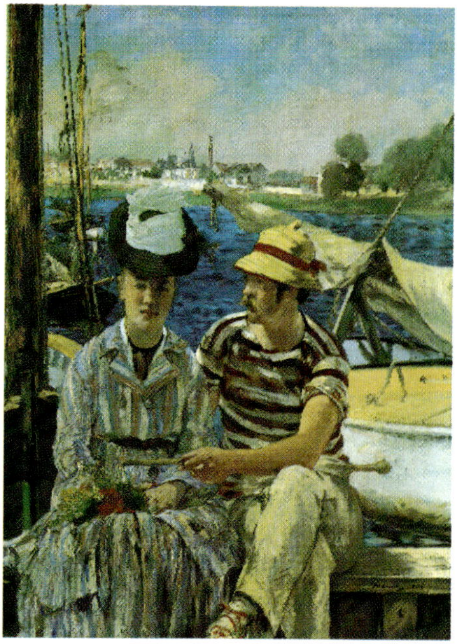

EDOUARD MANET. Argenteuil. *Musée des Beaux-Arts, Tournai. Contrairement à la vision de Caillebotte, souvent en effets de perspective, Manet a préféré une vision frontale, pour mieux mettre en scène la part galante entrant dans sa vision des régates. Qui sont plus volontiers des prétextes à des fêtes de l'amour qu'à des exploits sportifs.*

tant Maupassant dans l'art du canotage. On est loin, quoique la représentation masculine y soit sensiblement identique, des doux conciliabules imaginés par Manet (*Argenteuil,* 1874).
Cette approche de l'eau, des jeux et activités sportives qu'elle suscite, est la conséquence directe de la présence de l'Yerres dans son quotidien, comme les scènes d'intérieur, qu'il multiplie et où il s'enferme si délicieusement jusqu'au plus total isolement, découlent tout naturellement de son cadre bourgeois de citadin nanti.
La peinture de Gustave Caillebotte va évoluer dans le creux de sa vie quotidienne, comme les pages successives et réfléchies d'un journal intime.

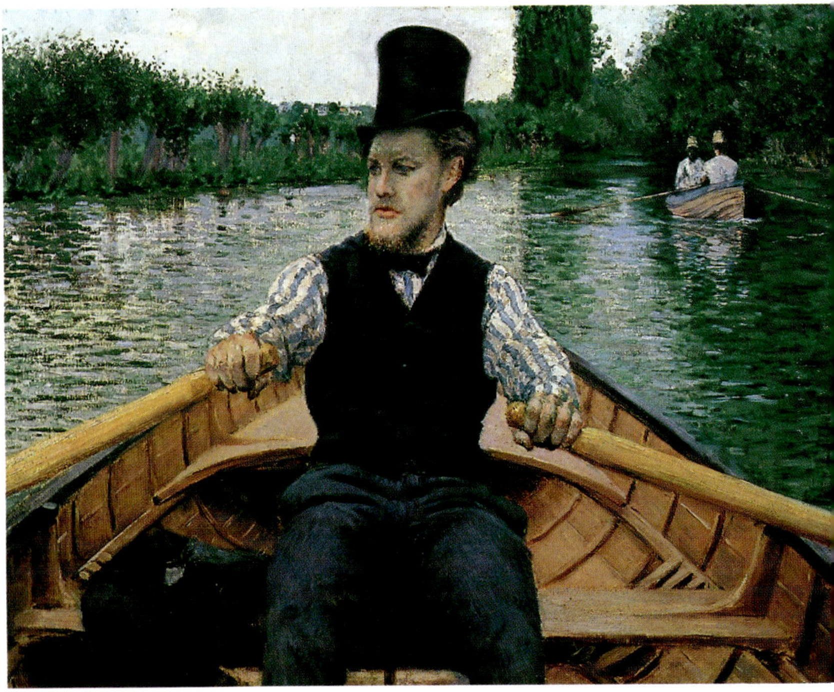

Canotier au chapeau haut de forme *(1877). Collection particulière. Dit aussi* Partie de barque. *Caillebotte reste fidèle à ses personnages, seraient-ils dans une action que contredit leur tenue vestimentaire. A la tenue des ouvriers en goguette qui peuplent les scènes de Renoir, il a préféré un citadin qui aura improvisé une partie de barque en conservant les traits distinctifs de sa situation, voire de sa fonction sociale.*

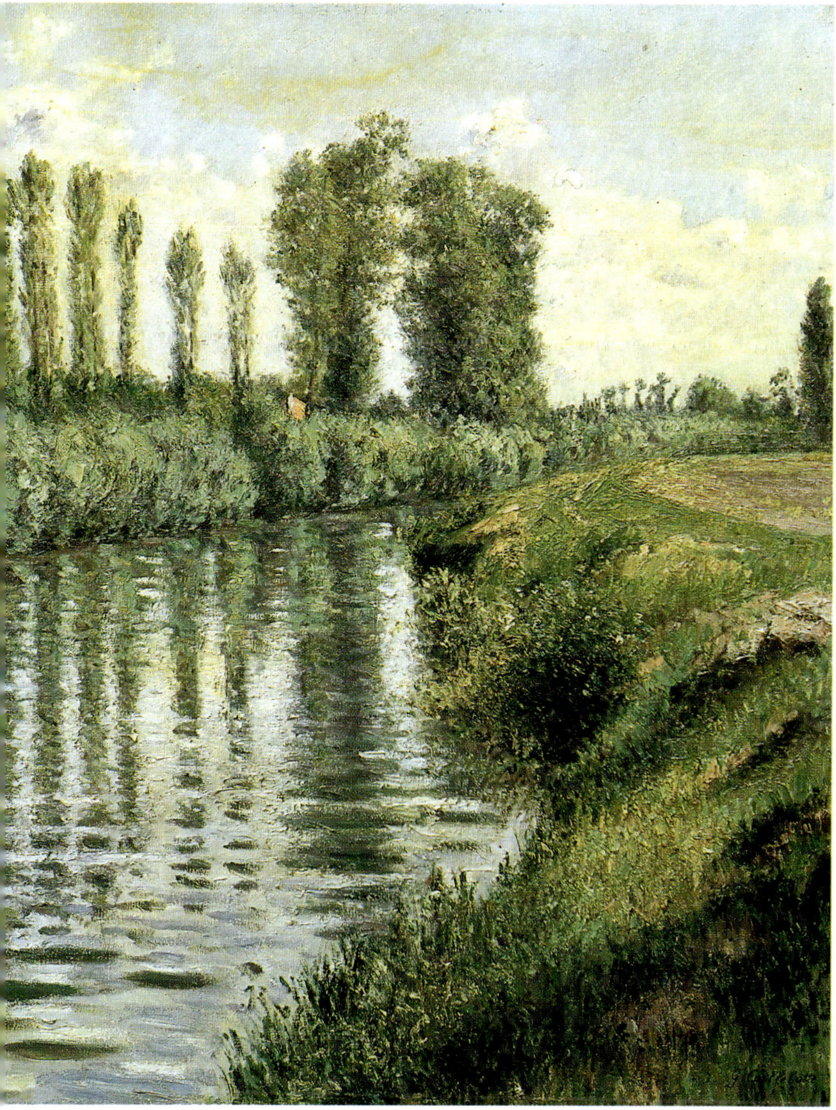

Le Petit Bras de la Seine à Argenteuil. *Collection particulière. Tout est en place pour l'exploration du paysage pur, comme réceptacle des phénomènes de la lumière qu'enchante l'eau, que diffuse le ciel largement déployé, au-dessus d'une courbe nonchalante de la rivière et dans le creux intime d'une rive aux allures bocagères.*

Un jeune bourgeois au temps de la Vie Parisienne

Avant que d'être peintre et de s'y définir en totale contradiction avec le destin que sa famille lui avait tracé, mais sans qu'elle y semble opposer une résistance quelconque, Gustave Caillebotte mène la vie d'un jeune bourgeois dans une société (celle du Second Empire) qui flatte la réussite sociale, l'encourage, et se fait séduisante à tous ceux qui s'intègrent sans résistance ni répugnance avouée à ses ambitions. L'établissement d'une société de profits et de jouissance.

La jeunesse de Gustave ne révèle rien qui ressemble à une révolte ou un doute. Une assimilation plutôt facile aux exigences de la scolarité, une excellence reconnue dans les matières littéraires. Il est bon pour une carrière qui rehausserait le standing familial.

Il en est ainsi dans cette classe aisée issue des désordres sociaux répétés depuis la grande Révolution où l'on voit des familles se hausser progressivement aux plus prestigieuses fonctions de l'État, qui ont leurs racines dans la glèbe, l'échoppe ou le comptoir. Une progression qui s'articule sur la succession des générations. Le phénomène, qui devait tout naturellement toucher Caillebotte, qui en marquait toutes les dispositions pour y répondre, ne manifestant pas en parallèle, comme c'est aussi le cas, une réaction à contre-courant, ou des velléités artistiques pour s'en justifier, semble se briser sur les affronts de l'Histoire.

Né à la vie sous les coups de force populaires de la Révolution de 1848, il va naître à la peinture sous les coups de l'Histoire qui assène à sa classe la pire des épreuves qu'elle pouvait craindre : la chute de l'Empire.

Bâchelier en droit en 1869, Caillebotte est mobilisé lors du conflit franco-prussien, et bientôt il participe à la défense de Paris dans les rangs de la Garde mobile de la Seine, jusqu'aux heures sombres de la Commune.

Cette génération de jeunes hommes agressés par l'Histoire ne pouvait en sortir indemne. Certains vont s'y nourrir de haine pour le corps social, tel un Rimbaud, venu à pied de Charleville dans son juvénile enthousiasme, pour découvrir un Paris haineux, de sang et de boue, et la geôle des cachots.

L'irréductible bourgeois qu'est Gustave Caillebotte (comme un Manet qui va participer lui aussi aux

Portrait de Pierre Rabot *(1892). Collection Josefowitz. Un affrontement direct du modèle, un face à face assez rare chez l'artiste qui peint souvent des figures qui l'ignorent dans son acte de peintre, et le réduisent à un rôle de voyeur.*

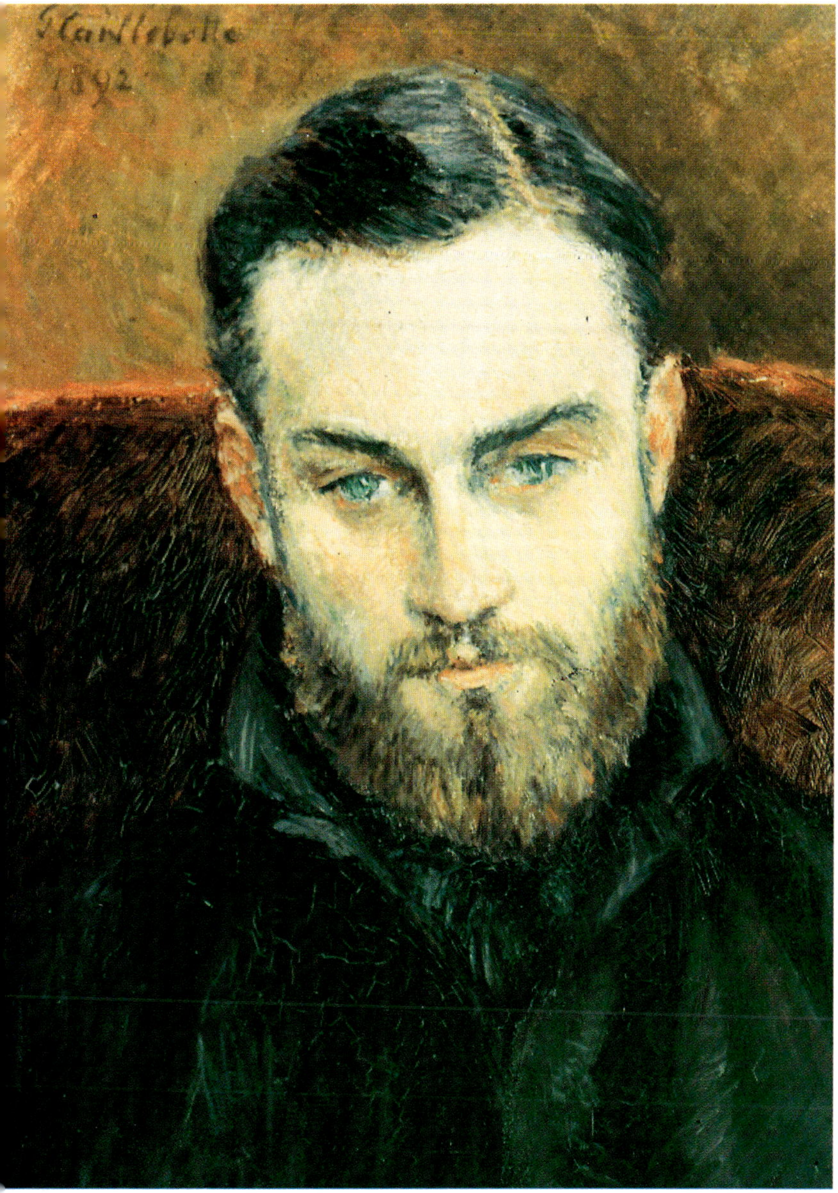

Régates à Villers *(1880-1884). Collection particulière. Des lieux fréquentés par les impressionnistes, la côte normande n'est pas le moins important pour la constitution de leur esthétique. Caillebotte lui apporte une dimension originale, où l'ampleur fort bien rendue de l'immensité marine s'allie au sentiment de « vertige » intime qu'elle peut inspirer. La fuite d'une ligne d'horizon toujours inaccessible. On peut souvent « lire » les paysages de Caillebotte comme des expressions de sa propre psychologie. Sa politesse d'homme de bonne culture laisse affleurer une « sérénité crispée ».*

Double page suivante :
Jeune Homme au piano. *Collection particulière. La musique est un élément familier au peintre, son frère Martial, compositeur, et dont il partage l'appartement, lui sert souvent de modèle.*

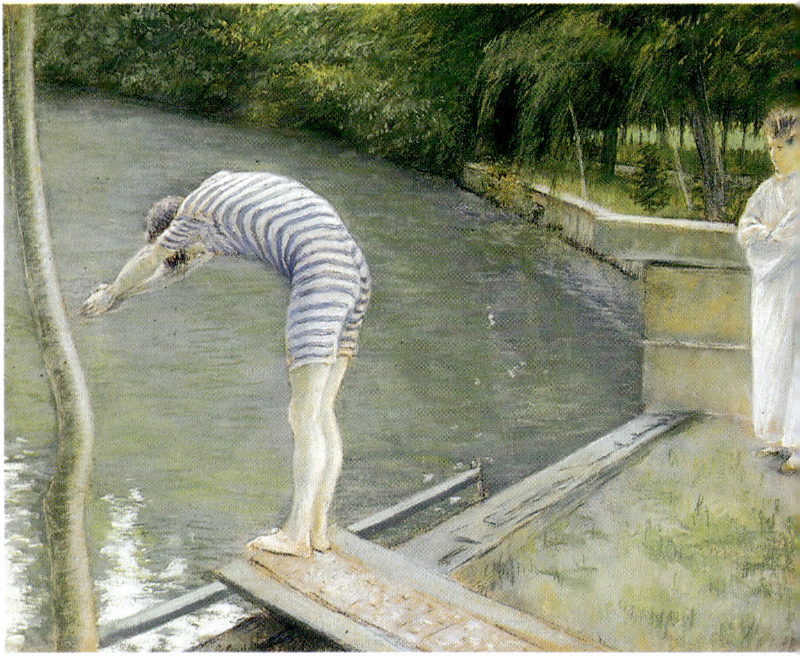

La Baignade. *Dit aussi* Le Plongeon *(1877). Musée des Beaux-Arts, Agen. La scène échappe totalement à l'anecdote qu'elle dépeint par l'ampleur du paysage qui lui sert de cadre, et l'insolite de la situation où s'exprime la solitude du personnage. On est loin des festivités bruyantes chantées par les impressionnistes, mais dans les rites étroitement programmés dans un cadre familial où la femme est toujours discrète, souvent en retrait.*

Voiliers en mer *(1882). Collection Josefowitz.*

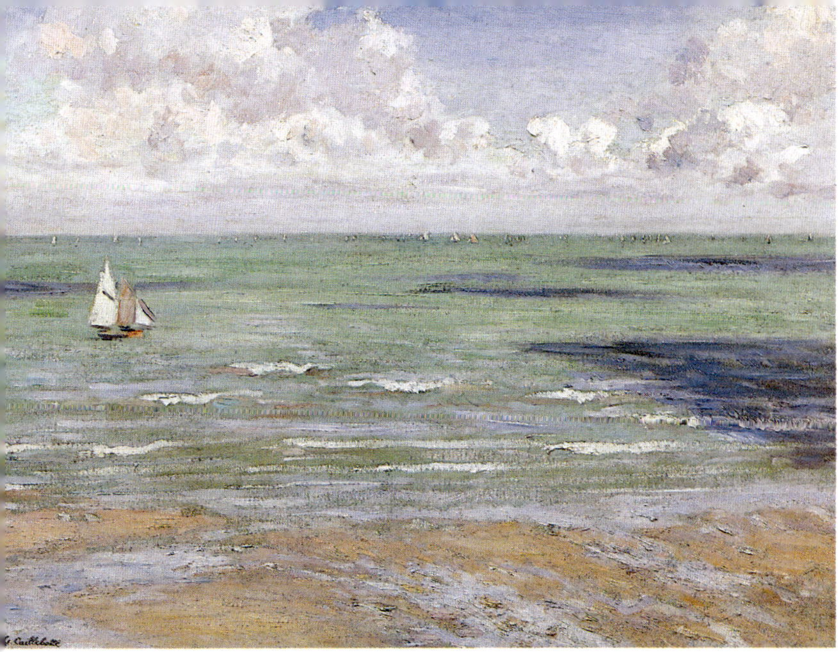

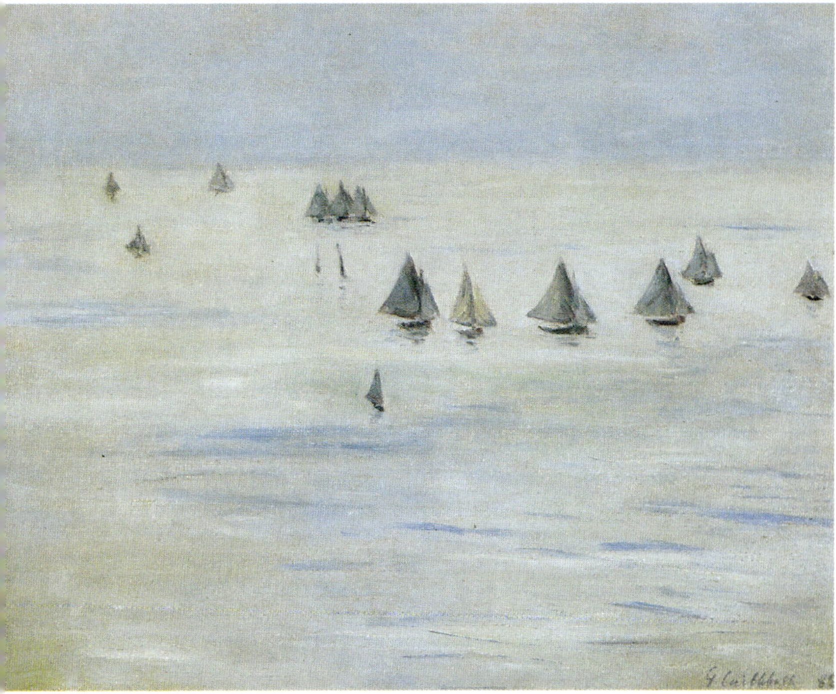

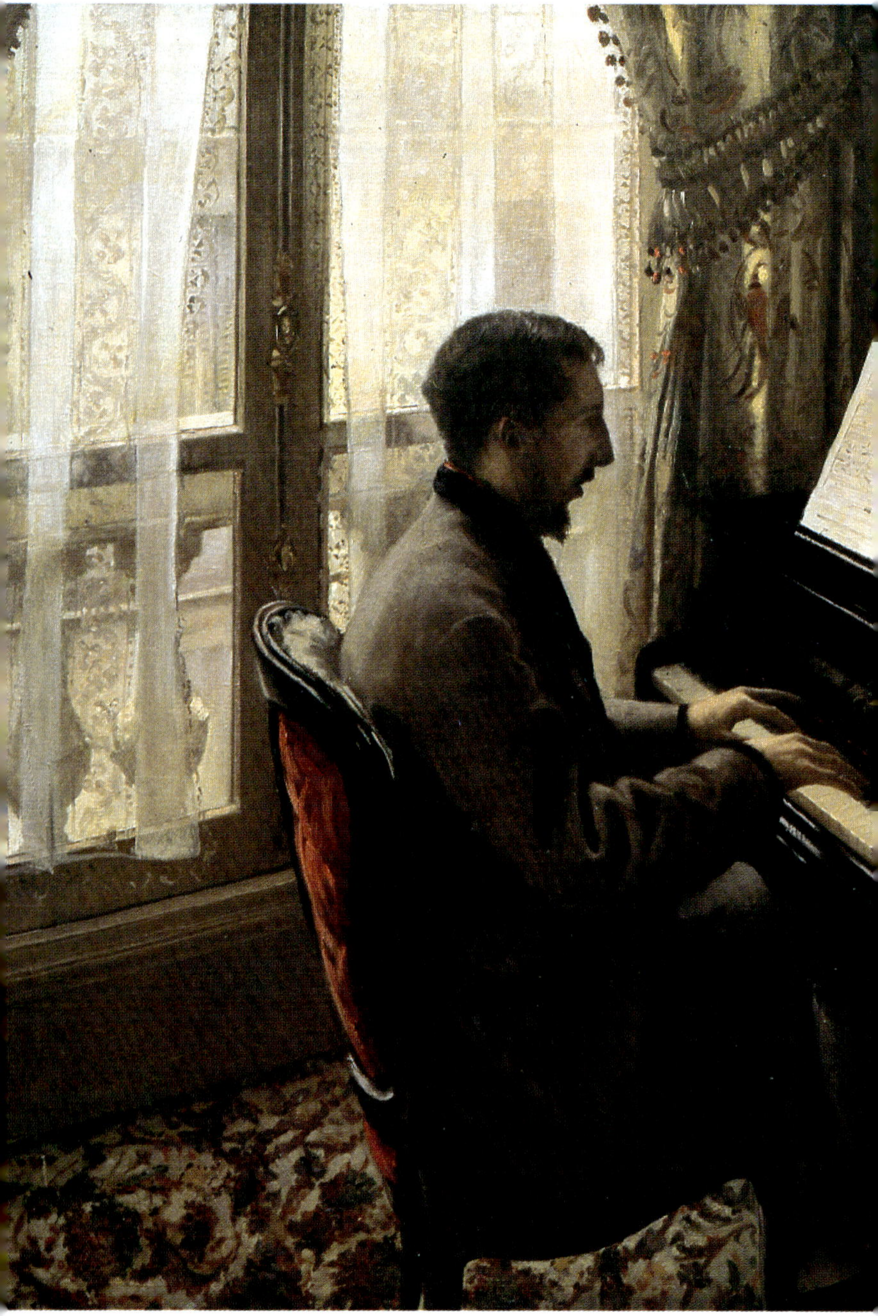

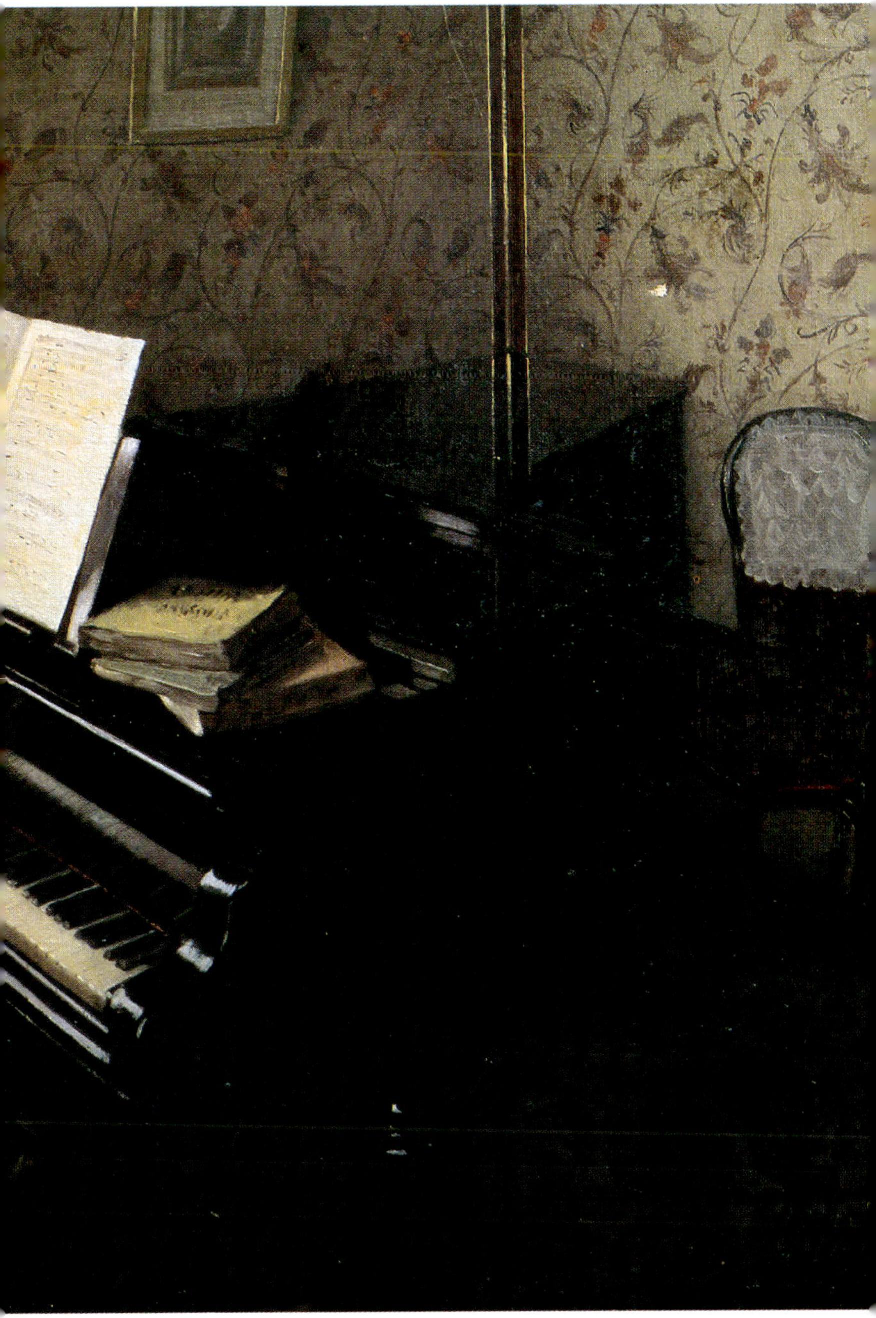

heures troubles de la défense de Paris et se faire le témoin de la Commune) ne peut plus envisager l'avenir, le sien en particulier, de la même manière. Il est à l'âge où l'on passe de l'espace des études, de l'initiation, à celui des décisions autoritaires et de l'affirmation de sa personnalité dans le cadre que l'on s'est donné, surtout dans sa classe, soucieuse de respect, de crédibilité sociale et de sécurité. Changer, c'est s'engager dans une aventure. Choisir d'être artiste étant la pire. La naissance de sa vocation de peintre se confond avec une douloureuse prise de conscience des problèmes sociaux que révèle la Commune. Et qui vont durablement marquer l'évolution de la culture, des lettres et des arts, et creuser un profond fossé entre les institutions qui prennent en relais la tradition, et les aventures spontanées qui font entrevoir le devenir de la pensée et des mœurs. De la création. Mais

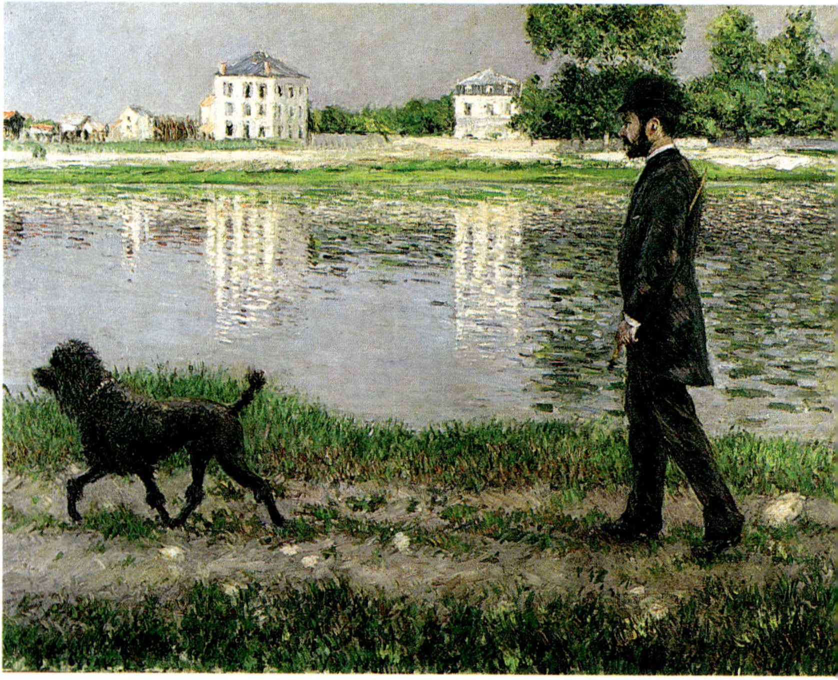

Richard Gallo et son chien Dick au Petit-Gennevilliers *(1884). Collection Josefowitz. Une vision presque cinématographique de l'espace. Ces bords de Seine sont dans l'entourage immédiat de sa maison.*

quand Caillebotte accède à la peinture, celle-ci a déjà franchi des caps et livré de périlleuses batailles. Elle a déjà balisé un nouveau territoire qui a ses exemples, ses repères, ses héros, voire ses martyrs.

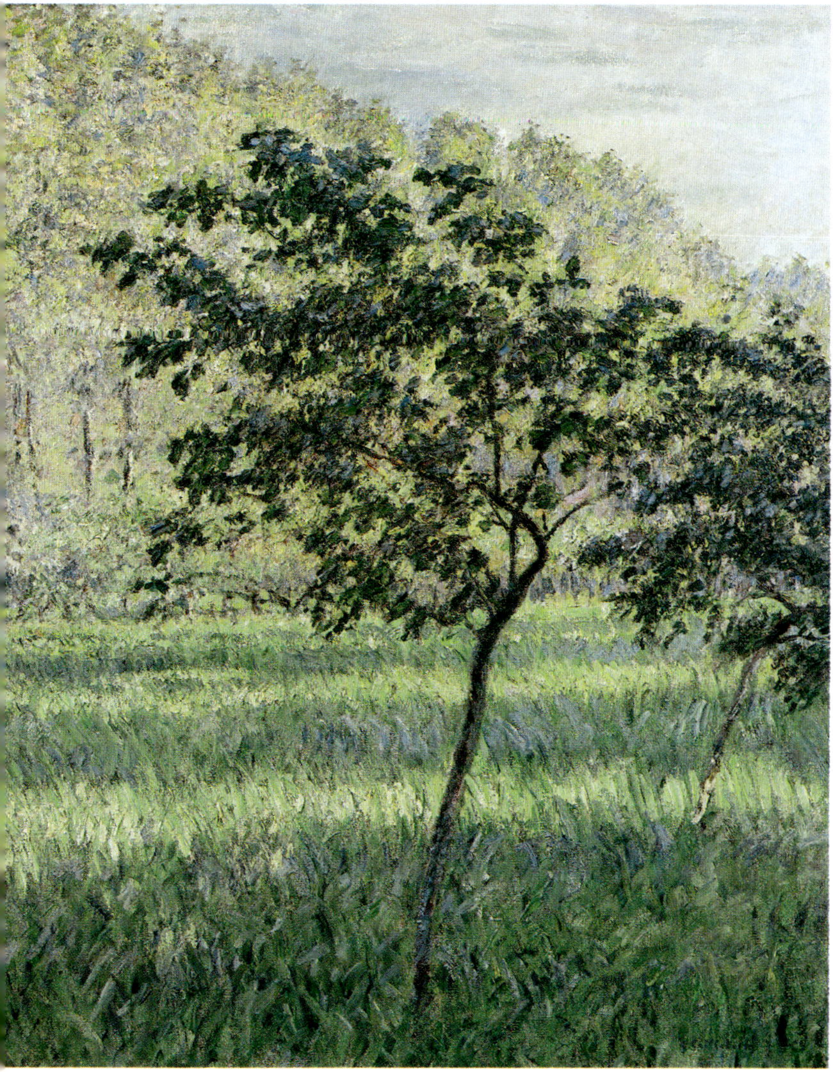

Paysage en Normandie : pommier dans un vallon boisé *(1880). Collection Josefowitz. Caillebotte peint des paysages des différents endroits où il séjourne, plutôt guidé par le hasard, et des concordances d'humeur et de climat : à Yerres, dans les environs du Petit-Gennevilliers, et dans une Normandie qu'il fréquente volontiers à partir de 1880.*

Dans le vent de la révolte

Tout avait commencé en 1863. Alors que Paris enterrait Delacroix « peintre d'Histoire », et fêtait Ingres attaché à la confection d'un tondo érotique qui imagine un *Bain turc*. L'instauration du Salon des Refusés entre dans la volonté d'une politique libérale du pouvoir impérial. Il est d'abord un geste politique. Il est un piège. Livrés à eux-mêmes, ceux que l'institution écartait de ses espaces de prestige s'exposaient aussi aux préjugés en cours. Et le public peut, en toute bonne conscience, se gausser de Manet devenu le porte-drapeau de cette clique de bannis.
La liberté entrevue en 1848 avait provoqué un Salon détestable. Et, du même coup, semblait donner raison à ceux qui militaient pour l'exercice d'un contrôle. Une sorte de garde-fou au profit des artistes eux-mêmes. Et sauver les meilleurs. C'était ne pas compter avec les habitudes, les complicités d'une corporation, les vieilles querelles et l'abus de pouvoir des censeurs.
Le Salon des Refusés était une arme à double tranchant. Espace de liberté reconquise, espace de dénigrement. Ce dernier l'emportant largement sur l'ouverture escomptée, parce que ceux qui s'y pressent, le rallient, s'y abîmeront pour la plupart. La prise de conscience des jeunes peintres qui se retrouveront au café Guerbois, à la Nouvelle Athènes, dans l'atelier de Renoir rue Saint-Georges, va entraîner la constitution d'un groupe dont la cohérence sera moins dans le style que l'opprobre dans laquelle sont tenus ceux qui s'y retrouvent. C'est une confraternité dans le refus des autres, un front uni contre l'adversité. Chacun menant sa peinture à sa manière. Et selon son tempérament. Son éducation. Sa classe.
Il n'est pas inutile de s'y arrêter. Ce qui allait être le groupe impressionniste soudé par l'exposition de 1874 comprend des grands bourgeois (Degas, Manet, Morisot, Lepic), des enfants du négoce (Monet, Sisley, Pissarro, Caillebotte) et des prolétaires (Renoir). La diversité des origines ne va pas peser lourdement sur l'évolution de leur art, la pratique de la peinture annulant les clivages de classe. L'opprobre dans laquelle ils avaient été tous tenus les avait soudés. Mais l'accès facile au monde actif et des affaires, par le jeu des commandes, des relations qui se tissent au sein d'une société déterminée à se moderniser, va créer une classe progressivement soucieuse de se faire valoir.
L'évolution du goût suivra en cela celle des moyens mis en œuvre pour établir son standing social. La rivalité mondaine entraîne le jeu des surenchères. Significativement, c'est d'abord aux États-Unis (par l'intermédiaire de Mary Cassatt et l'opportunité de Durand-Ruel) que la peinture impressionniste va être reconnue, intégrée à l'environnement mondain. En France va rapidement se créer un noyau de collectionneurs avertis, passionnés, contribuant

La Rue Halévy à Paris *(env. 1878). Collection particulière. Caillebotte balise son territoire par des œuvres qui en traduisent l'atmosphère, mais, surtout, l'ouvrent sur des échappées. Comme si la peinture était une conquête de l'espace.*

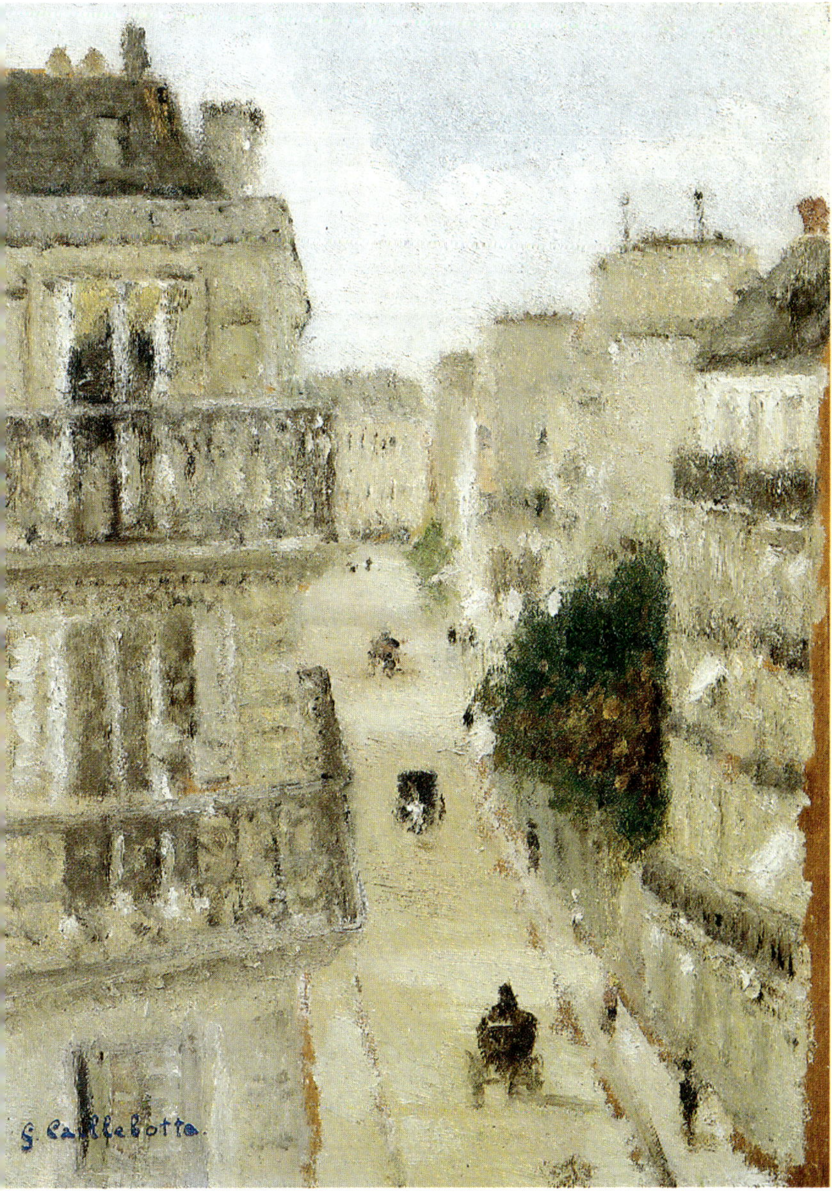

largement à la reconnaissance progressive de l'Impressionnisme. Gustave Caillebotte, original en cela parmi ses pairs, participe des deux activités qui se complètent. Celle d'un peintre adoptant la nouvelle peinture, celle de collectionneur travaillant à sa reconnaissance. Pourtant, là où la pesanteur de ses origines peut encore jouer, des habitudes qui en découlent, des usages dont on est formé, un clivage se fait, subtil en ses formules, évident dans les sujets

Portrait de Madame X *(1878). Musée Fabre, Montpellier. En posant sur le chevalet un portrait d'homme qui semble, comme en un jeu de miroir, dialoguer avec le modèle, Caillebotte témoigne de son goût pour le jeu spatial ample, démultiplié, voire disloqué, comme pour sortir des limites étroites de la toile, et faire circuler en elle toute la force d'une intrigue, d'un affrontement entre ses personnages. Une spatialité qui n'est plus celle de la peinture, mais du cinématographe.*

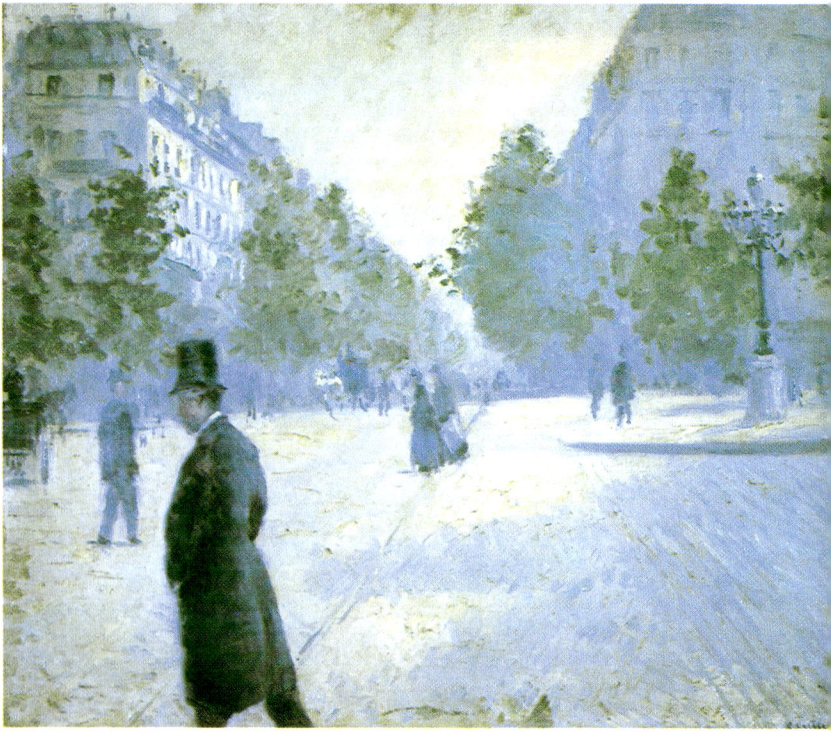

Place Saint-Augustin, temps brumeux *(1878). Collection particulière. Caillebotte se libère d'une vision plus serrée de la réalité urbaine. Il use d'une touche plus alerte, vive, qui est celle des impressions vécues dans une atmosphère naturelle, à la campagne ; mais le titrage souligne bien que, plus que le site, c'est la situation atmosphérique qu'il tente de traduire. Un état particulier de la lumière.*

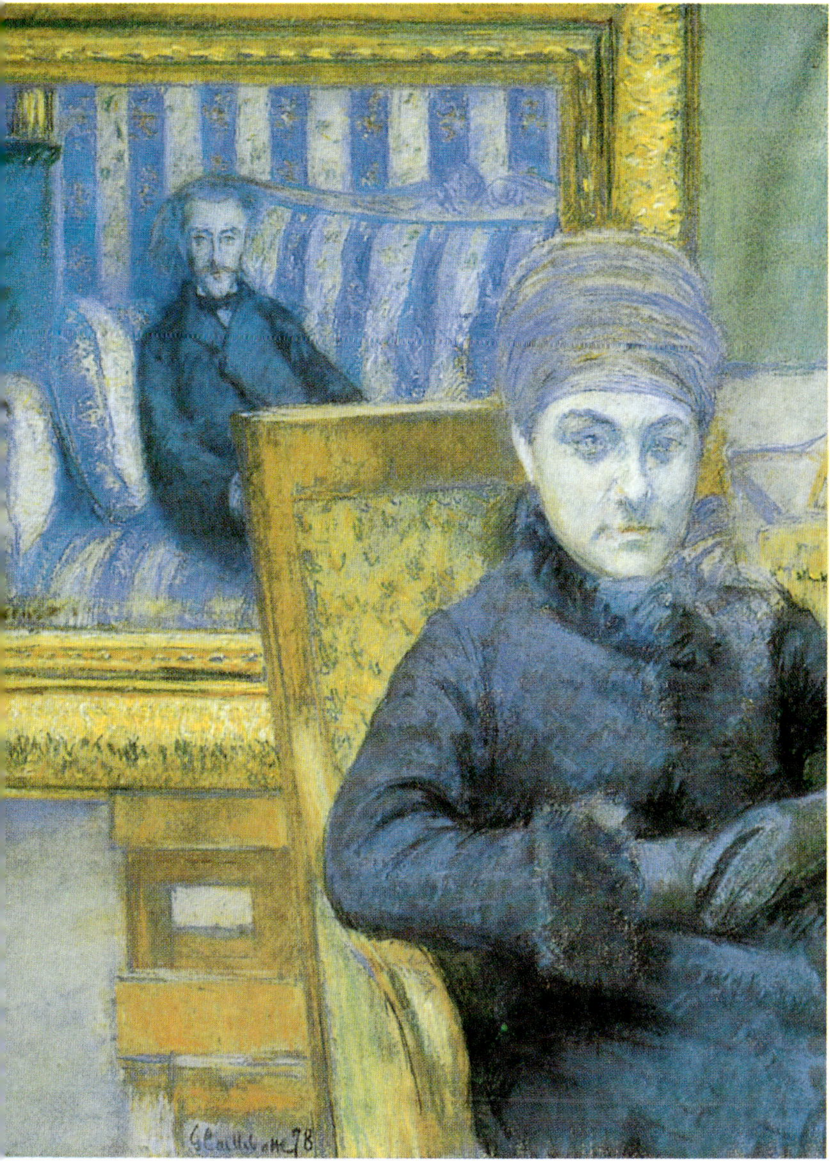

abordés, entre peintres d'origine bourgeoise, et citadins, et ceux qui sont plus proches de la glèbe, de la nature, et de traditions familiales éminemment provinciales. Ainsi, face à un Degas ne regardant la nature que fortuitement, et s'attachant à des sujets qui sont ceux d'un théâtre où se joue le jeu social, ou d'un Manet souvent proche de lui dans ses sujets, d'un Caillebotte, enfin, qui s'y affirme dans quelques-unes de ses œuvres les plus achevées, s'épanouit une peinture exclusivement de plein air, et proche de la nature dans ses rites et ses usages. Ainsi Monet est plus sensible (en dehors de quelques scènes ayant pour cadre des intérieurs bourgeois) aux vibrations de la lumière du plein air, tout comme Renoir. En commun, ils préfèrent les épanchements joyeux dans un cadre de verdure : *Le Déjeuner sur l'herbe* de Monet, *Le Déjeuner des canotiers* de Renoir. Au débridé heureux des déjeuners de Renoir, dans une atmosphère de licence et de galanterie festive, répond la vision d'un Caillebotte casanier, et sensible aux atmosphères

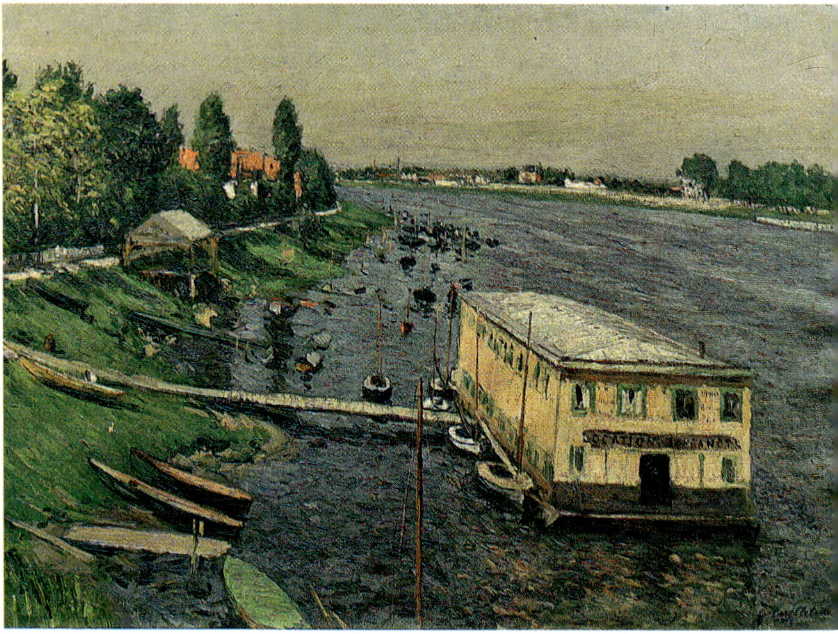

Le Ponton d'Argenteuil. *Collection particulière. Caillebotte ne va pas chercher bien loin ses motifs. Ils sont de préférence empruntés au monde de la navigation.*

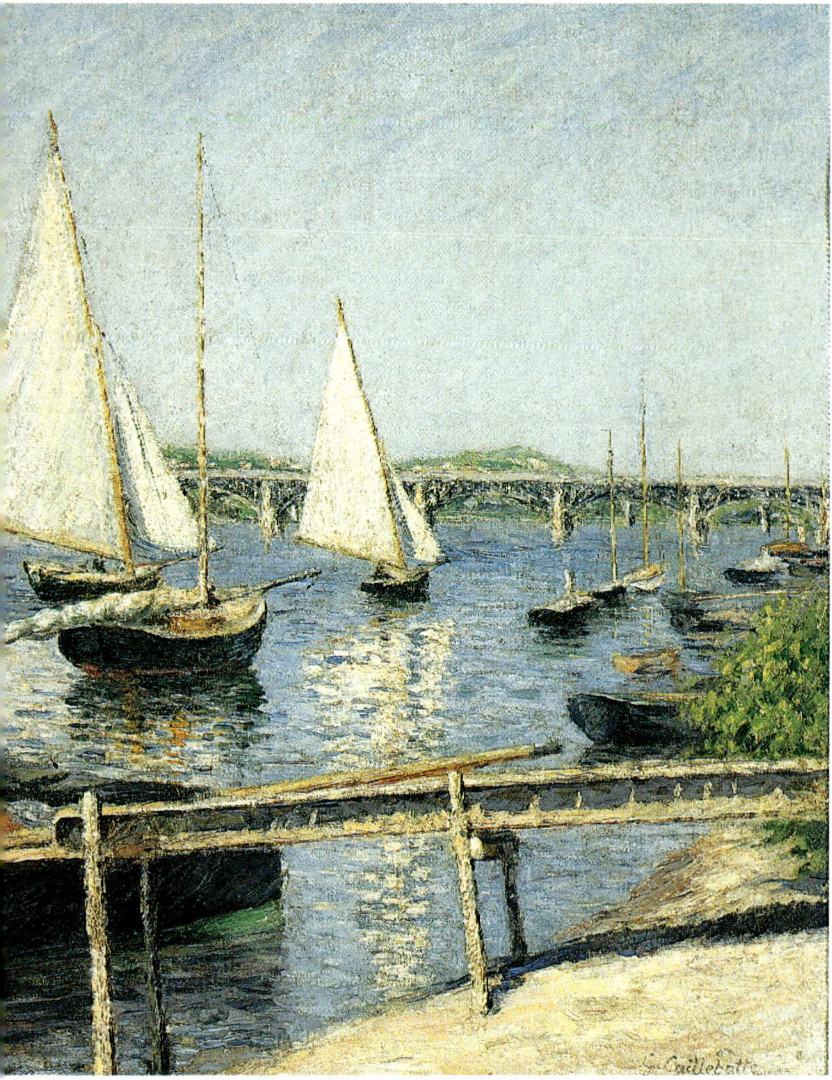

Double page suivante : Périssoires sur l'Yerres (1877). *National Gallery of Art, Washington.*

Voiliers à Argenteuil *(1888). Musée d'Orsay, Paris. Un hymne à l'espace animé par le ballet des voiles et le clapotis joyeux de l'eau.*

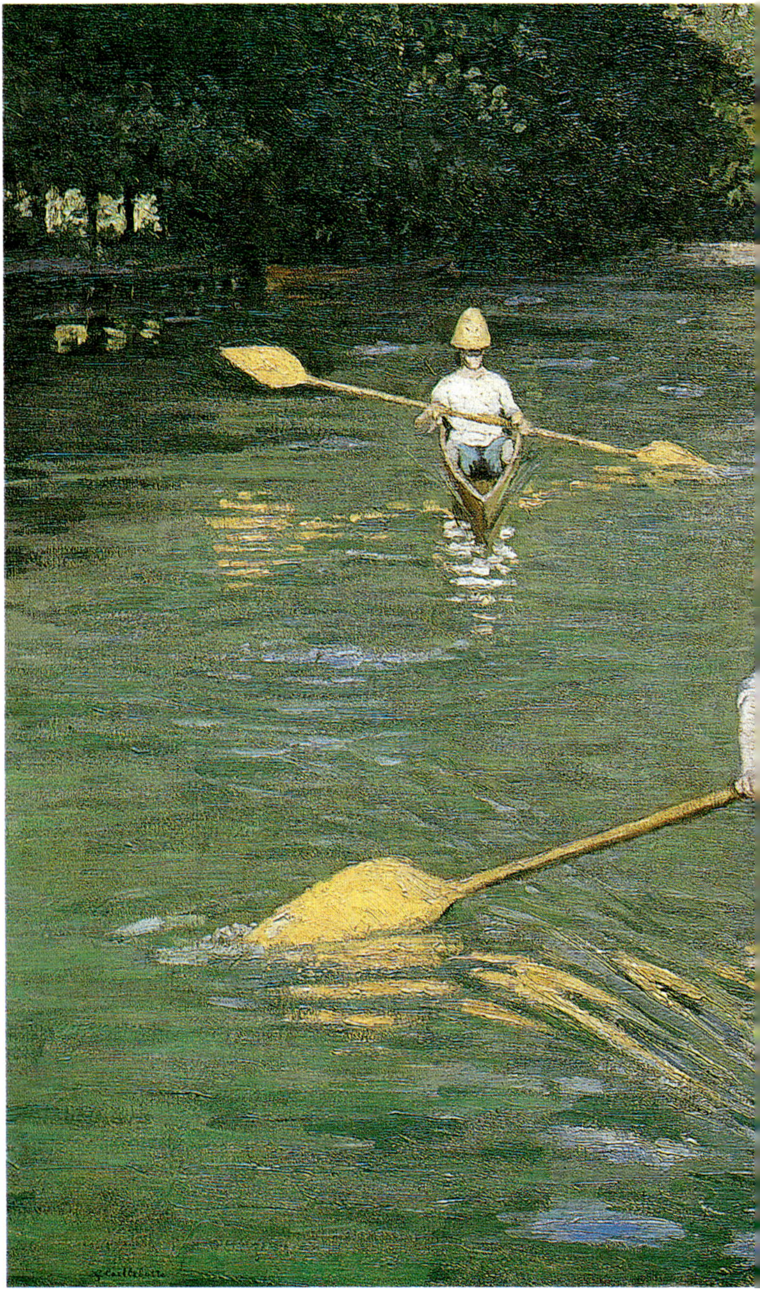

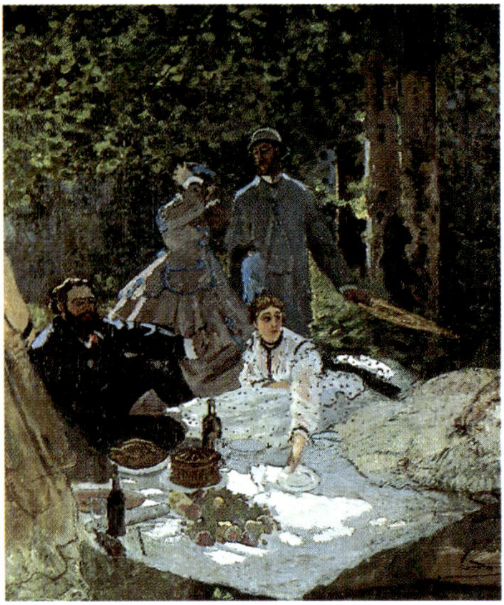

feutrées dans ses intérieurs.
Ce sera l'erreur largement répandue de ne voir dans l'Impressionnisme que la conquête du plein air qui découle tout naturellement du Naturalisme entrevu autour de Courbet, et de l'École de Barbizon, élargie par Corot en notations sentimentales alors qu'en ses détours, ses rebondissements, ses questionnements, son insertion radicale au monde qui l'entoure et le nourrit, et dont il s'impose comme un fidèle écho (un témoin), il englobe aussi le théâtre de l'intimité, de pesants intérieurs et les effluves des âmes inquiètes qui le peuplent. Scènes de la vie ordinaire qui n'ont plus rien de ce que la tradition avait fait de la peinture égarée du côté

CLAUDE MONET. Le Déjeuner sur l'herbe. *Musée d'Orsay, Paris. La figuration est assurée par les amis (et amies) du peintre. La présence de la femme y est l'assurance de la grâce conviviale. Si quelques figures féminines de Caillebotte, du temps d'Yerres, y ont leur place, très vite la bourgeoisie serrée de dignité va bientôt se substituer à elle, et placer l'univers féminin de Caillebotte dans l'espace strict de la culture bourgeoisie.*

Double page suivante :
Plaine de Gennevilliers vue des coteaux d'Argenteuil *(1888). Collection particulière. Caillebotte aime les plans larges, les vues généreusement ouvertes sur l'espace.*

Périssoires sur l'Yerres *(1878). Musée des Beaux-Arts et d'Archéologie, Rennes. Une vision étrange, parce qu'elle met en scène des personnages tournant le dos au peintre, et s'éloignant, comme fuyant l'espace de la peinture dans lequel il veut les enfermer.*

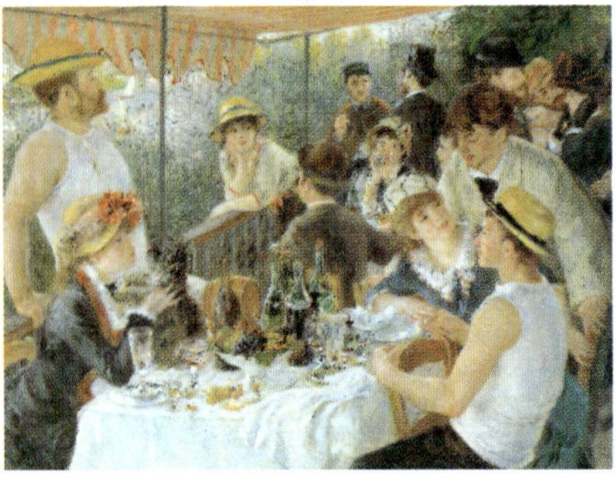

AUGUSTE RENOIR. Le Déjeuner des canotiers. *Phillips Collection, Washington. Si Caillebotte est le chroniqueur de la bourgeoisie, tout comme Manet ou Degas, Renoir est plus volontiers celui d'un petit peuple dont il aime la gouaille et la bonne humeur, le pittoresque bon enfant et la saine beauté de ses mœurs.*

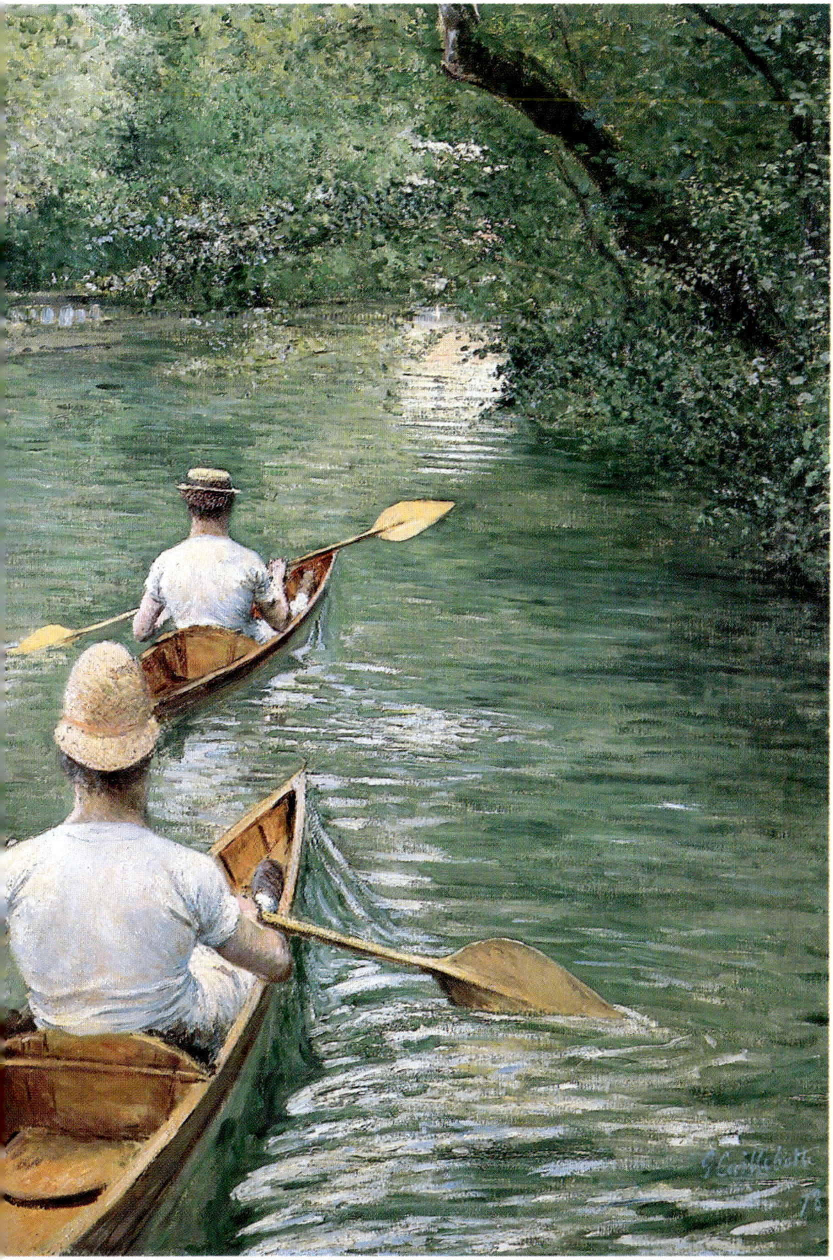

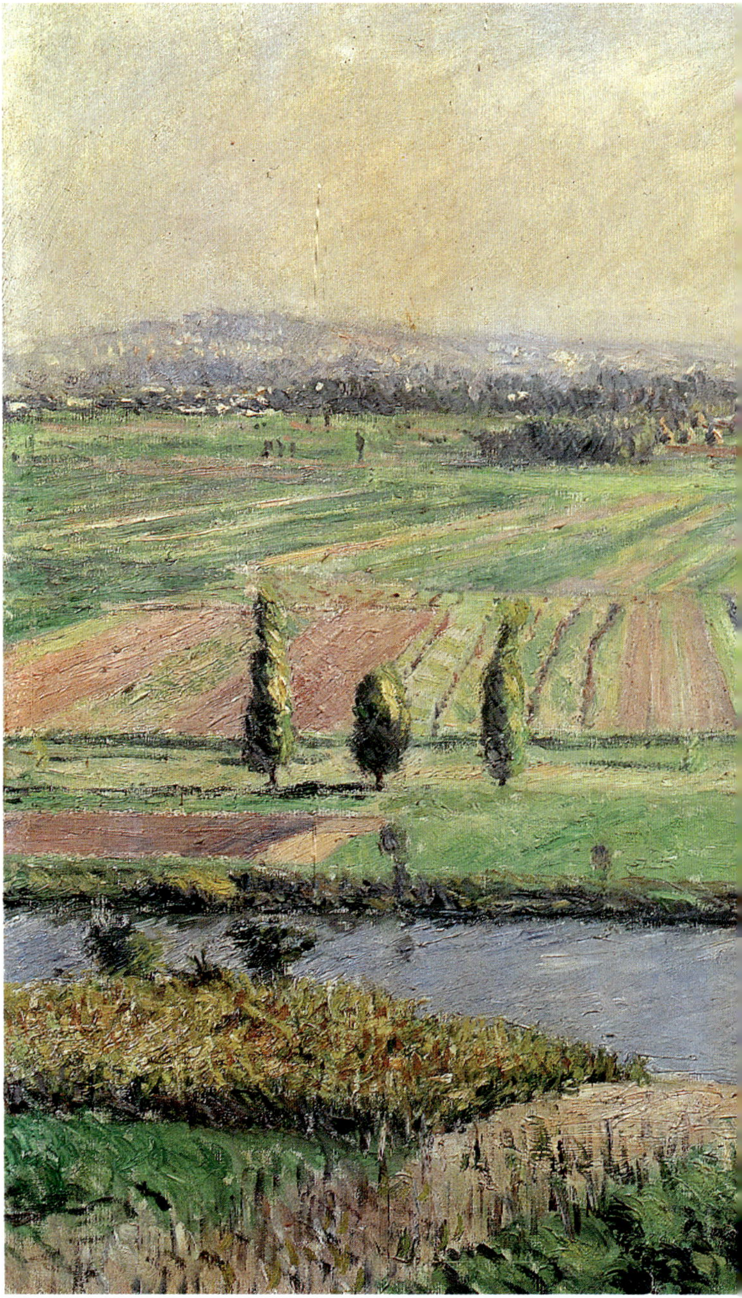

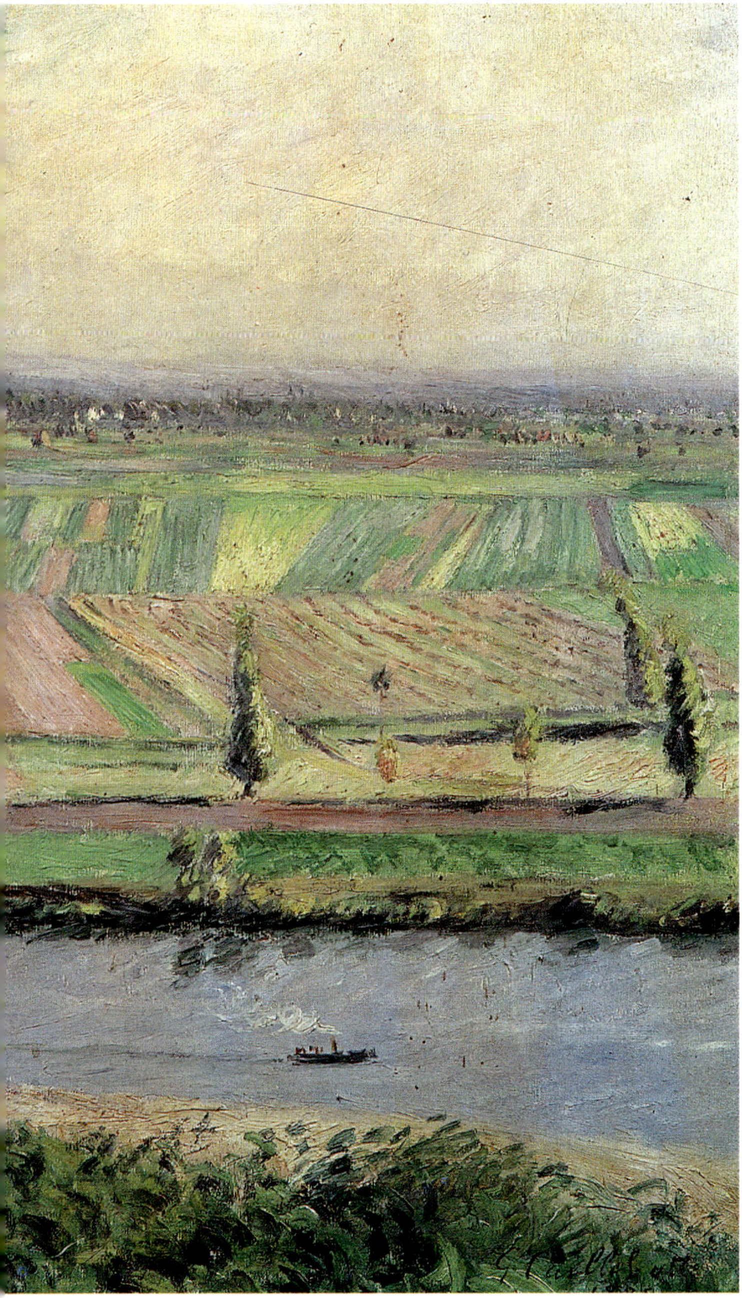

des mythologies affadies par l'usage répété et la censure, et une adaptation à une consommation banalisante. Résultant enfin d'une observation attentive du monde quotidien. Observation qui n'est pas objective et froide, mais enrichie, doublée, creusée, animée jusqu'à la vibration d'une sensibilité exacerbée par le rendu de l'impression du moment. On est le témoin d'un instant suspendu, dans l'affrontement humain où se consument et s'embrasent les passions. Une observation qui va au-delà du visible, et entre dans l'intimité de la personne humaine. Et, devant la fuite des années, introduit ce vertige de la recherche du temps perdu. Il n'est pas d'intérieur innocent. Surtout quand le peintre s'attache à retenir ce qui le compose. Et qui résulte de la décomposition des apparences qui s'y affirment. Ce peintre jouant la carte de la ressemblance de l'objet pour mieux démasquer ce qu'il cache. Ce qui y est enfoui. Gustave Caillebotte va, dans le genre, donner des pages d'une incomparable densité.

Il a vingt-deux ans quand le Second Empire s'effondre, dont il est un

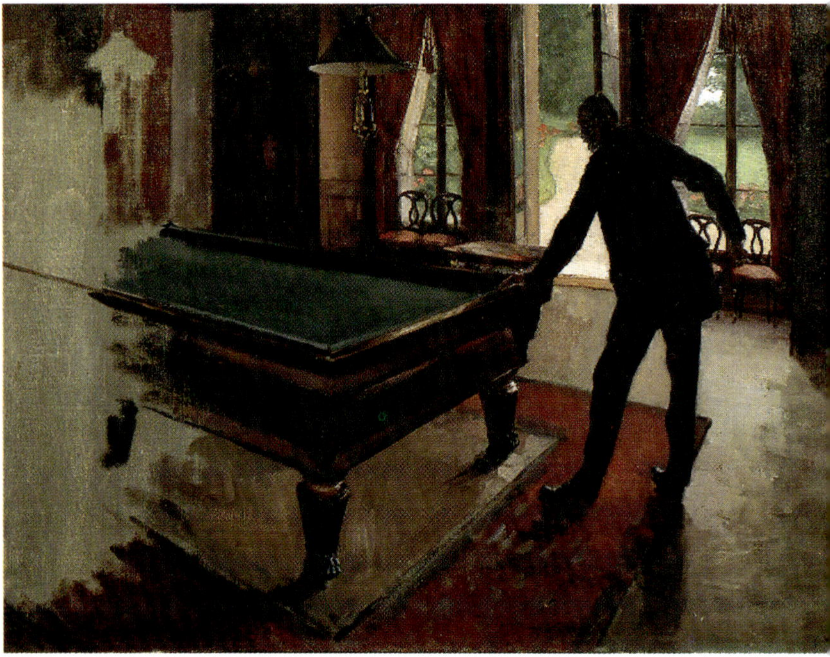

Le Billard *(1875). Collection particulière. Quoique inachevée, la toile transmet avec beaucoup de force le climat de luxe tranquille de la propriété familiale d'Yerres. On aperçoit, au-delà des portes-fenêtres, les allées sinueuses du parc. On y décèle la méthode de l'artiste fort attaché à la structure de ses toiles. Une mise en place rigoureuse, adoucie par les recherches de nuances pour traduire une atmosphère*

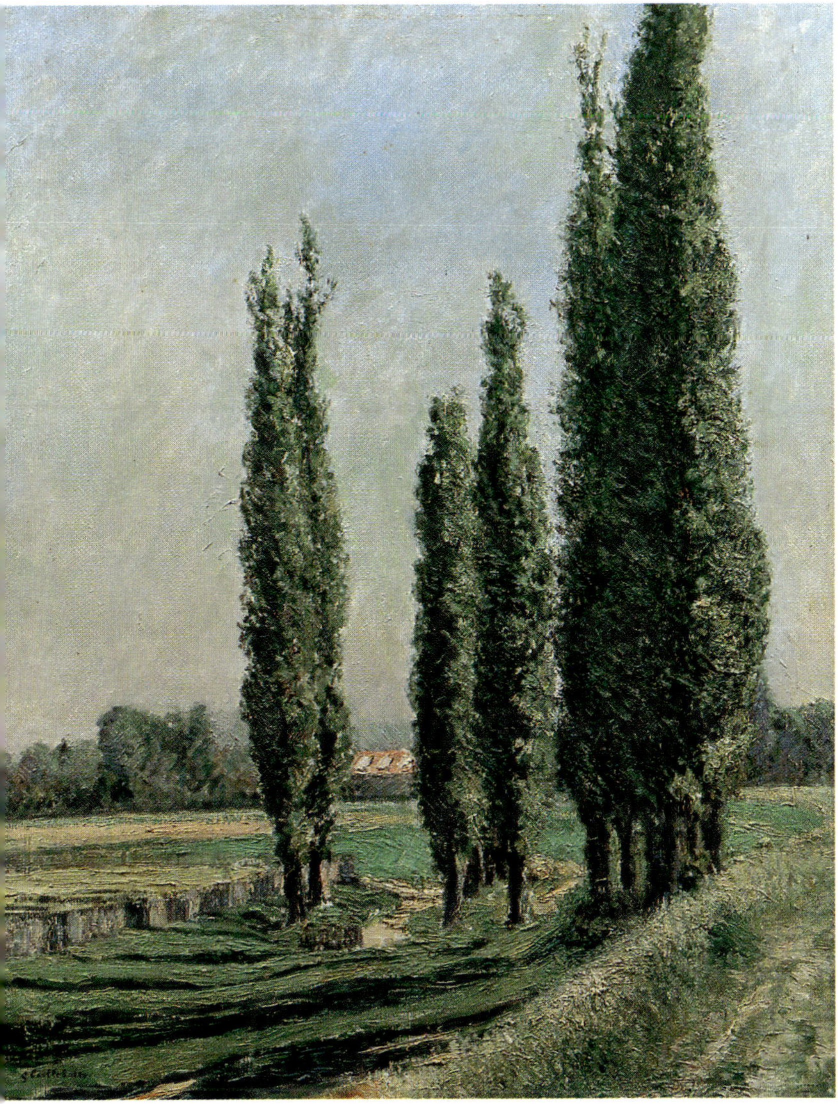

Peupliers sur la digue d'Argenteuil. *Collection particulière. En tout paysage de Caillebotte il y a une certaine raideur des formes, dans le papillotement de la lumière où elles se dressent ; ici des arbres aux rythmes de la flamme. Annonçant la vision de Van Gogh.*

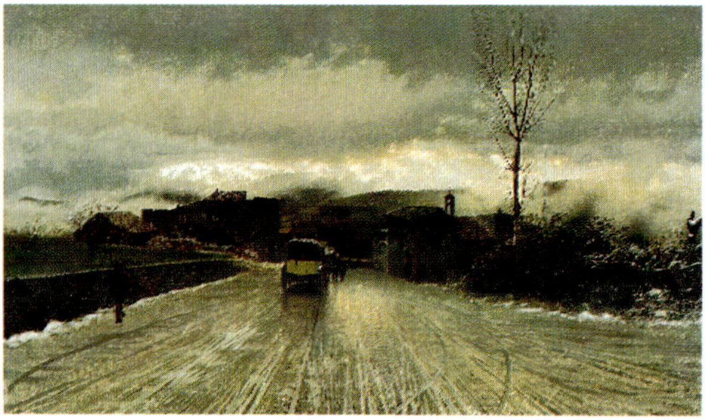

Giuseppe De Nittis. La Traversée des Apennins. *Museo e Gallerie Nazionali di Capodimonte, Naples. Il aura été l'un des premiers exemples offerts à Caillebotte dans le temps de sa formation.*

Une Route à Naples *(env. 1872). Collection particulière. D'emblée, alors qu'il est encore un jeune peintre à la recherche de lui-même, Caillebotte sait poser dans l'espace les masses essentielles et donner un singulier relief au sujet principal (ici la voiture et son cheval) dans un paysage qui est aussi, et surtout, une atmosphère.*

parfait produit. Résultant d'une opulence et d'un conformisme social propre à réguler sa vie sur l'exemple des siens. Comme continuateur de leur excellence et de leur réussite. Secoué par les événements, il change de camp. Il décide de se présenter au concours de l'École des Beaux-Arts. Cette soumission tacite à ce qui représente le chemin le plus convenu de l'art, le plus décrié par la jeunesse picturale, déjà largement engagée dans son combat, désigne bien l'état d'esprit qui accompagne sa vocation. Elle n'est point l'effet d'une révolte, même si elle résulte d'un choc et de l'inquiétude qui en découle. Elle se veut d'emblée dans le sillage reconnu par sa classe. Etre artiste, mais nullement du côté des bannis. Les connaît-il alors seulement ? Entrant dans l'atelier de Bonnat, Caillebotte se prépare à la plus sage des carrières. L'homme est installé dans le conformisme académique, auréolé de gloire, et fêté. Né à Bayonne en 1833, il a été lui-même l'élève de Léon Cogniet aux Beaux-Arts de Paris et l'ami de Degas (qui fait son portrait) lors de son séjour à Rome. C'est d'ailleurs par Degas

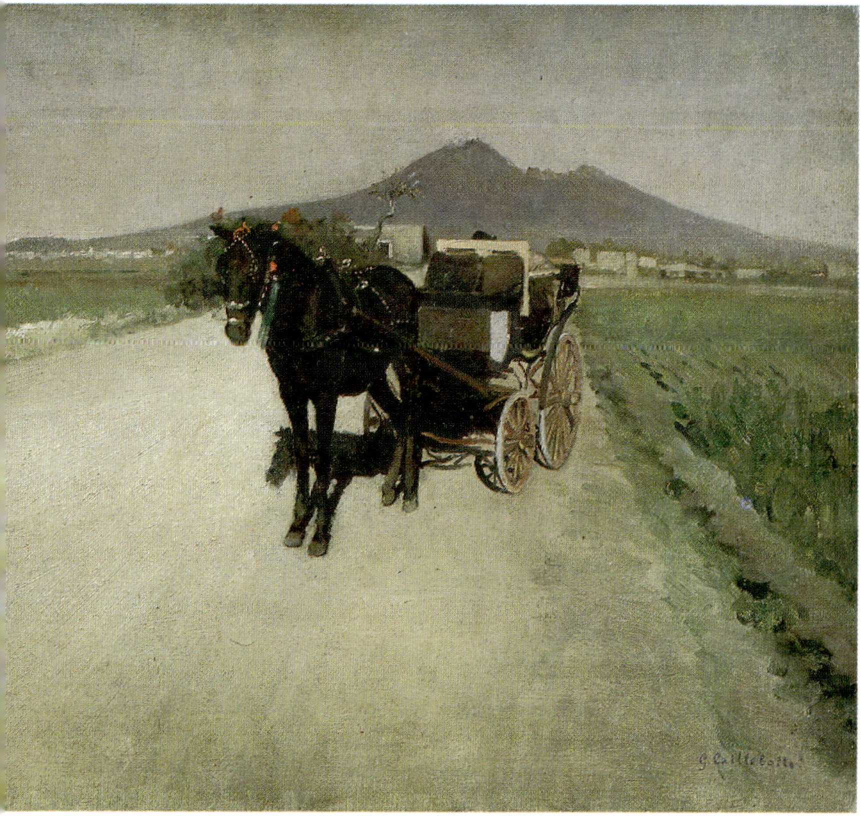

que bientôt Caillebotte rencontrera les membres du groupe des futurs impressionnistes. Outre une initiation à la peinture nullement restrictive, Bonnat apporte semble-t-il à Caillebotte le goût de la collection. Qui va bientôt se donner libre cours. Il ne lui reste plus qu'à marquer ses distances avec l'académisme dont il mesure rapidement les limites. Sa liberté d'action se renforçant avec la mort de son père (1874), qui le fait riche d'un important héritage. Il peut alors songer à pratiquer la peinture, non pour en vivre, mais pour elle-même. Il avait d'ailleurs, lors d'un voyage en Italie (1872) avec son père, rencontré le peintre Giuseppe De Nittis et séjourné à Naples chez lui. Il en résulte un étonnant paysage *(Une Route à Naples)* qui fait écho à *La Traversée des Apennins* de ce dernier (1867). Œuvre précoce d'un artiste qui cherche encore son style et ses sujets, mais affirme d'emblée sa volonté de construire amplement l'espace pour y caler les éléments du paysage. Exagérant la perspective, affinant la ligne d'horizon, et réduisant les plans pour mieux définir la lumière dans l'intensité de sa réverbération.

Nadar, en figure de parrain

C'est le 15 avril 1874 que s'ouvre la première exposition de la « Société anonyme corporative d'artistes peintres, sculpteurs, graveurs... » dans un local mis à leur disposition par le photographe Nadar sur le boulevard des Capucines, qui était alors le haut lieu de la badauderie parisienne. Un second étage à l'angle de la rue Daunou. Les locaux « se composaient d'une série de grandes pièces, aux murs d'un brun rouge, éclairés par le côté, comme un appartement. Un grand escalier conduisait directement du boulevard des Capucines à ces galeries... » (John Rewald). L'entrée coûtait un franc, et l'exposition était ouverte de 10 à 18 heures, et en nocturne de 20 à 22 heures. On avait édité, sous la surveillance tâtillonne d'Édouard, le frère d'Auguste Renoir, un petit catalogue vendu 50 centimes. Il comprenait les noms et adresses des participants. Une trentaine, dont Boudin, une sorte de précurseur, Cézanne, Monet, Morisot, Pissarro, Sisley, Renoir, qui allaient se distinguer ; une poignée d'amis, participant aux mêmes préoccupations, comme Bracquemond, Colin, Guillaumin, Lépine, De Nittis, Ottin, Rouart, et même quelques éléments rapportés pour « faire le plein », car le principe du partage des frais entraînait le souci de multiplier les participants.

La presse est déchaînée. Et c'est le titre d'un des tableaux de Monet : *Impression, soleil levant*, qui entraîne l'appellation qui fera fortune : Impressionnisme. Dès lors le jeu est ouvert. A travers des aléas divers, le groupe va peu à peu s'imposer. Non sans connaître des frictions, des frissons, des tumultes variés. Des clans se constituent, s'opposent, et des inimitiés surgissent. Que Caillebotte, absent de la première exposition mais fidèle aux suivantes, va, avec une singulière énergie et un remarquable désintéressement, tenter d'atténuer, s'activant aux réconciliations, aux compromis régulateurs afin de ne pas priver le groupe initial de ses éléments les plus importants, afin de préserver aussi sa spécificité esthétique qui le justifiait, afin d'aider également les plus défavorisés à en profiter

Soleils au bord de la Seine *(env. 1886). Collection particulière. Caillebotte met la scène dans un effet accusé de frontalité, applatissant l'espace. Ce qui donne au premier plan floral une force décorative singulière et unique. Un flamboiement de couleur sur fond de liquidité tranquille.*

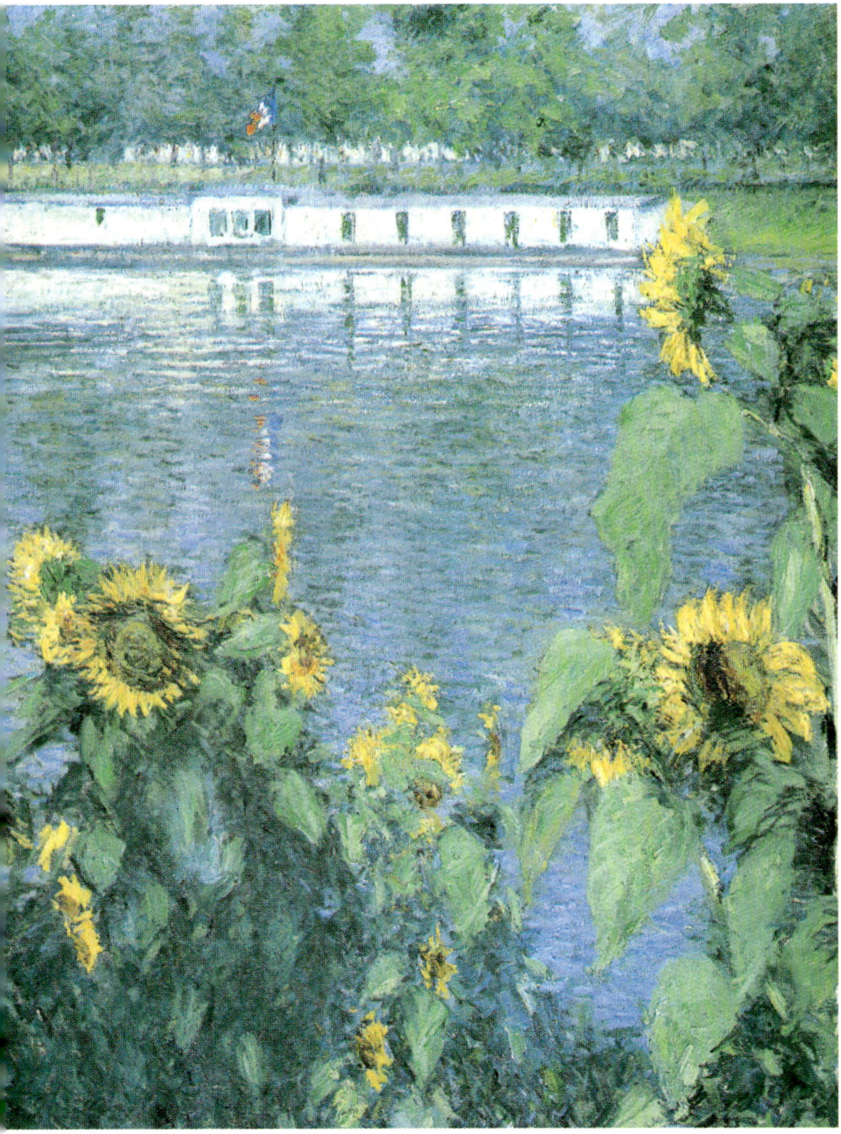

pleinement, le Salon officiel leur étant définitivement interdit et le marché d'abord hostile. Un appui constant, mené d'année en année, qui va se concrétiser par la constitution de son exceptionnelle collection qu'il va bientôt léguer, par la rédaction d'un testament, au musée, seul destin, estimait-il, digne du génie de ses amis.
La cohérence fragile du groupe voit l'émergence de la nouvelle peinture libérée des contraintes de la ressemblance académique, et s'opposant progressivement au maintien d'une facture qui entend profiter exclusivement des leçons de la tradition. Le rôle de Gustave Caillebotte, en tant que peintre, y est exemplaire, puisqu'il est l'un des plus tributaires de cet enseignement, et s'en affranchit sans abandonner l'attrait qu'exerce sur lui la réalité quotidienne qu'il cerne

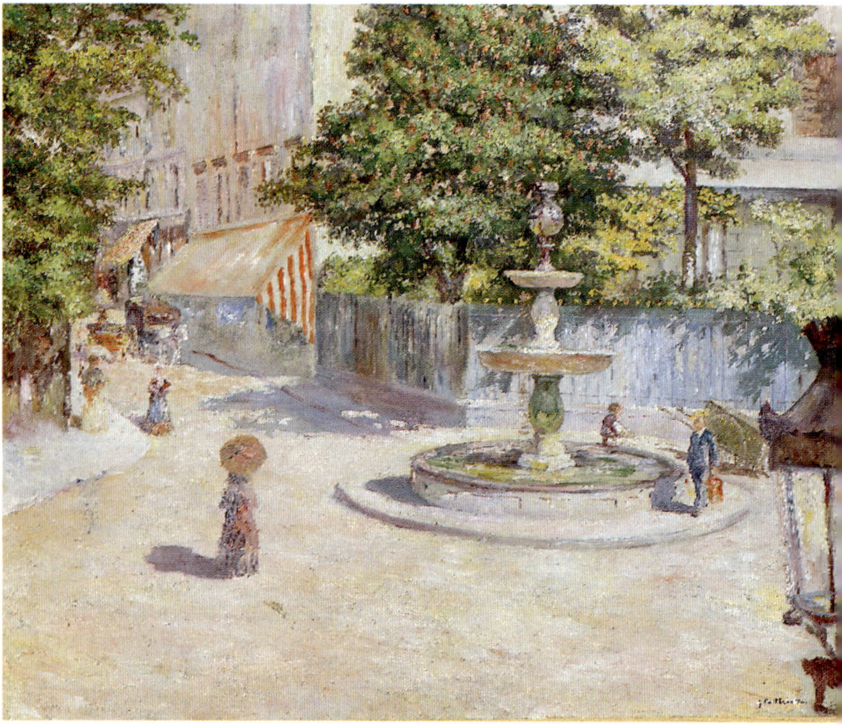

La Place Saint-Georges à Paris *(env. 1880). Collection particulière. Elle est, au temps des impressionnistes, le carrefour stratégique du quartier qui est celui de leur vie quotidienne et sociale.*

Double page suivante :
La Promenade d'Argenteuil *(1883). Collection particulière. Tout comme les impressionnistes, ses amis, Caillebotte aime les paysages les plus humbles, les vues de ville dans leur aspect le plus*

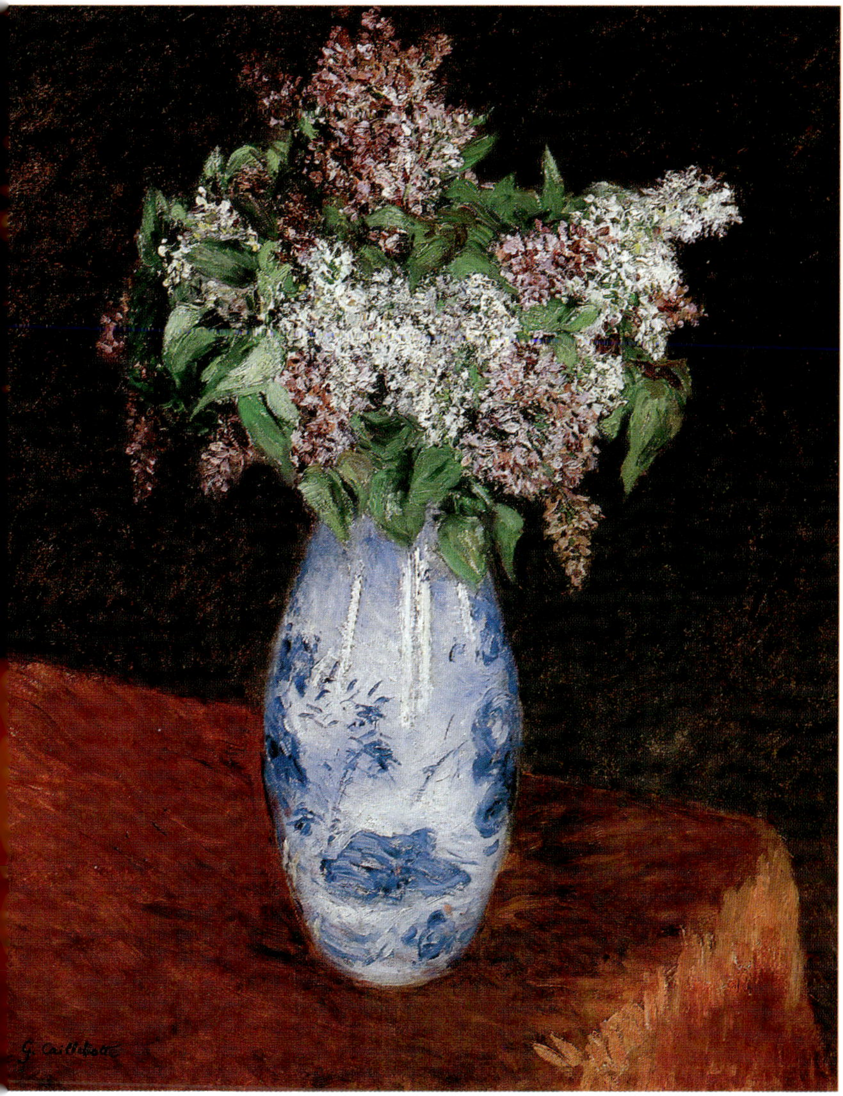

banal, le plus quotidien. C'est une peinture-reportage et, dans le même temps, l'affirmation que tout sujet est bon à peindre, car c'est la peinture qui a sa raison d'être.

Lilas dans un vase *(1883). Collection particulière. Comme Fantin-Latour ou Renoir, il peint la somptuosité des fleurs plus que la fleur dans sa spécificité.*

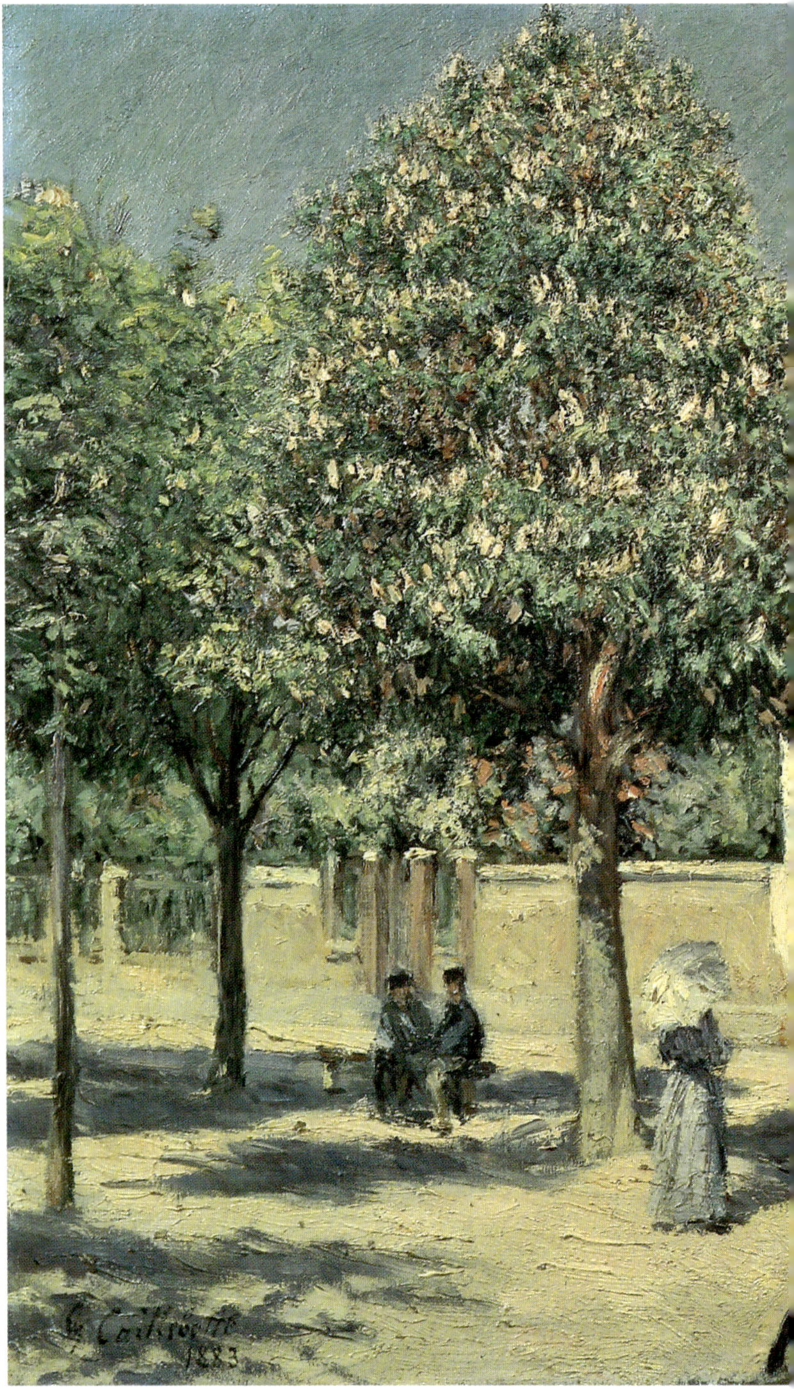

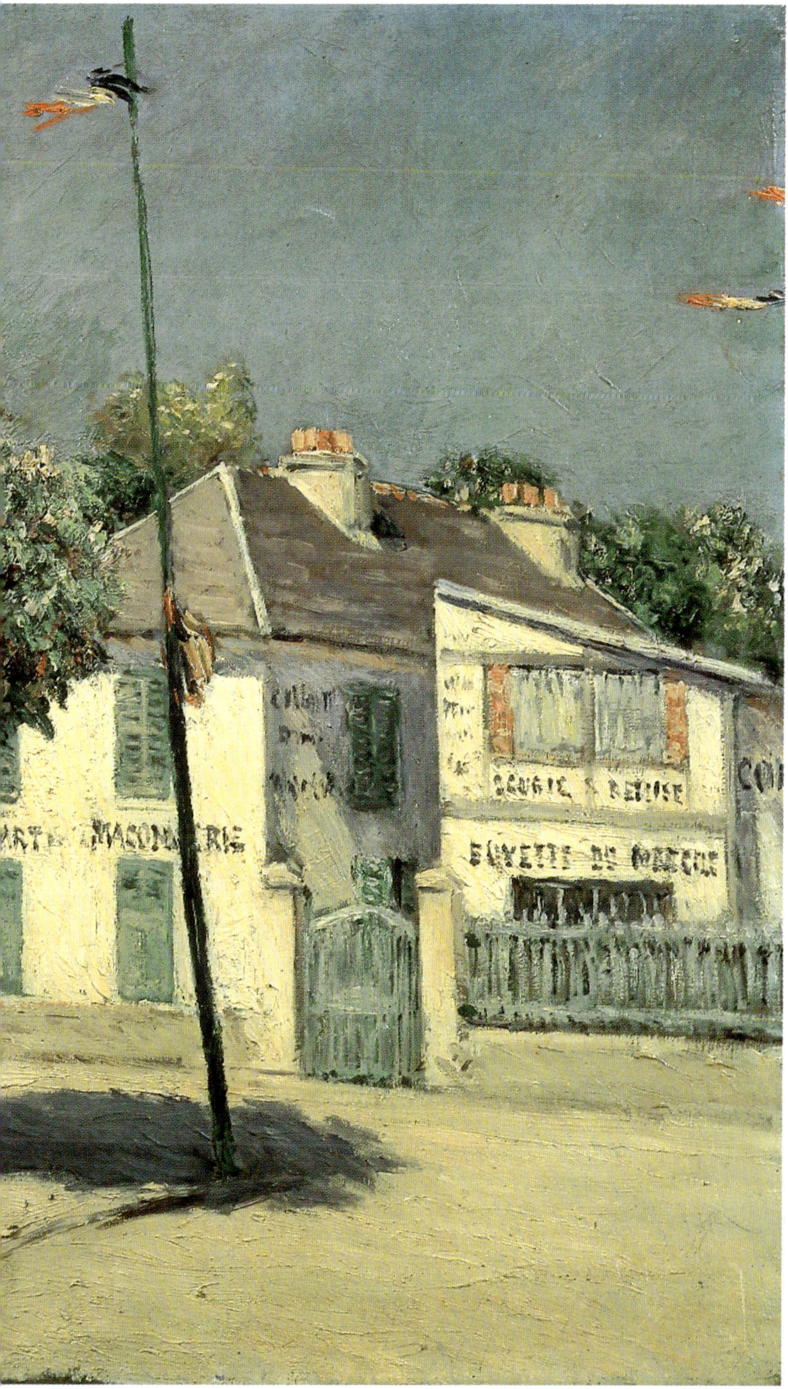

avec une ténacité feutrée, une subtilité inquiète, menant sa peinture vers la liberté qu'on en attend. Tel Degas, le plus proche de lui à ses débuts, et tel Monet au terme de son itinéraire. Il établit la conciliation des contraires qui opposeront à l'intérieur du groupe les tenants de Degas, surtout préoccupés par de nouveaux sujets, et ceux de Monet, Pissarro ou Sisley, prônant un Impressionnisme pur. Il participe, par son évolution, des deux forces en présence, travaillant à la réconciliation de ce qui, perçu en opposition, voire en conflits internes, va constamment fragiliser la cohérence du groupe, la qualité des relations humaines de ceux qui le constituent. Fertilement associé à la construction d'une peinture résolument moderne.

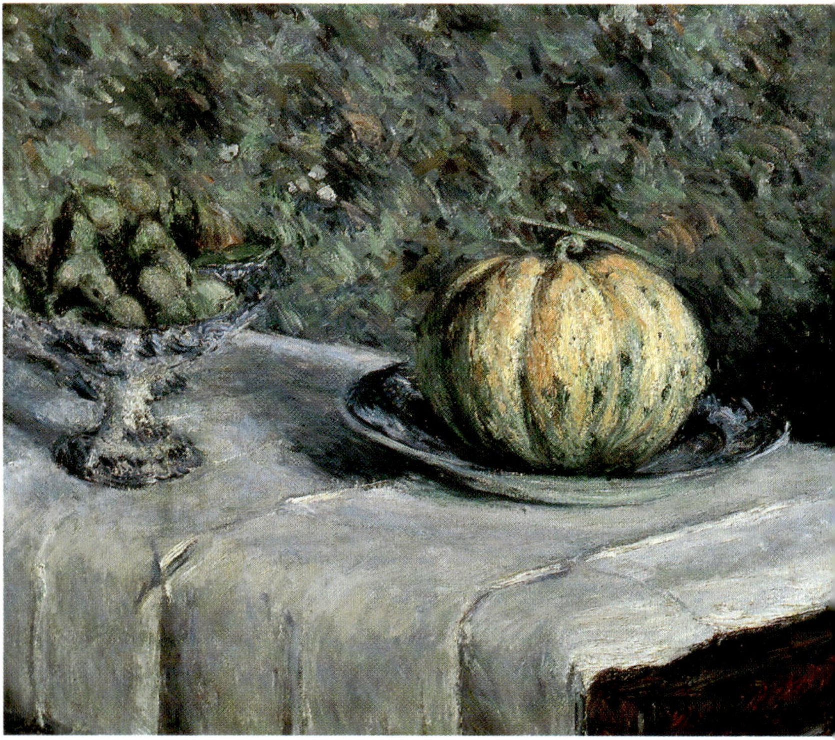

Melon et compotier de figues *(env. 1880). Collection particulière. A rapprocher d'une œuvre de Renoir exécutée à Trouville, lors d'un séjour chez Bérard à Wargemont. La facture de Caillebotte se rapproche de la sienne par une onctuosité de la matière, une promptitude de touche, et ce jeu de tachetis qui animent les fonds.*

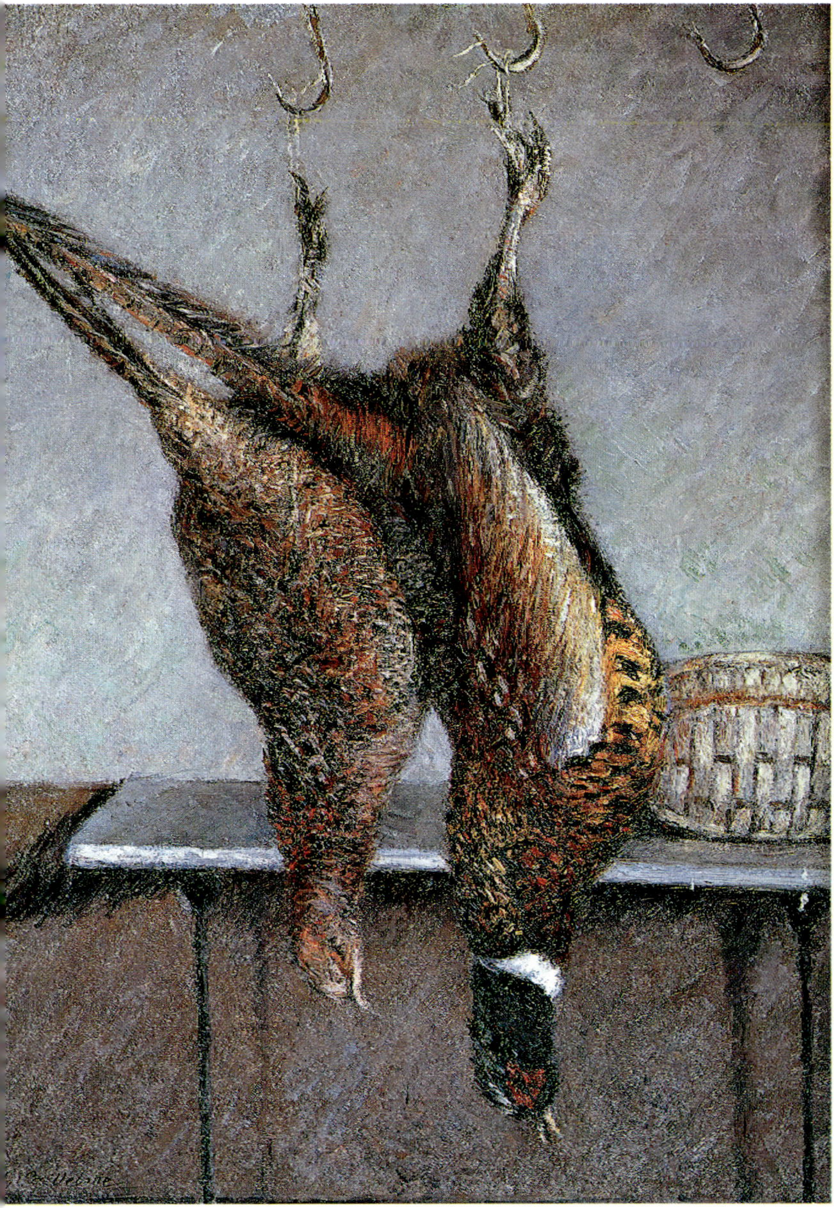

Deux Faisans suspendus *(1882). Collection Josefowitz.*

Propos d'atelier

L'Yerres, effet de pluie *(1875). Indiana University Art Museum, don de Mrs. Nicholas H. Noyes, Bloomington (Minnesota). La présence de l'eau dans la peinture impressionniste s'accorde, le plus souvent, à une vision joyeuse de la vie et des relations humaines. Plus rares sont les visions mélancoliques qu'elle peut engendrer, et qui relèvent généralement d'un registre plutôt littéraire. Hors du prétexte littéraire, Caillebotte atteint ici une charge émotionnelle très forte et d'une rare sobriété de rendu.*

Degas connaissait probablement Caillebotte lors de l'organisation de l'exposition chez Nadar. S'il ne l'invite pas, c'est qu'il n'a pas encore d'œuvre présentable. C'est encore un peintre en devenir. Moins balbutiant que la plupart, et déjà relativement assuré lorsqu'il s'attaque à un sujet aussi conventionnel que *L'Atelier*. Lieu stratégique de la vie du peintre, espace idéalisé de ses concepts, de son labeur quotidien, il est souvent le miroir de son état, de sa nature, de son ambition.
Intérieur d'atelier au poêle (1872-74), proche par sa facture appliquée du *Coin d'atelier* de Monet, cadre un espace qui souligne combien il participe à la vie quotidienne du peintre ; celle-ci débordant sur la pratique de son art.
Coin d'atelier de Monet n'est, en fait, qu'une partie d'un salon, concédée à la peinture, et jouant en même temps le rôle de sujet à peindre. L'atelier est ici un tableau à faire, plus que l'espace occupé par l'exercice de la peinture. On a disposé sur un meuble quelques objets propres à faire illusion.
Celui de Caillebotte, qui s'en rapproche par la finesse de la facture, le souci du rendu objectif, fait plutôt penser à une pièce qu'on aura affectée à la pratique de la peinture en y faisant cohabiter tableaux et objets domestiques divers, soulignant qu'ici on peut peindre et vivre une vie familiale.
C'est en fait le grenier de l'hôtel particulier de la rue de Miromesnil, transformé en atelier sans qu'on ait poussé très loin l'aménagement pour

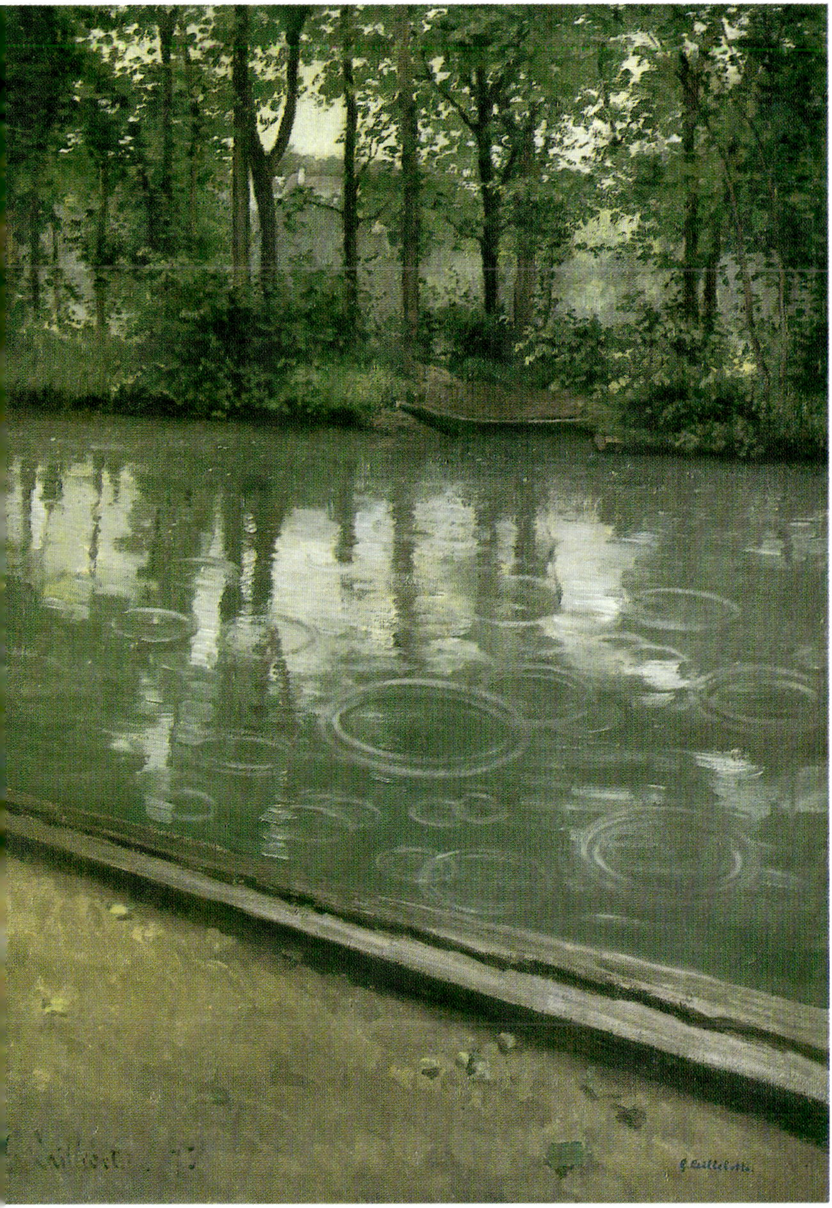

cette affectation. Et Caillebotte y fait passer quelque chose d'austère, de retenu, de pudique, qui témoigne d'une pratique solitaire de la peinture. Ce qui, du même coup, le différencie radicalement de l'*Atelier* de Bazille (1870), où l'on voit les amis du peintre en discussion autour d'une toile, alors que l'un d'eux joue du piano. Car l'atelier est ici un lieu de vie sociale.

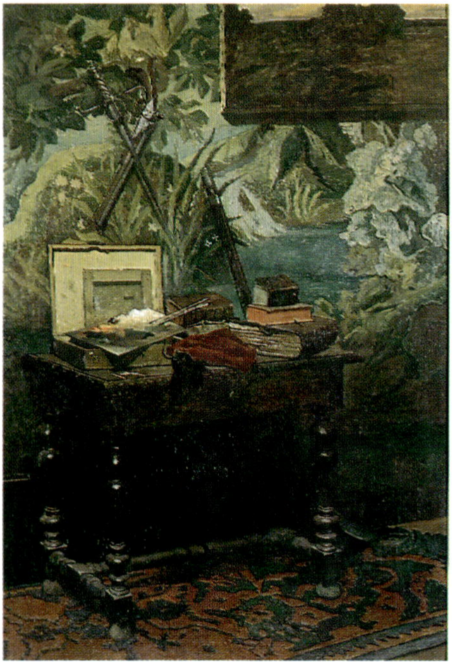

CLAUDE MONET. Coin d'atelier. *Musée d'Orsay, Paris. Tout comme ceux de Caillebotte, les débuts de Monet sont placés sous le signe d'un certain classicisme. Une recherche de l'exacte vérité des objets et des matériaux.*

Mais Bazille n'y introduit aucun artifice et ne le conçoit pas comme un décor. Ce qui était le cas de l'atelier du peintre académique avec son désordre calculé d'objets hétéroclites, ses amoncellements d'armures, de vases précieux et de Chine, tentures, objets exotiques ou curieux, dans un climat de bazar et la manifestation ostentatoire d'un certain luxe dont il aime s'entourer. On y sent tous les parfums de l'Orient, toutes les voluptés des maisons closes. C'est un atelier-alcôve. La présence de la femme y est tacite, même absente.
Au contraire, une rigueur janséniste se dégage du lieu de la création que propose Caillebotte, mettant en valeur une petite copie de *L'Écorché* de Houdon, un de ces accessoires typiques de l'atelier du peintre que l'on trouve même chez un Cézanne pourtant d'apparence si éloigné des scrupules de la copie académique. D'emblée, l'attirance simultanée pour « le dedans » et « le dehors » s'affirme chez Caillebotte débutant, car il peint aussi bien l'atelier improvisé sous les combles de la rue de Miromesnil que les bords de l'Yerres dans la propriété de campagne de sa famille.
Saules au bord de l'Yerres (1872) révèle une autre facette de l'artiste. Celle d'une audace dans la facture, d'une prise de liberté, qui annoncent le peintre qu'il deviendra. On est là dans un sentiment de la nature venu tout droit de l'École de Barbizon. Avec cette matérialité des éléments (eau et terre) superbement rendue. C'est une touche active, plus expressive que réflexive, et où, à la nostalgie qui touche parfois sa vision de la réalité, s'est substituée une

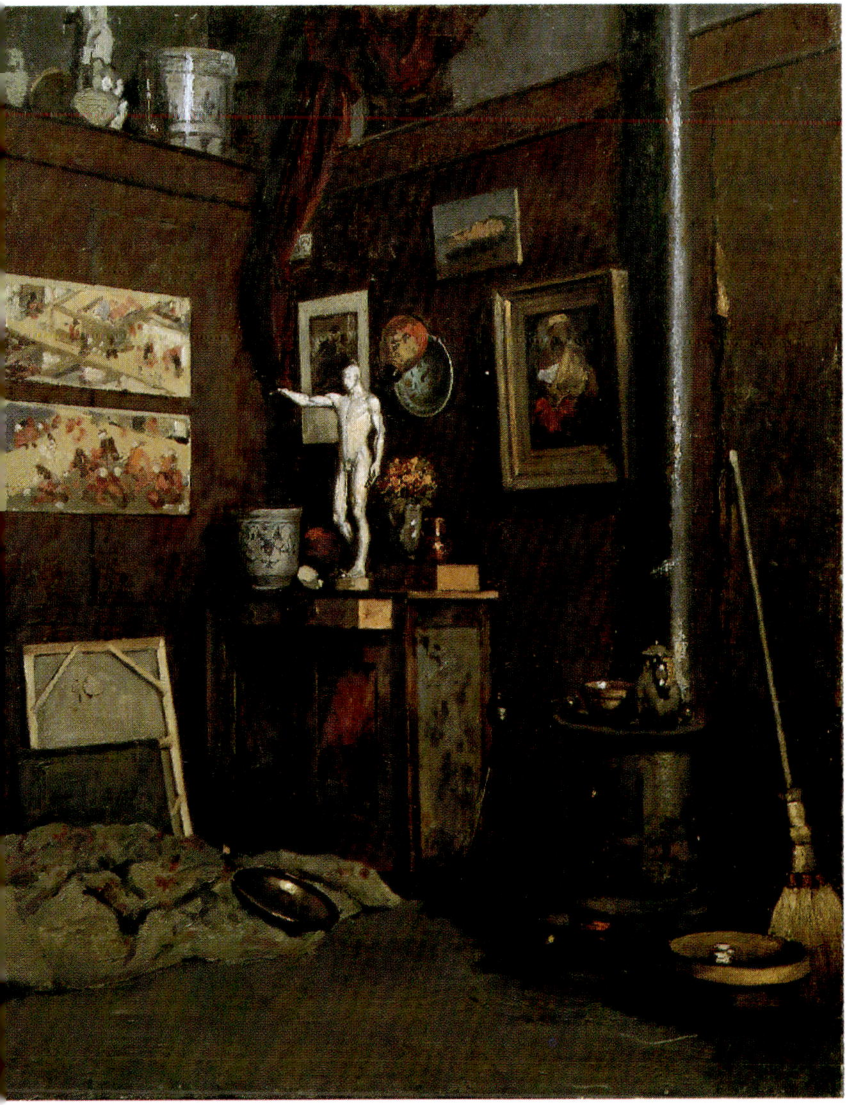

Intérieur d'atelier au poêle *(1872). Collection particulière. On est loin du décor ostentatoire, du bric-à-brac habituel aux ateliers des peintres académiques. Dans l'absence de tout décor, au profit d'une vision presque ascétique de la vie de peintre. Mais, surtout, totalement intégrée à la vie domestique ou familiale.*

force presque tragique qui s'est muée en une pudique virilité. Tout procède d'une énergie tellurique qui embrase la nature dans le déroulement des éléments qui la constituent. Quelques années plus tard (1875), ayant acquis une certaine autorité, une plus grande aisance dans sa manière, et osant déjà des cadrages hardis, il reviendra avec insistance sur le thème de l'eau, y reconduisant aussi un certain esprit désenchanté. L'eau n'est pas que le lieu des plaisirs nautiques, et simple miroir du ciel, elle est aussi l'écho d'un certain désarroi intérieur qui s'exprime par l'ampleur d'un espace de solitude et le silence d'une nature qui y déroule ses phénomènes d'où l'homme est chassé.

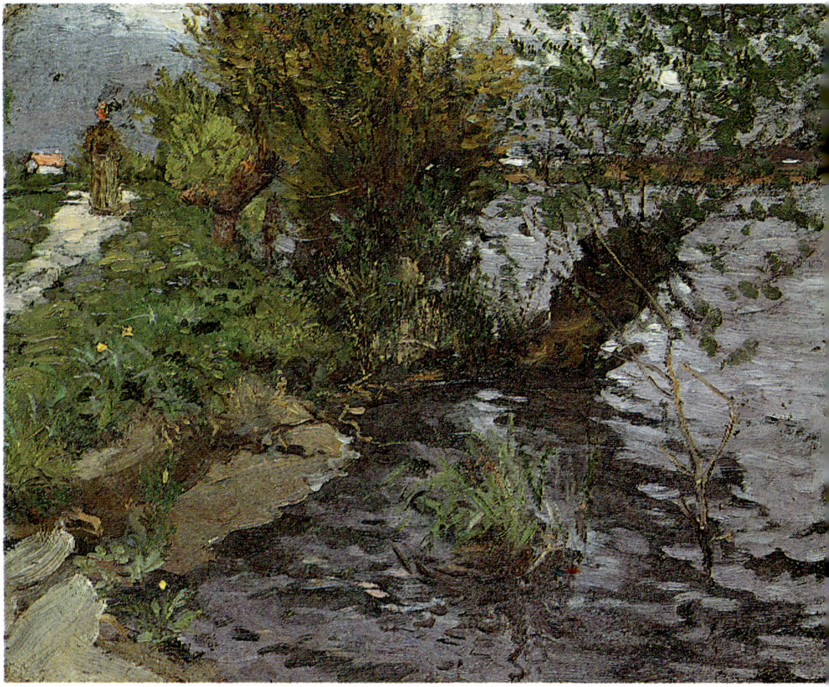

Saules au bord de l'Yerres *(1872). Collection Josefowitz. Une étonnante véhémence de facture, qui alterne avec une peinture de plus grande économie, serrée sur l'image et l'espace psychologique. Ce qui souligne l'étendue du registre du peintre.*

Quand l'orage est un spectacle démesuré pour un peintre romantique, le lieu de l'exaltation des sens, du cri et des larmes, de la mort et de la tragédie, il est pour un artiste naturaliste, dont Caillebotte reprend la manière, l'immuable, tranquille, radicale affirmation de la vie d'une nature qui impose ses lois. Elle n'a pas besoin de l'homme pour être, elle est sa propre finalité. De la contempler en cette tranquille force étrangère la rend à la fois pathétique et troublante, grandiose et inquiétante. Pourtant, par le scrupule apporté à sa facture, l'absence de tout effet supplémentaire ou arbitraire, Caillebotte reste ici un peintre réaliste.

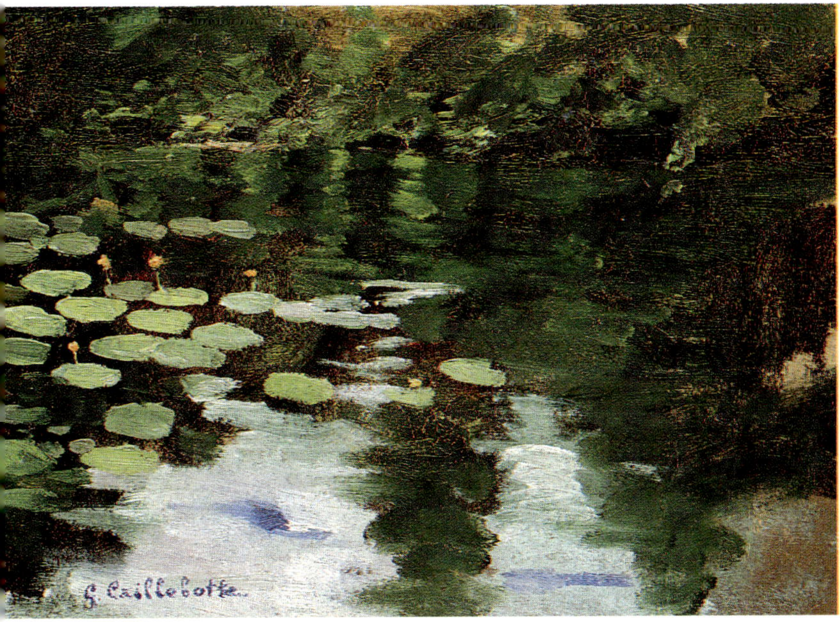

Yerres, sur l'étang : les nymphéas *(avant 1879). Collection particulière. Des rapports de l'eau et du végétal la peinture impressionniste fait un sujet de prédilection.*

Caillebotte réaliste

Les Peintres en bâtiment *(1877), détail.*
Collection particulière.

Chantre du Réalisme, Champfleury y voit un phénomène d'insurrection contre le pouvoir. Défenseur attitré de Courbet, il milite avec ce dernier pour le courant socialiste. D'ailleurs, dans leur voisinage le philosophe Proudhon (dont Courbet fait le portrait) est bien l'instaurateur d'une nouvelle pensée politique fort agressive à l'égard de la bourgeoisie qui domine et tient les rênes du pouvoir. Aussi ne tarde-t-il pas à associer le Réalisme au socialisme et à en faire une arme de combat.
Le Réalisme est entre les mains de Courbet une arme, il peut être en divers de ses aspects une simple honnêteté du peintre. « L'art doit être sincère », rappelle Champfleury comme le notent Geneviève et Jacques Lacambre.
La démarche de Caillebotte s'inscrit plutôt dans cette perspective. Nul esprit de révolte en lui. Que ce soit vis-à-vis de sa famille qui ne le contredit pas dans ses ambitions, ou de la société dans laquelle il s'inscrit sans tapage, ni apparente difficulté, même s'il reste un homme réservé, fidèle en amitié, mais plutôt replié sur lui-même dans un célibat obstiné.
Le Réalisme, serait-il un moteur pour l'évolution de la peinture et parce que l'on sortait à peine des foucades de la peinture romantique, de la théâtralité parfois appuyée, et parfois inconvenante, de l'académisme inspiré par la mythologie en en pervertissant l'esprit, n'est pas nécessairement l'expression d'une revendication. Il peut être un état de neutralité, qui manquait singulièrement à la peinture qui passera si rapidement des contraintes d'un message téléguidé par les pouvoirs (politique et religieux) qui la prônent, la soutiennent et provoquent le clientélisme des artistes, vers l'expression progressivement débridée des sentiments et des humeurs du peintre ; usant de la réalité comme simple prétexte à s'affirmer.
Réaliste, Caillebotte l'est surtout vis-à-vis du monde contemporain. Citadin, il propose un état des lieux urbains. Trouvant, pour y être

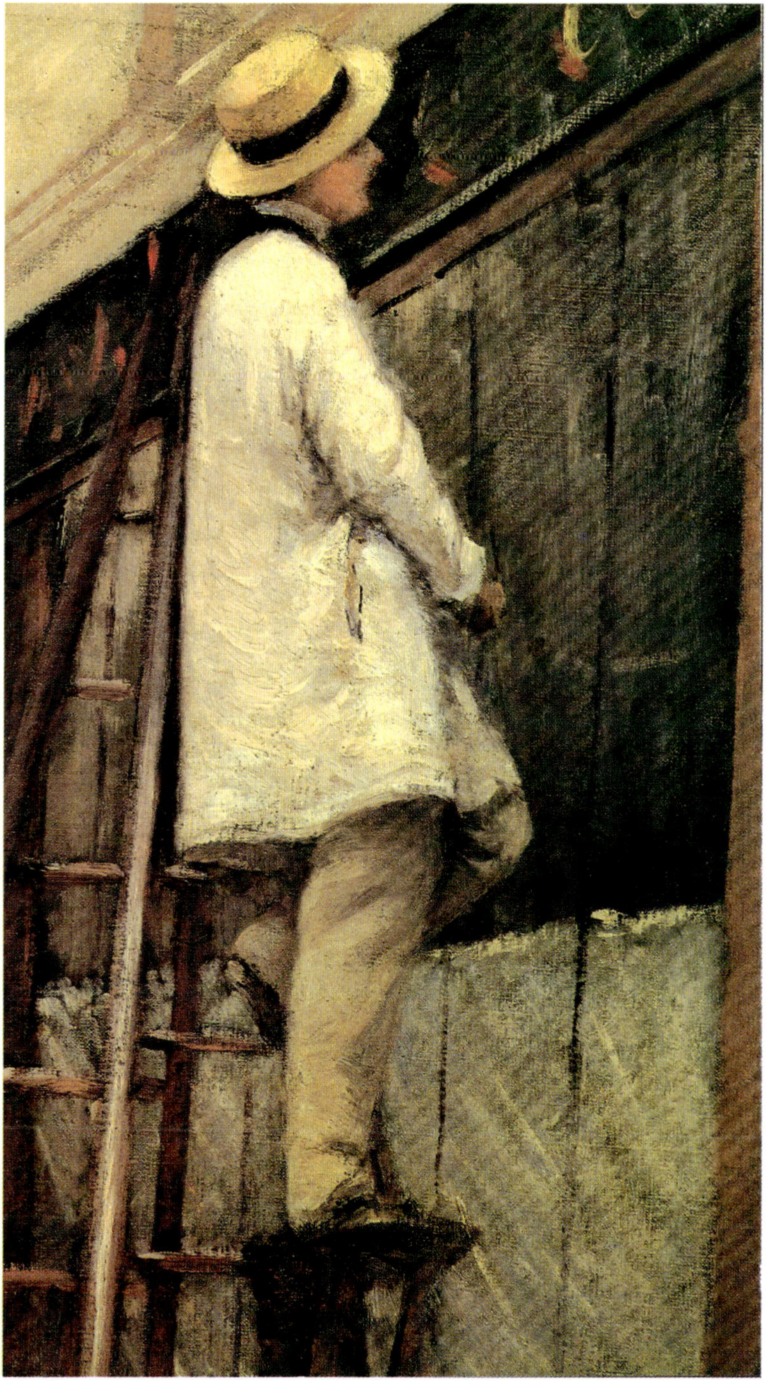

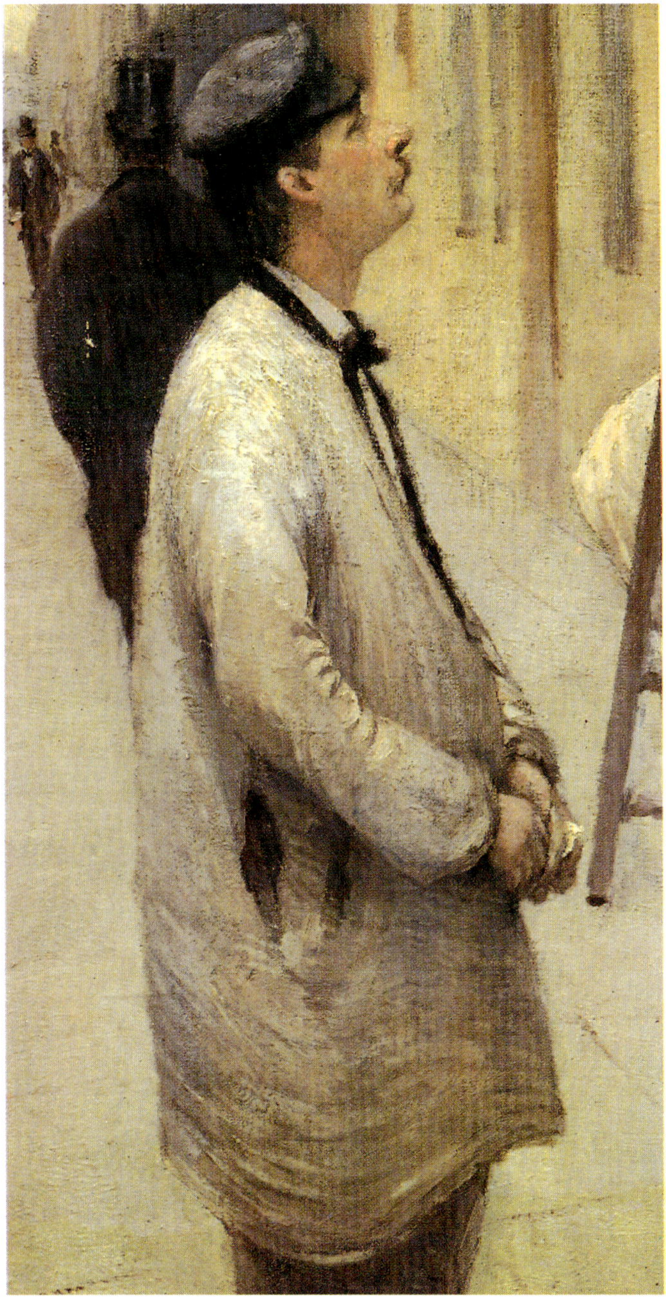

efficace, de nouveaux cadrages, des effets de perspective, sa peinture demeurant dans la tempérance de la tradition, n'évoluant que très lentement vers l'accent qui la libère du poids réducteur de son sujet pour se risquer dans une relativité, une temporalité exprimée dans un rapport plus volontiers d'ordre psychologique avec les personnages qui s'y livrent aux banales occupations de la vie quotidienne. Réaliste, Caillebotte l'est aux yeux de l'opinion quand il présente, en 1876, dans le cadre de la deuxième exposition impressionniste, *Les Raboteurs de parquet*. C'était là le choix d'un sujet inhabituel, le peintre ayant, par tradition, pour mission d'enjoliver la réalité. A la même

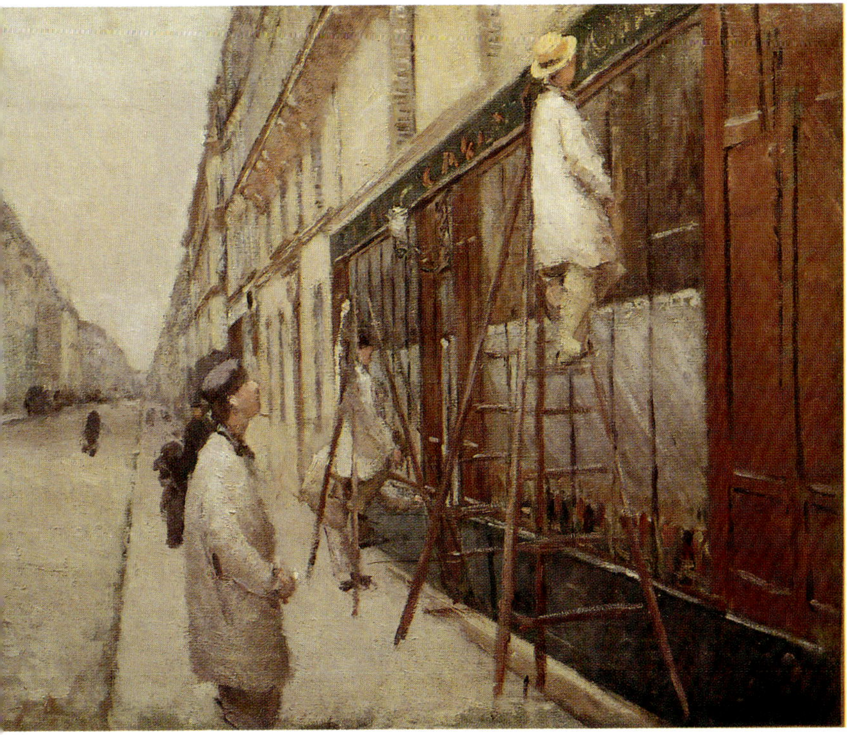

Les Peintres en bâtiment *(1877), détail. Collection particulière.*

Double page suivante :
Les Peintres en bâtiment *(1877). Collection particulière. Une œuvre majeure de l'artiste, qui révèle l'originalité de son occupation de l'espace, du traitement des figures dans le jeu des perspectives.*

Les Peintres en bâtiment *(1877), esquisse. Collection particulière. Caillebotte prépare soigneusement chacune de ses œuvres d'une mise en scène ambitieuse, et accumule esquisses, dessins et ébauches, afin de mettre en place tous les détails.*

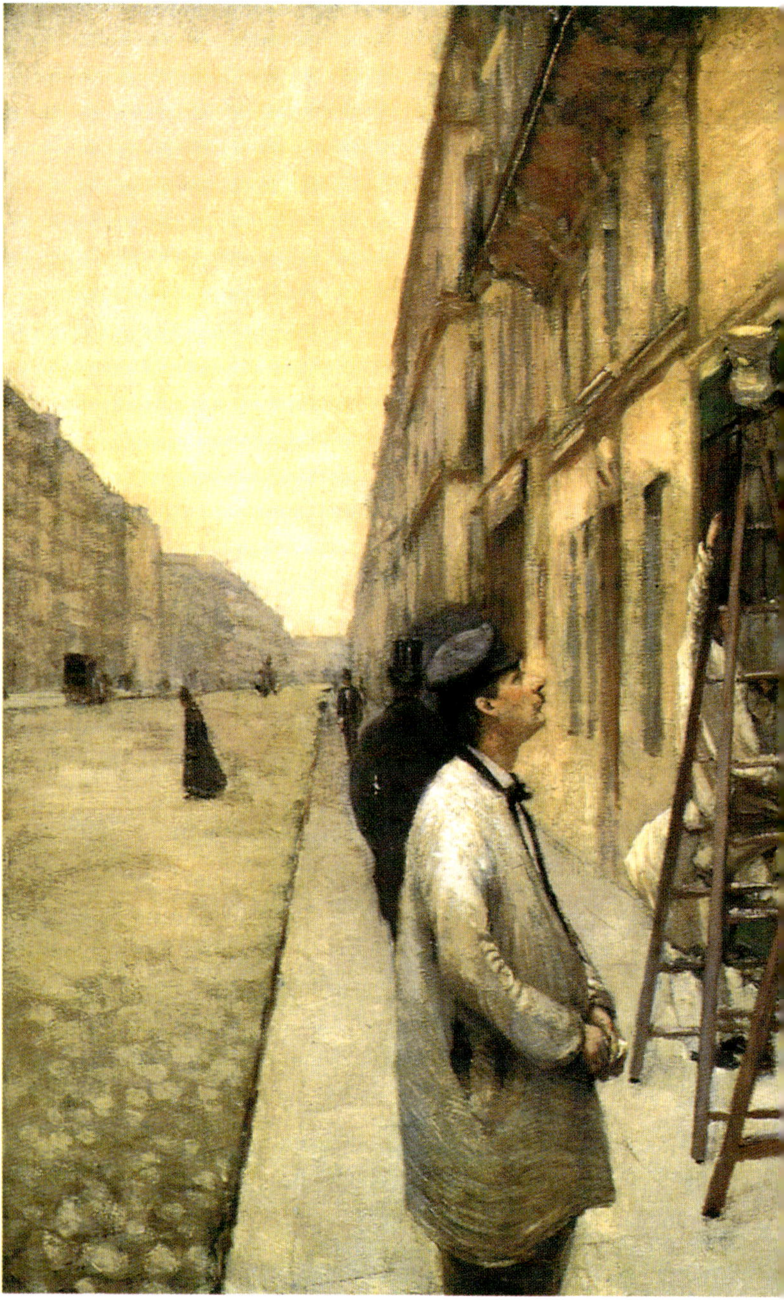

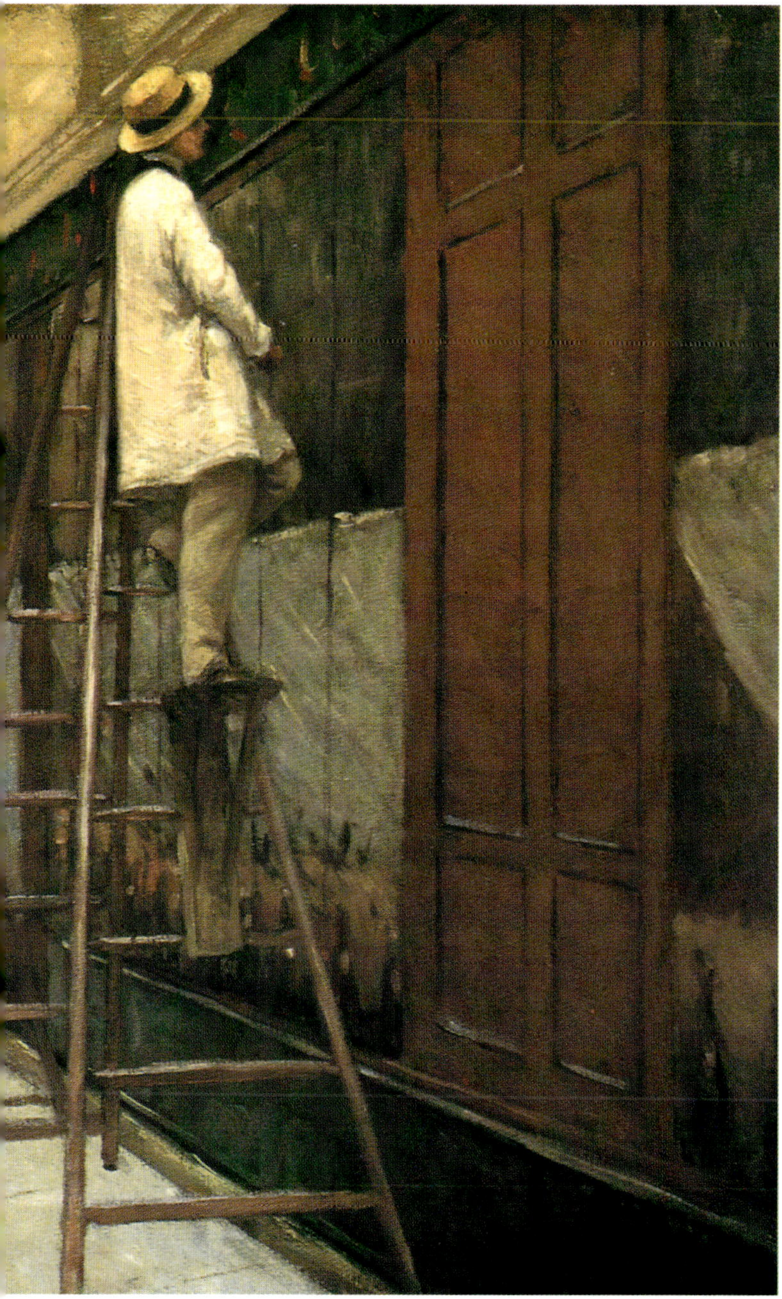

époque, et dans la même exposition, Degas propose *Les Blanchisseuses*. Un regard similaire porté sur le monde du travail et une classe généralement négligée par la peinture. Tout au moins mise à contribution pour la figuration dans une vision convenue de la réalité, et sans le souci de spécifier le rôle des protagonistes. Considérés dans une globalité méprisante et comme

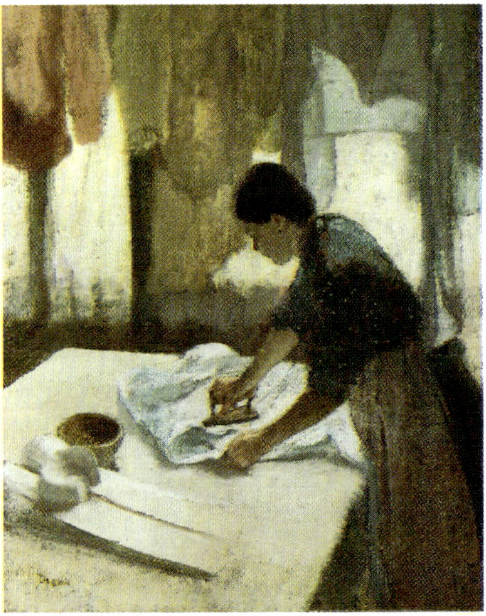

EDGAR DEGAS. Repasseuse à contre-jour. *National Gallery of Art, Collection Mr. et Mrs. Paul Mellon, Washington. Bourgeois comme Manet et Caillebotte, Degas est un chroniqueur de la vie sociale. Un observateur des mœurs citadines.*

négligeable. Courbet avait, avec *Les Casseurs de pierre*, transgressé cette habitude, et avec lui une poignée de peintres exposant assez volontiers au Salon officiel mais n'échappant pas toujours au pittoresque, et faisant passer sans trop de difficulté un sujet « ingrat » parce qu'il est compris sous le seul angle du pittoresque. La vision sociale qui parfois le sous-tend n'étant pas perçue. Et le peintre lui-même n'échappant pas toujours aux ambiguïtés que sécrète une réalité anecdotique. Il faut remonter aux frères Le Nain (justement découverts par Champfleury) pour trouver un aussi grand souci d'exactitude et d'observation. Sans doute Caillebotte donne-t-il son sujet fortuitement, et parce qu'il réside dans un quartier livré aux ouvriers du bâtiment. On le verra reprendre à plusieurs reprises un sujet qu'il n'épuise pas de toutes ses possibilités, parce qu'il contient au-delà de sa dimension sociale, représentative d'une contemporanéité, une structure plastique spécifique, propre à le rendre plus visible, plus efficace, et que l'artiste explore avec un réel bonheur.

Il reprendra le thème du travail dans *Les Peintres en bâtiment* (1877) situés, cette fois, dans ce cadre de la rue épurée jusqu'à la géométrie d'un espace abstrait. C'est ce Paris d'Haussmann qui fascine le peintre et lui offre l'essentiel de ses sujets urbains. Une rectitude de l'environnement qui traduit bien le principe adopté par l'architecte de Napoléon III, traçant à travers la capitale des artères larges, allant directement d'un point à un autre, et impropres aux insurrections

des rues, à l'établissement de barricades qui avaient été jusqu'alors l'expression la plus convenue des soubresauts de la foule en colère.
Victor Hugo ne manque pas d'ironiser dans *Les Années funestes* :
« Plus de caprice ; plus de carrefour méandre...
Alignement tel est le mot d'ordre actuel...
L'Empire est un damier enfermé dans sa boîte.
Tout, hors la conscience, y suit la ligne droite. »
Et ailleurs il reprend sa critique :
« Que c'est beau, de Pantin on voit jusqu'à Grenelle !
Le vieux Paris n'est qu'une rue éternelle
qui s'étire élégante et droite comme l'i
En disant Rivoli, Rivoli, Rivoli... »

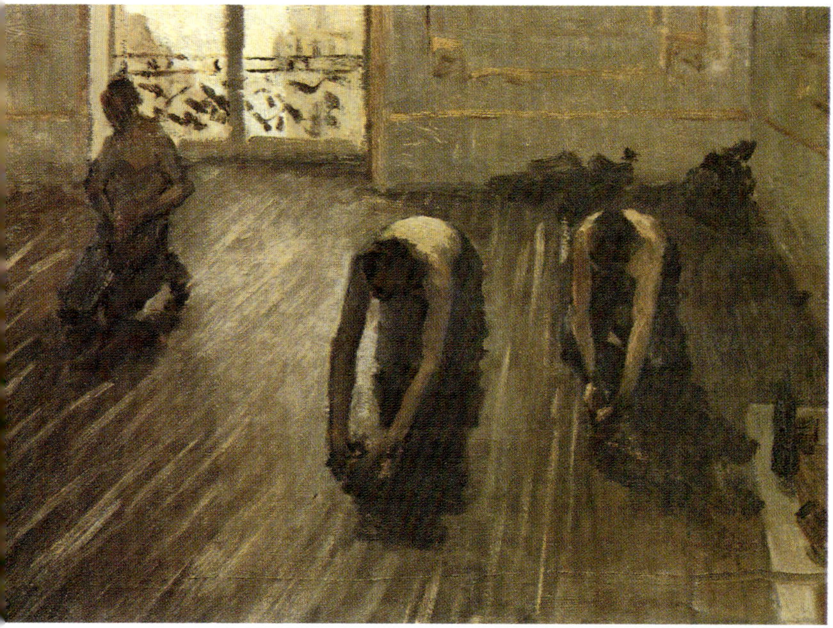

Double page suivante :
Les Raboteurs de parquet *(1875). Musée d'Orsay, Paris. Lors de sa présentation à l'exposition de 1876, le critique Maurice Chaumelin pouvait dire : « Dans ses* Raboteurs de parquet, *M. Caillebotte s'annonce comme un réaliste aussi cru, mais bien autrement spirituel que Courbet, aussi violent, mais bien autrement précis que Manet... ».*

Les Raboteurs de parquet *(1875), esquisse. Collection particulière.*

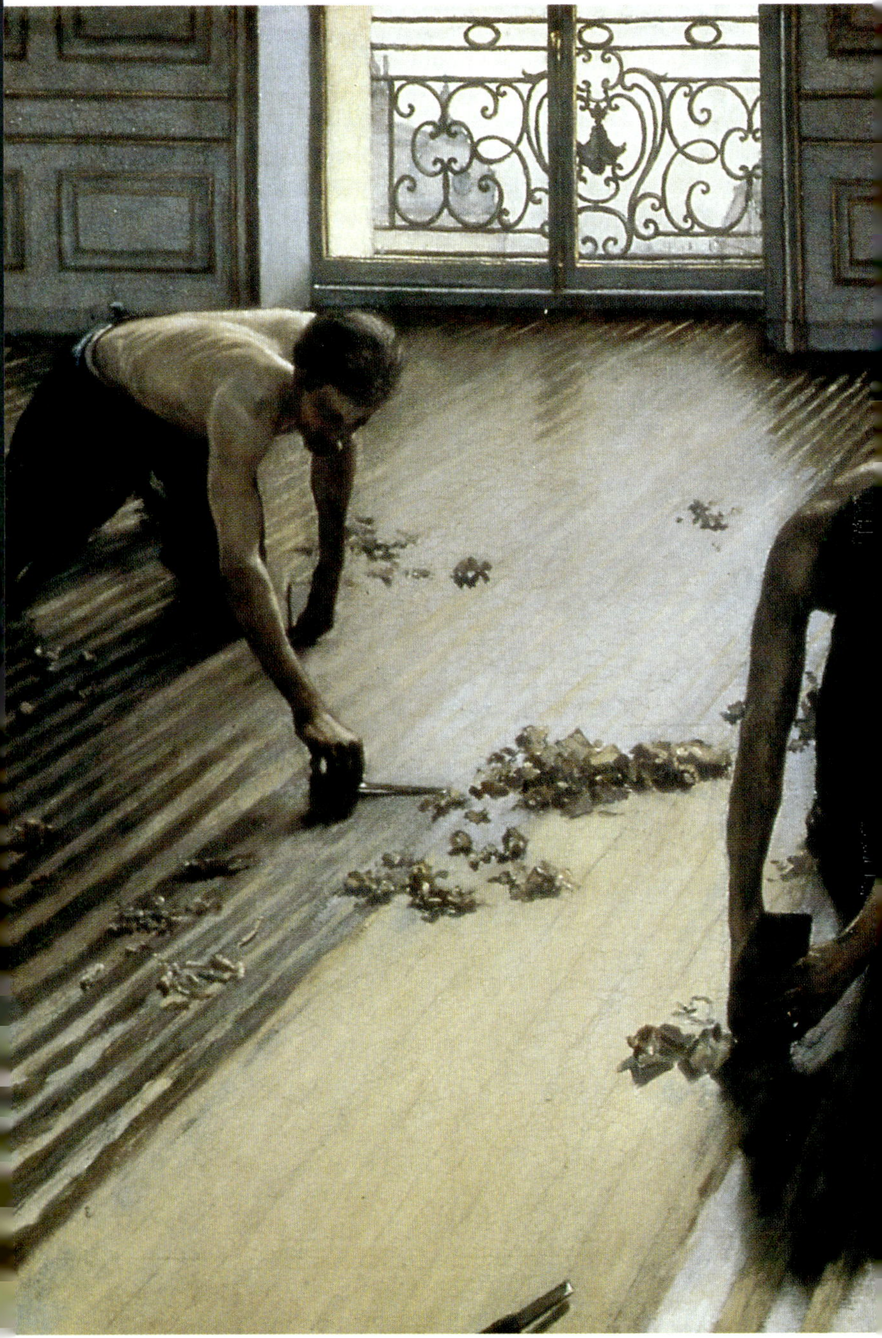

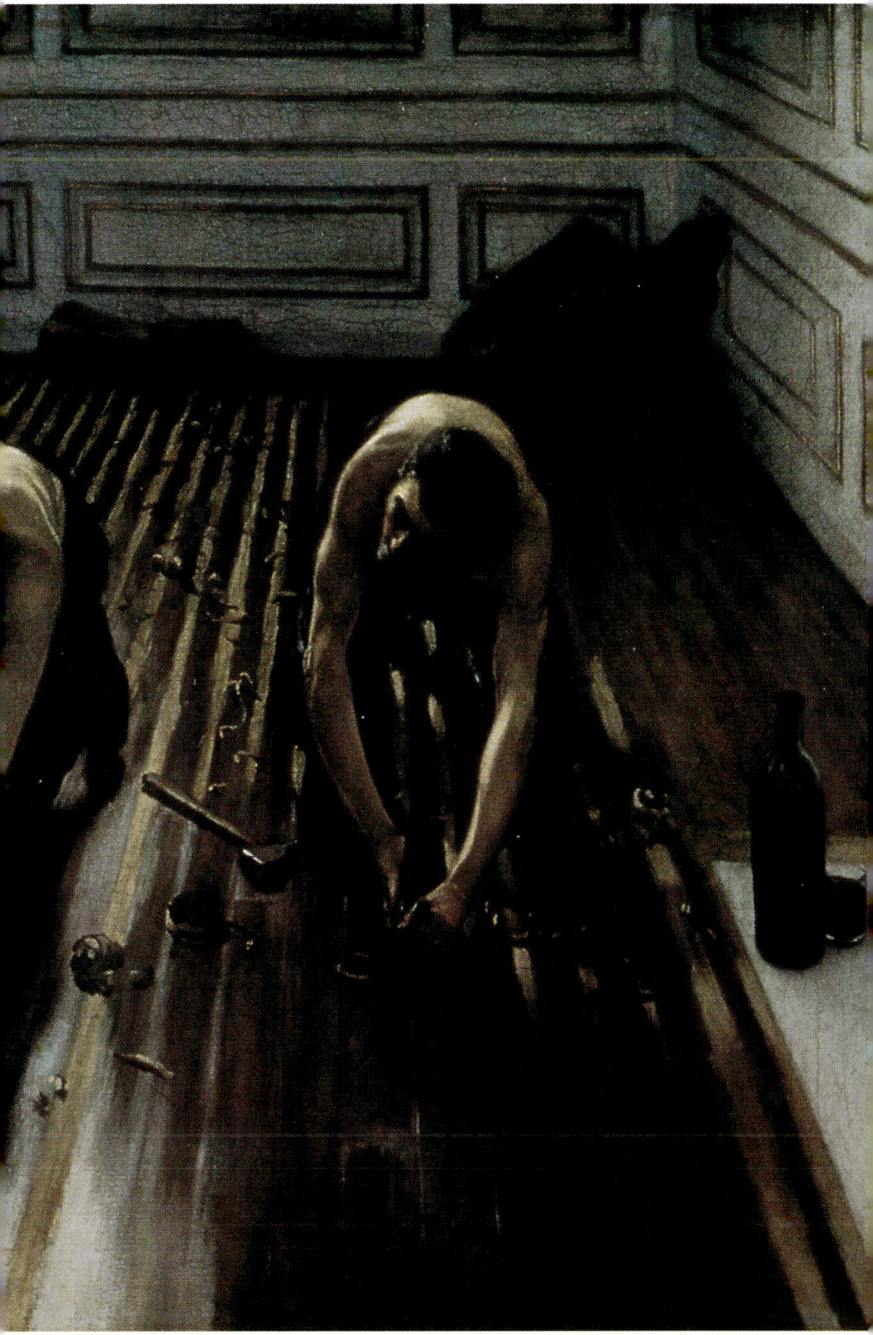

Caillebotte y situe quelques-unes de ses scènes urbaines les plus importantes, les mieux élaborées, et qui constituent un véritable corpus de sa pensée, de sa vision.
Peintres en bâtiment s'inscrit dans la perspective de la rue, en ligne de fuite poussée à l'extrême, comme *Les Raboteurs de parquet* s'inscrivent dans la perspective nécessairement limitée d'une pièce. Si bien que, dans ce cas, le tableau renvoie les personnages vers le spectateur, alors que le décor de la rue les projette sur la ligne de fuite que ponctuent des passants anonymes posés là en liaison directe avec les ouvriers au travail. Ce sont des citadins, des bourgeois habillés en sombre, chapeau claque sur la tête, alors que les ouvriers sont habillés de clair et coiffés : qui du béret, qui du canotier. Ce dernier plutôt insolite dans le contexte, mais il s'agit du peintre en lettres, plus proche de l'artiste dont le canotier est la coiffe habituelle, il est vrai généralement associée au divertissement (le *Déjeuner des canotiers* de Renoir). Un dialogue du noir et du blanc (du sombre et du clair) qui enferme les ouvriers dans leur condition sociale.
Cette distribution entre les deux protagonistes principaux de la scène est d'une étonnante subtilité et constitue à elle seule une de ces saynètes dont Caillebotte a le goût et qui charge sa peinture d'une telle force psychologique.
On perçoit alors paradoxalement combien les sujets picturaux de l'artiste constituent de véritables fictions théâtrales. L'objectivité requise du Réalisme glisse peu à peu, par la subtilité des actions qui y sont représentées, dans la visualisation d'une action psychologique engageant la disposition des personnages dans l'espace, leurs attitudes, toujours en relation les unes par rapport aux autres. Comme si, d'une observation idéale, renforcée par la solitude du peintre, celui-ci portait un regard d'autant plus aigu sur les personnages qu'il représente dans leurs relations. Adhésions ou conflits, toute réunion humaine engage un dialogue. Et l'objectivité de Caillebotte apparaît alors toute entière qui enferme ses sujets d'intérieur dans un climat feutré qui est celui qu'évoque le théâtre, alors que ses scènes d'extérieur sont écrites dans l'ampleur spatiale d'un travelling cinématographique.
Théâtre et cinématographe sont au rendez-vous d'une peinture dont le réalisme s'est enrichi d'ambitions nouvelles, traduisant les rapports humains dans la solitude de la toile.

Les Raboteurs de parquet *(1876), détail. Collection particulière.*

Double page suivante :
Les Raboteurs de parquet *(1876), variante. Collection particulière.*

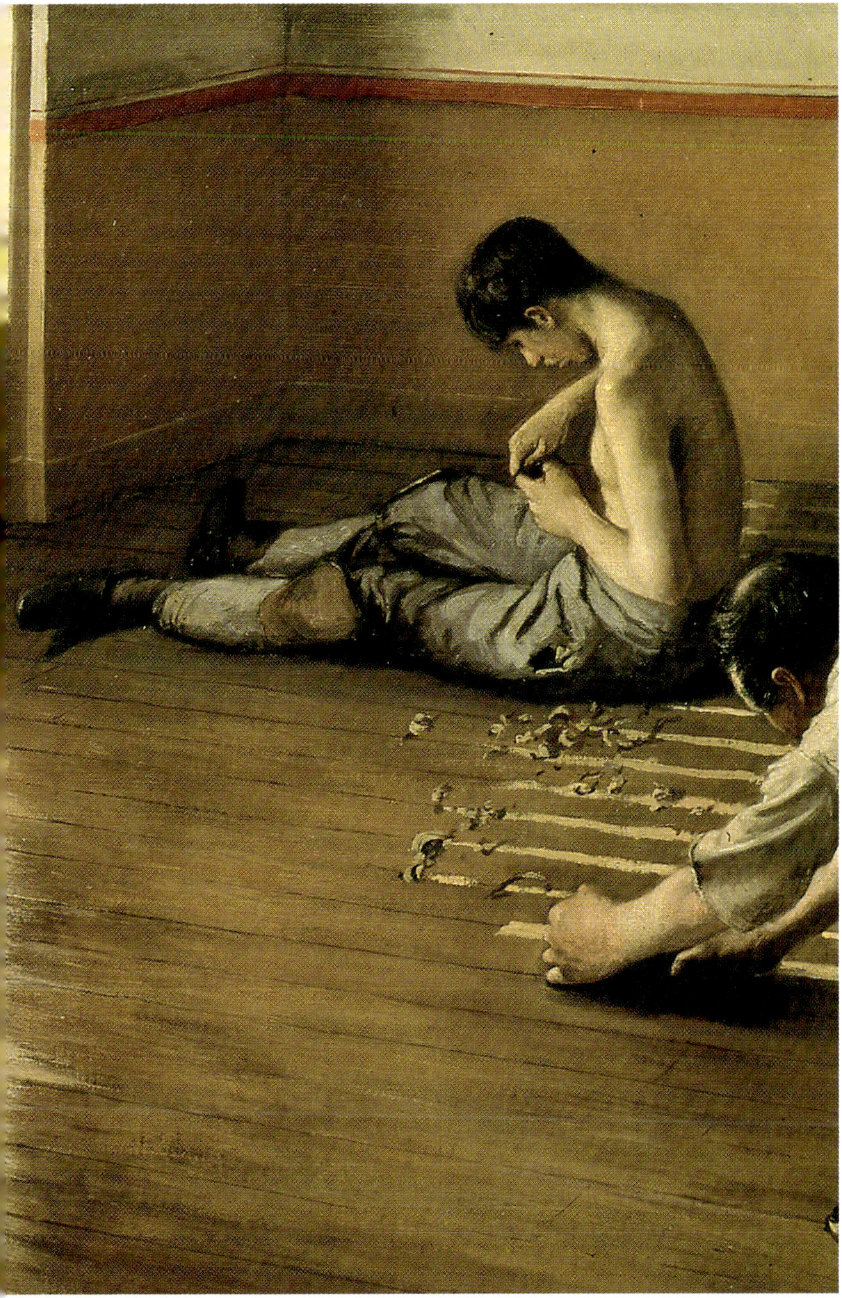

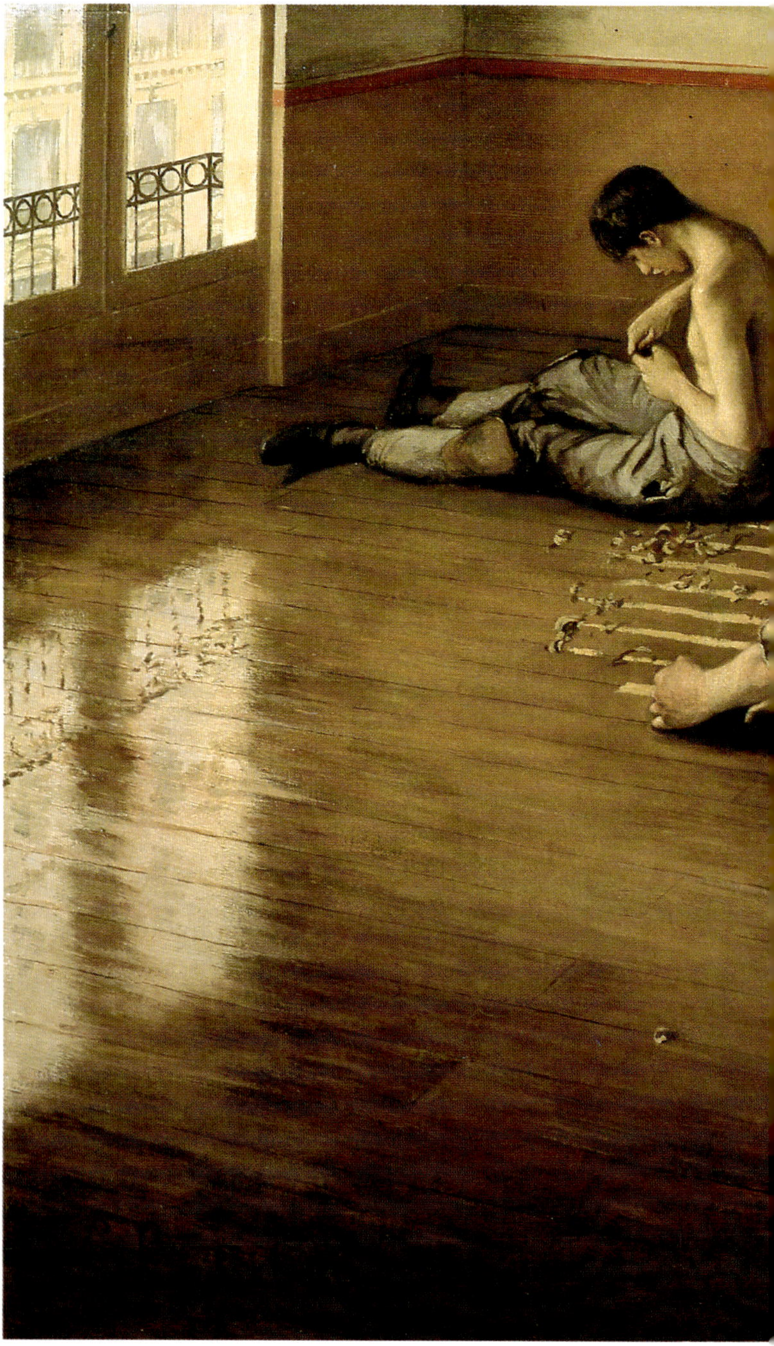

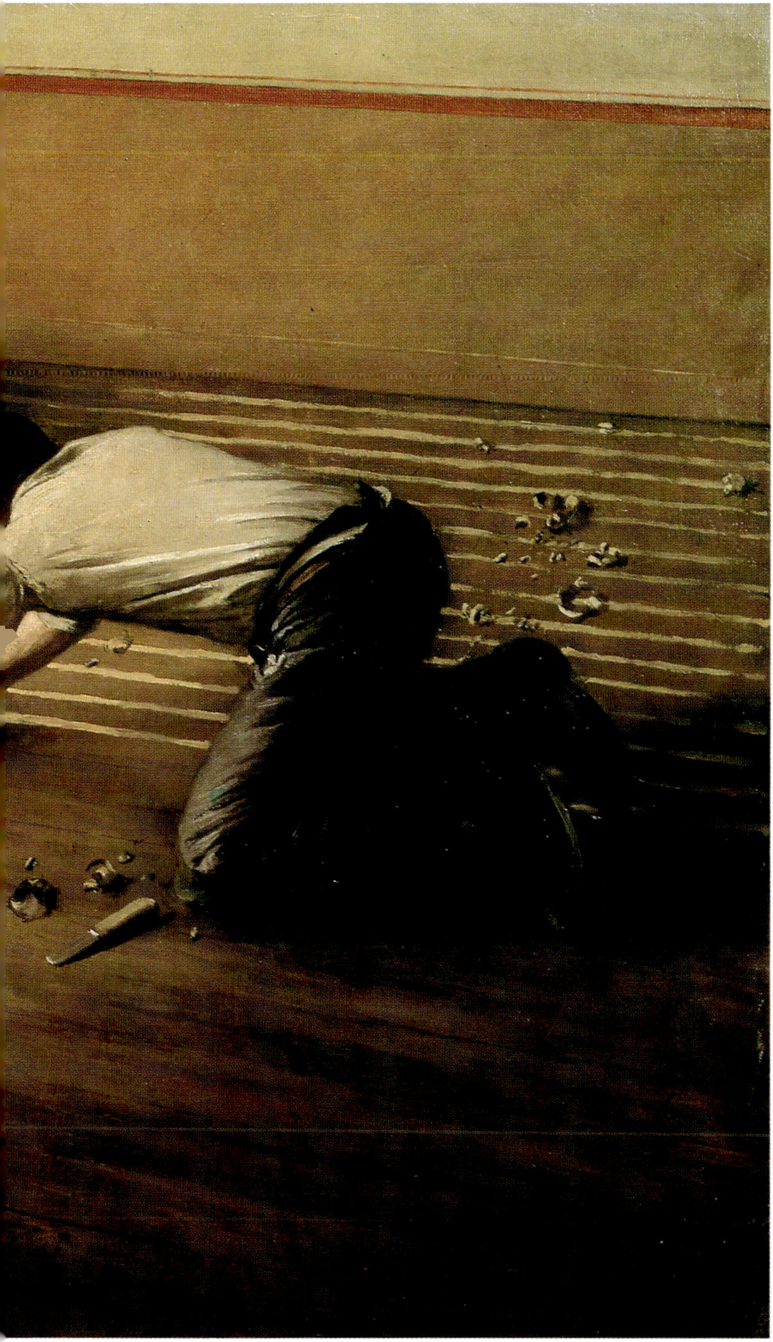

Le Pont de l'Europe. Paris sur scène

Le Pont de l'Europe *(1876), étude. Collection particulière.*

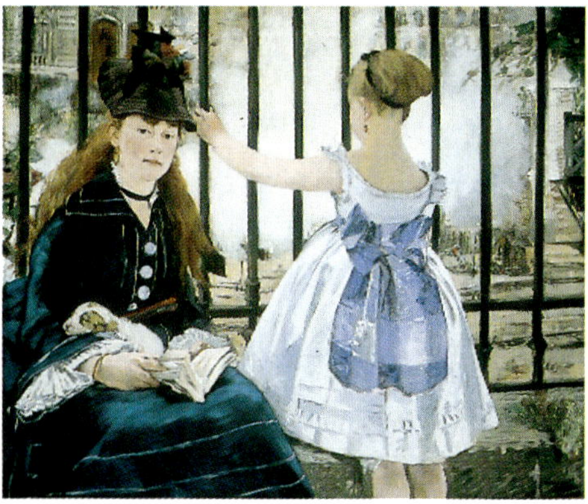

EDOUARD MANET. Le Chemin de Fer. *National Gallery of Art, Washington. Avec Caillebotte, il partage le goût pour les structures strictes, monumentales, de l'environnement ferroviaire. Une certaine fascination ambiguë pour la modernité.*

La construction du quartier de l'Europe marque le triomphe de la technologie sur la ville. Ce nouveau quartier traduit un essor placé sous le signe du voyage. La gare Saint-Lazare autour de laquelle il se déploie est l'une de ces portes magnifiques qui s'ouvrent sur un horizon lointain. La mer et, au-delà, une Angleterre qui fascine la culture française tant elle paraît étrange et susceptible de renouveler considérablement le registre des mœurs, des idées, des produits culturels qui scandent l'essor de la bourgeoisie.
Des noms de rues évoquent les flamboyantes capitales qui font rêver les adolescents (Moscou, Londres, Turin, Budapest, Naples, Milan, Saint-Petersbourg...). Un carrefour dominant les voies sur lesquelles ne cessent de circuler des trains dont les lourdes locomotives (qui vont inspirer *La Bête humaine* à Zola) crachent d'ondoyantes vapeurs qui envahissent le ciel, et constituent une véritable « matière » propre

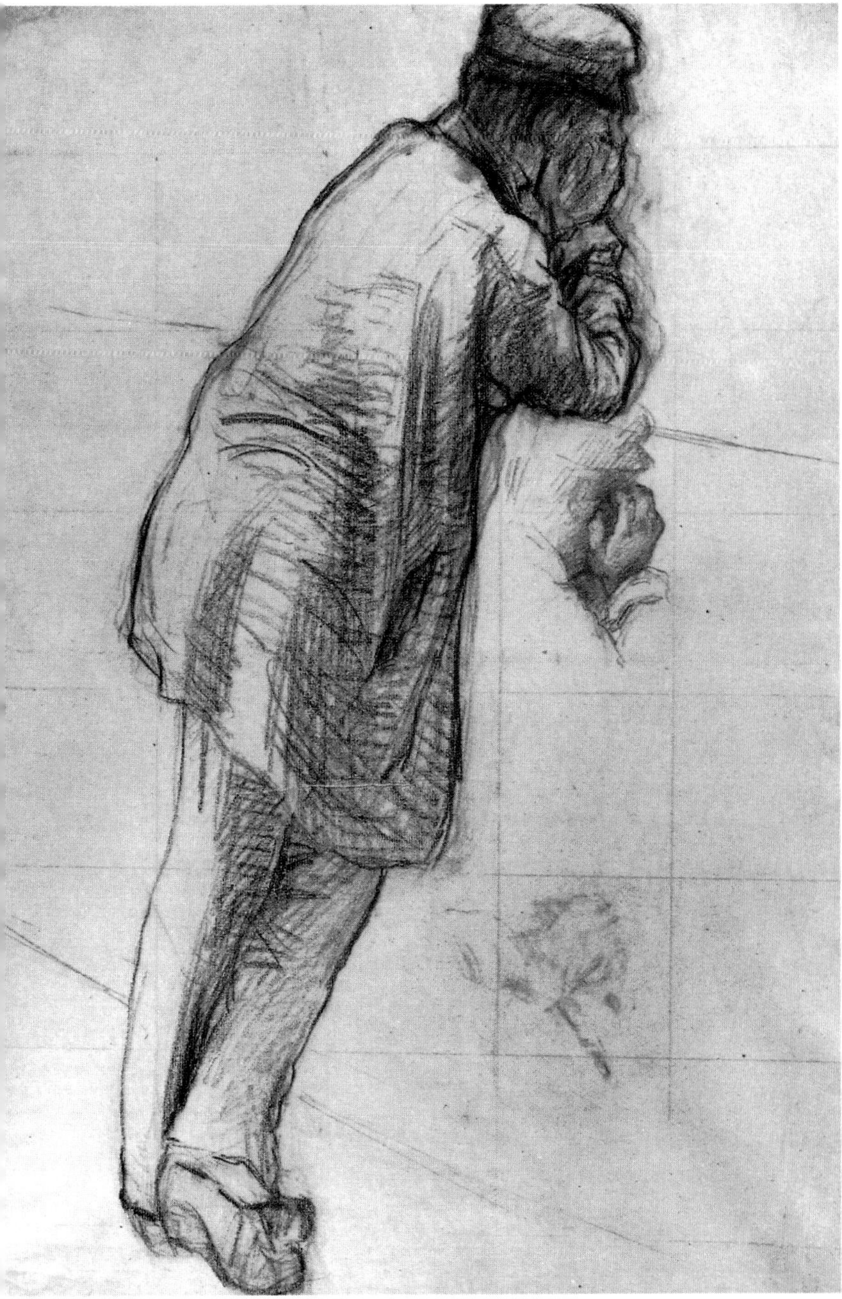

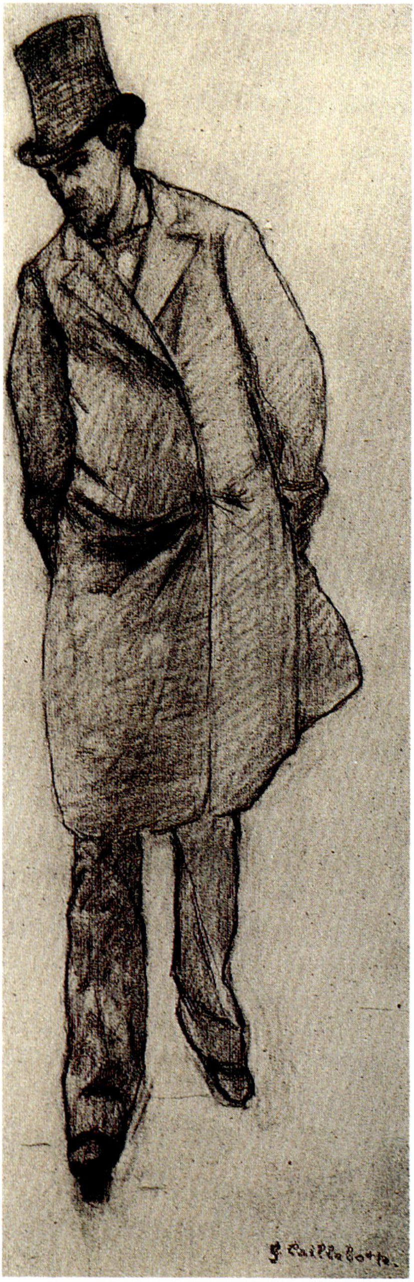

à enchanter les impressionnistes. Monet, dans son long travail sur la gare Saint-Lazare (près de douze tableaux), et qui s'est installé dans son voisinage immédiat, se familiarise avec son sujet. C'est d'ailleurs Gustave Caillebotte, devenu son ami et mécène, qui loue pour lui un appartement 20 rue de Vintimille, pour qu'il puisse y travailler. Manet, un voisin qui habite au bas de la rue de Saint-Petersbourg, cadre une scène familiale dans la rigueur des grilles surplombant les voies. C'est *Le Chemin de fer*. Loin de Monet, distillant la vapeur, jouant sur la fluidité de l'atmosphère, mais proche de Manet allant vers le réalisme le plus scrupuleux, Caillebotte, un autre voisin, tire au maximum l'effet de perspective de l'endroit si particulier en son climat moderne et exaltant la technologie, un âge du fer. Il joue sur le caractère brutal, voire hostile, de cet alignement de lourdes poutrelles métalliques croisées balisant le vide que contemple un personnage de la scène, tandis qu'un couple s'avance vers le premier plan, et qu'un homme du peuple qui vient de les croiser, vu de dos, s'éloigne. C'est bien l'un des procédés chers à Caillebotte de faire circuler ses personnages dans l'espace, dans un

Le Pont de l'Europe *(1876). Étude de personnage. Collection particulière. Jusque dans le dessin préparatoire s'affirme la franchise d'une silhouette qui prendra place dans le décor urbain où se concrétise son rôle et sa fonction sociale.*

jeu de correspondance qui donne une remarquable cohérence à l'ensemble, et cale la scène dans une sorte d'équilibre saisissant, sachant, avec une figuration limitée, donner une impression d'animation urbaine, diversifiant la qualité des personnes, le brassage des classes, des conditions sociales.
Le statisme de la toile est totalement contredit par cette disposition des personnages en situation de mouvement, de déplacement, qui tracent des trajectoires dans l'espace.
La vision urbaine dans laquelle Caillebotte se plaît à réserver de vastes espaces de vide, qui traduisent à la fois la dimension de la ville et l'inéluctable sentiment d'angoisse qu'elle peut sécréter, fait habituellement passer le particularisme architectural vers une

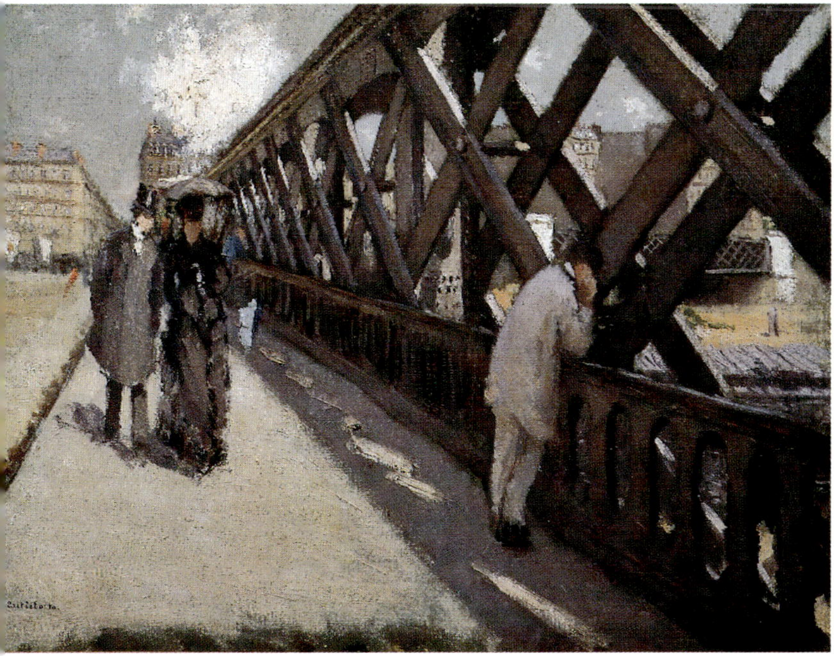

Le Pont de l'Europe *(1876), esquisse. Collection particulière.*

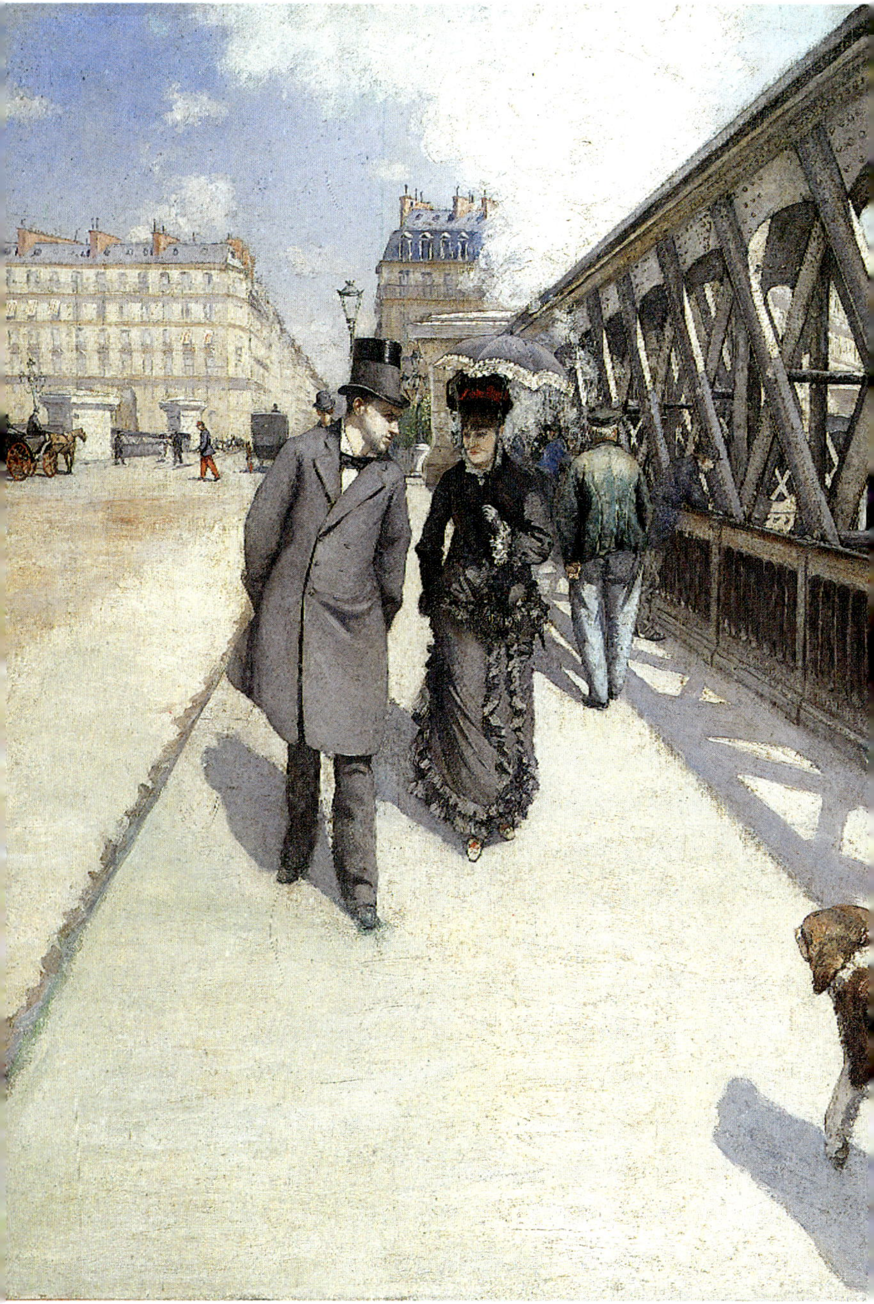

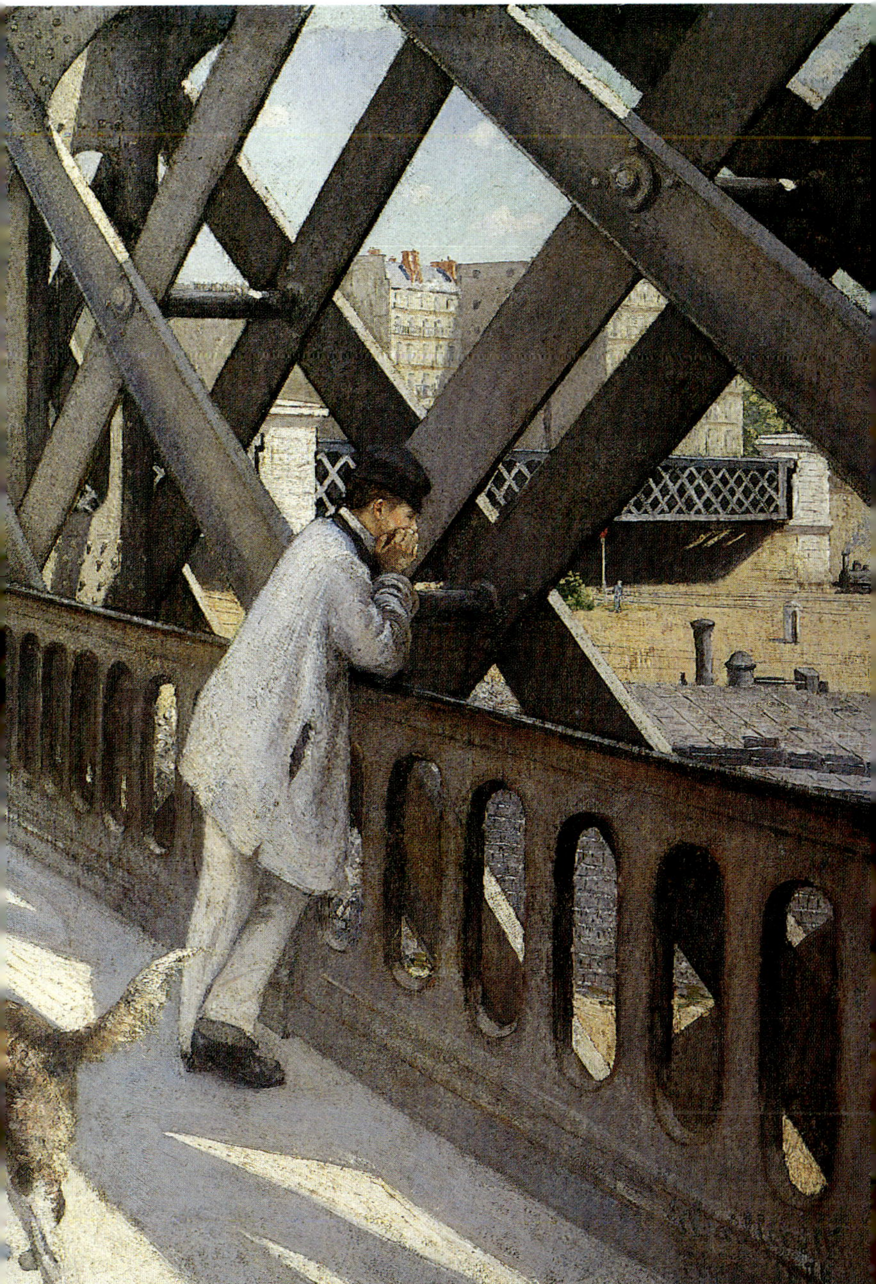

action psychologique qu'elle valorise. Encadre.
Le couple bourgeois et l'ouvrier au même niveau de disponibilité au regard du passant, en l'occurrence du peintre qui les représente, expriment par l'égalité de leur présence l'esprit de la rue. Sans qu'il n'y fasse passer ni critique, ni exaltation. On n'est ni dans l'espace de la revendication, ni dans celui de la célébration. Mais à une sorte de degré zéro du sentiment qui a valeur de simple constat.
Pourtant, l'importance du cadre choisi ici peut faire basculer ce qui pourrait n'être qu'une simple image de mondanité vers le drame qui y est latent. La solitude du piéton contemplatif, un état général qui jette les figurants dans une scène trop grande pour eux, trop froide.
Le pont de l'Europe était alors perçu par certains piétons de Paris qui l'ont exprimé (Héron de Villefosse), comme un lieu agressif, intimidant, et Mallarmé, qui l'emprunte quotidiennement pour aller de son domicile de la rue de Rome au lycée Condorcet où il enseigne l'anglais, confie à George Moore qu'il lui arrive d'avoir l'envie incontrôlée de se jeter dans le vide.
Ce sentiment d'inquiétude contenu dans le décor de la ville est encore plus avoué dans une variante du *Pont de l'Europe* où deux hommes (dont l'un est penché) contemplent les voies qu'ils surplombent, tandis qu'un troisième s'éloigne. Ils sont de dos. Celui auquel le peintre donne le plus d'importance, avec cette raideur pincée du bourgeois nanti de son chapeau haut de forme et de ses gants, et serré dans sa redingote, semble contempler avec un feint détachement un spectacle qui l'intrigue, l'étonne, l'inquiète.
Il n'entretient pas avec son environnement du moment des rapports de complicité.
Il exprime une distance avec cet appareillage de fer, hostile, fermant le paysage urbain dans une frontalité qui souligne la réserve des personnages. Une réserve face à l'espace, et dans la position méditative que l'on retrouvera dans *L'Homme au balcon*.

Le Pont de l'Europe *(1876), détail. Musée du Petit Palais, Genève.*

Double page suivante :
Le Pont de l'Europe *(1877). Kimbell Art Museum, Fort Worth (Texas). Une version du même sujet que celui de 1876. Sur un plan plus serré, et traitant l'architecture de fer dans une frontalité qui accuse son caractère agressif, sa beauté sauvage et inquiétante.*

Double page précédente :
Le Pont de l'Europe *(1876). Musée du Petit Palais, Genève. Témoin des grands bouleversements urbanistiques de la capitale, Caillebotte se trouve, par le hasard, un riverain (comme Manet) de quelques-uns de ses points forts, dans l'insertion des voies ferrées dans le tissu urbain jusqu'alors imprécis. Une mise au carré de l'espace, qui rappelle singulièrement celle exercée par Le Nôtre sur la nature pour entourer le palais de Versailles. Là pour la gloire monarchique, une certaine idée du pouvoir, ici pour la gloire d'une société d'affaires, où l'argent est roi.*

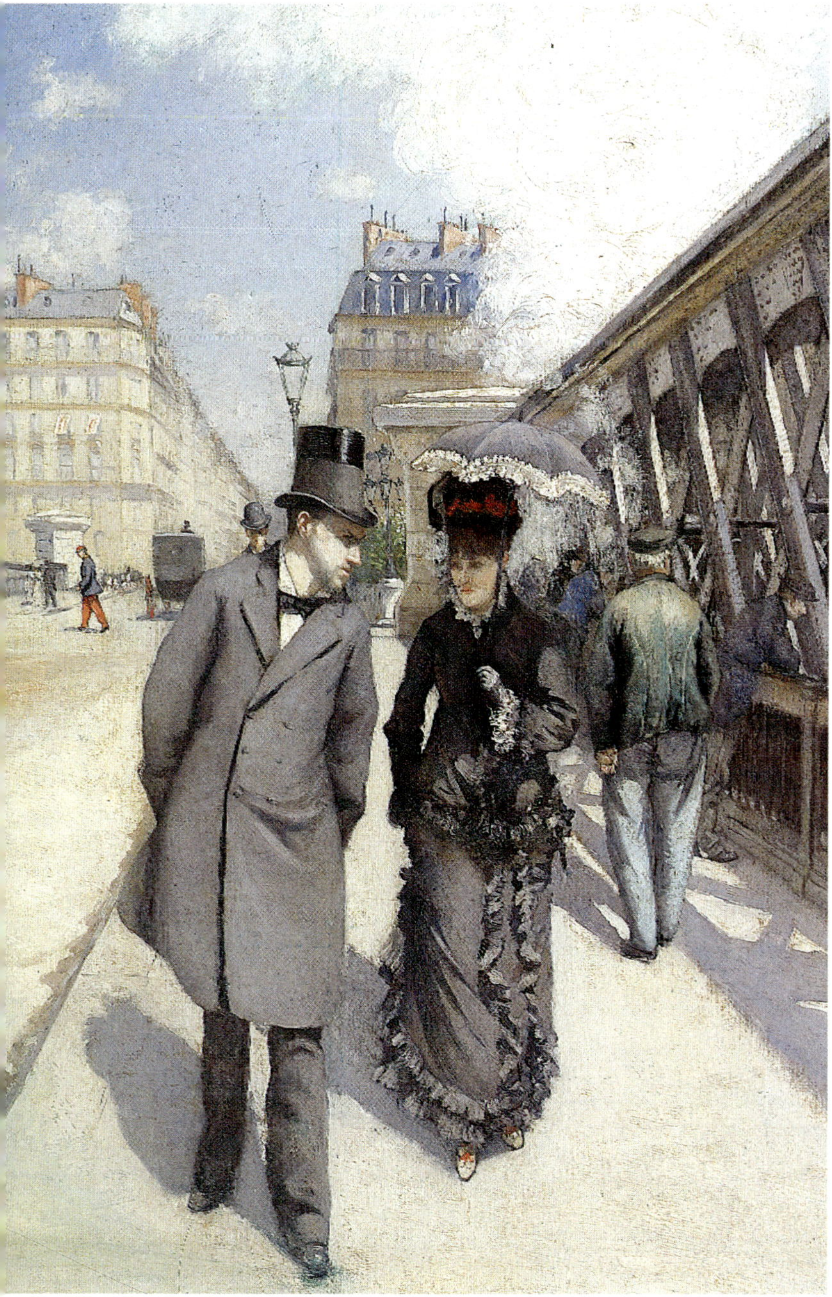

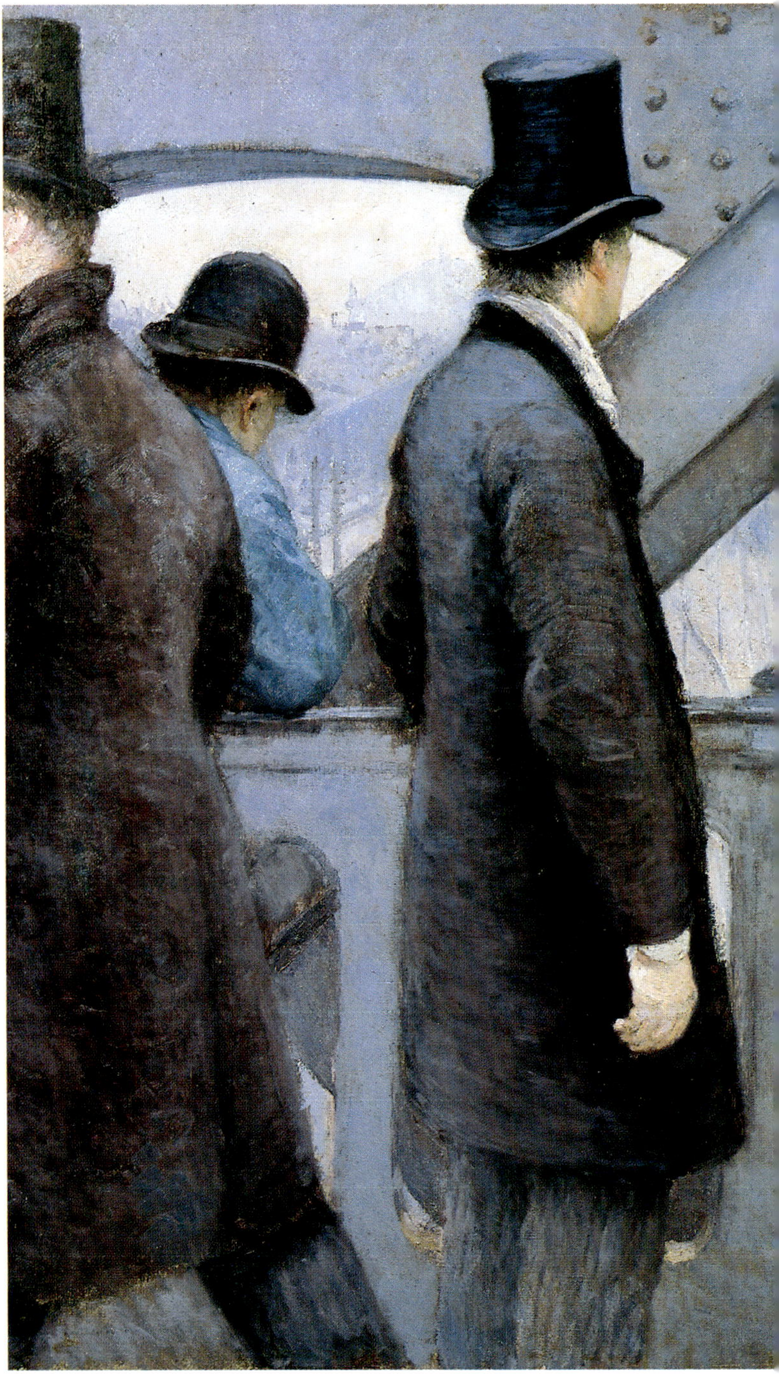

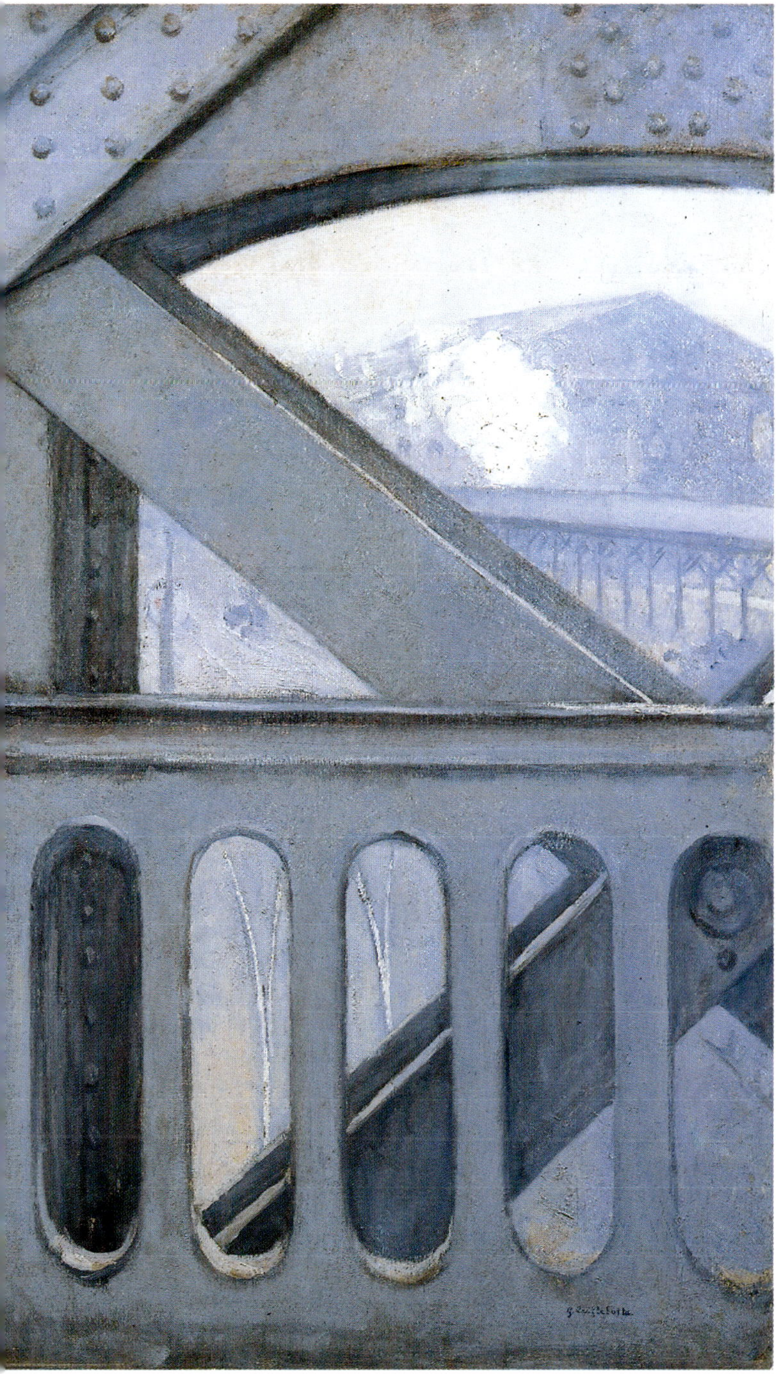

Paris, temps de pluie

Rue de Paris, temps de pluie *(1877). Étude de femme vue de dos. Collection particulière. Chaque tableau important de Caillebotte est précédé d'une série de dessins préparatoires, pour mettre en place les différents éléments qui le composent. La figure est saisie dans la promptitude de son mouvement de marche. Vive, et déjà figée pour entrer dans le tableau.*

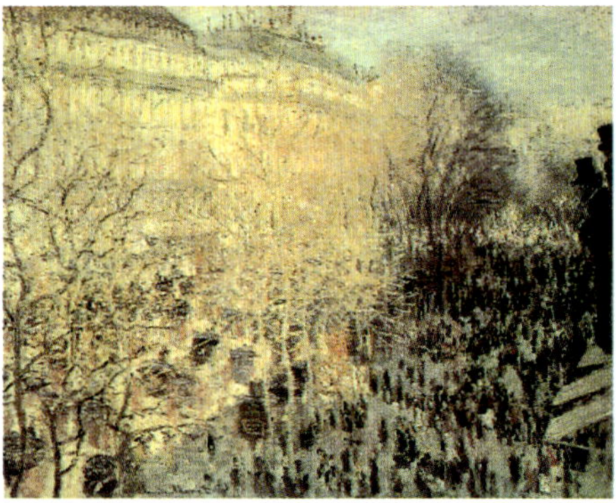

CLAUDE MONET. Boulevard des Capucines. *Musée Pouchkine, Moscou. Quand Caillebotte réduit la figuration pour accuser l'espace, créer un vide trahissant une certaine inquiétude que distille l'anonymat des grandes villes, Monet préfère traduire le mouvement des foules, jetées dans l'espace comme des brassées de fleurs dans un parterre. Et traitées avec un même goût pour le chatoiement des couleurs.*

Avant que d'aborder le thème de l'homme au balcon, qui associe le personnage du voyeur des intérieurs bourgeois aux effets de surplomb sur la rue qu'il aime observer de son appartement de la rue Halévy, où il s'installera avec son frère Martial en 1878, Gustave Caillebotte va, en 1877, entreprendre l'une de ses toiles les plus importantes qui le situe dans toute son originalité par rapport à ses amis impressionnistes.

On est, là encore, dans le voisinage du pont de l'Europe, à ce vaste carrefour entre ce dernier et la place Clichy, constitué par la rencontre de sept artères : les rues de Moscou, de Turin, de Bucarest et Clapeyron. Un espace urbain conçu comme un décor par le simple hasard des rues exagérément agrandies par la vision du peintre, et bordées d'immeubles banalisés pour traduire un climat plus dense d'inhumanité.

La perception urbaine de Caillebotte s'articule sur deux idées complémentaires : la ville est un

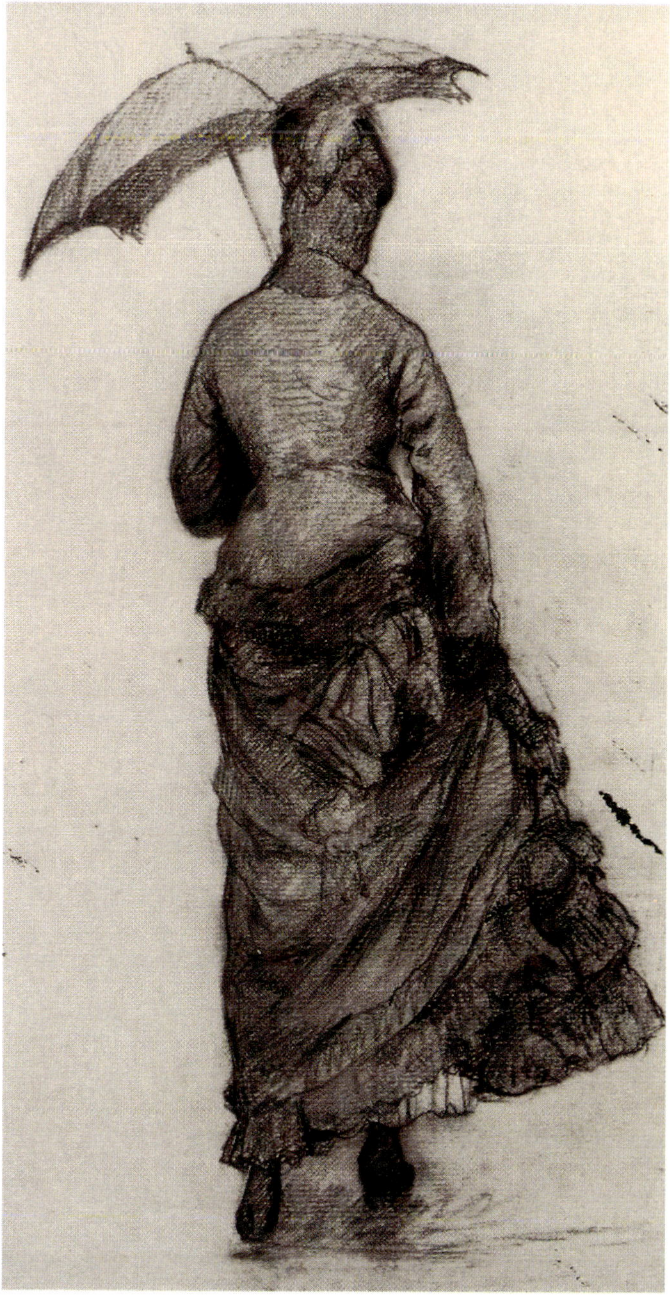

espace régi par la rigueur de la perspective qu'y tracent des voies de déambulation ; celle-ci obéit à des rites, respecte des usages comme dans un salon, un lieu clos, et chaque personnage qui y apparaît est enfermé dans une solitude pesante. Le rite social s'accommode d'un cadre dont l'immensité même rend plus pathétiques les solitudes

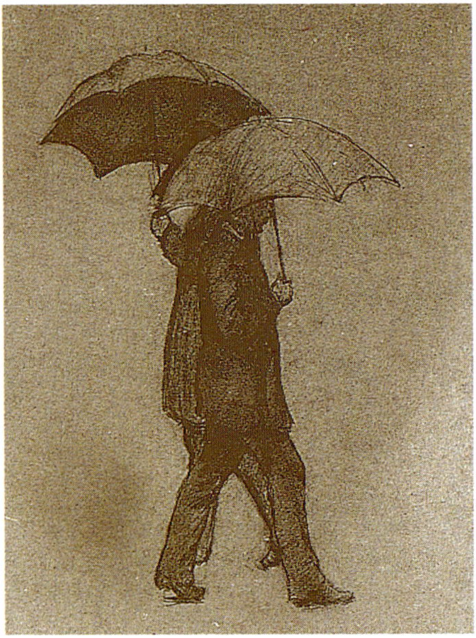

Rue de Paris, temps de pluie *(1877). Étude de deux hommes au parapluie. Collection particulière.*

qui s'y croisent, s'y accumulent. L'artiste ne peint pas une foule, ce que fait Monet dans *Boulevard des Capucines*, en une sorte de magma animé, une ponctuation de touches rapides qui n'identifient pas la figuration, mais il suggère simplement sa multiplicité. Caillebotte organise cette figuration comme une addition de figures disposées dans l'espace avec la même nécessité d'exprimer une particularité, voire une ressemblance. L'unité de ton est ici donnée simplement par la nécessité de se protéger de la pluie. Dans les lointains, et collés aux immeubles comme pour se protéger des bourrasques, des silhouettes se fondent dans un grouillement gris, mais ce ne sont là que des éléments constitutifs d'un décor, pour donner l'atmosphère du lieu. Tout son intérêt se porte sur deux personnages dégagés de la lourdeur de l'atmosphère par l'affirmation de leur aisance sociale, la discrète élégance dont ils font état, et une sorte de détachement qui les rend solidaires l'un à l'autre, et les extrait de la morosité ambiante, de la banalité de l'environnement. Ils ont un but, comme ils ont une destinée. Quelque intérieur douillet où on les retrouvera assurément.

Les effets de perspective y sont déployés sur la simple percée des artères dans la masse des immeubles qui semblent se regarder comme dans un jeu de miroirs. Une banalisation voulue, exagérée, qui construit une scène à la fois immense, inhumaine, s'articulant autour d'un simple réverbère planté au centre, seul détail du mobilier urbain qui accuse

le caractère minéral
de l'environnement. La tonalité générale portée au gris, et dans une gamme subtile de verts, du temps de pluie, souligne une note générale délétère.
Caillebotte fait intervenir ici un élément climatique assez peu usité. D'un rendu délicat et fort peu attractif dans le contexte généralement jubilatoire de l'atmosphère exprimée par les impressionnistes que la pratique de la peinture de plein air induit dans l'idée d'un éternel été ou d'un printemps prometteur. Dans la joie végétale, l'ivresse de l'espace azuréen. A moins de basculer, mais sous le signe d'une clarté qui l'enchante, dans le paysage de neige.

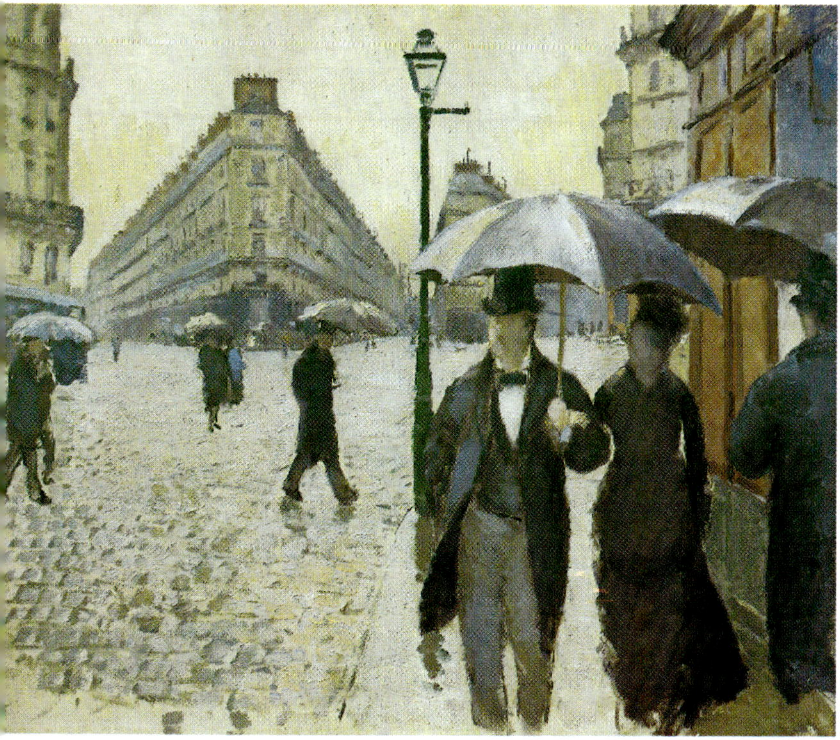

Double page suivante :
Rue de Paris, temps de pluie *(1877). Art Institute, Chicago. Plus qu'une exaltation de la clarté du discours urbanistique, c'est l'inhumanité de la ville moderne que souligne une œuvre magistrale. La rue n'est pas ici le théâtre de la flânerie nonchalante et aimable, mais le décor des rites de la vie bourgeoise.*

Rue de Paris, temps de pluie *(1877), esquisse. Musée Marmottan, Paris.*

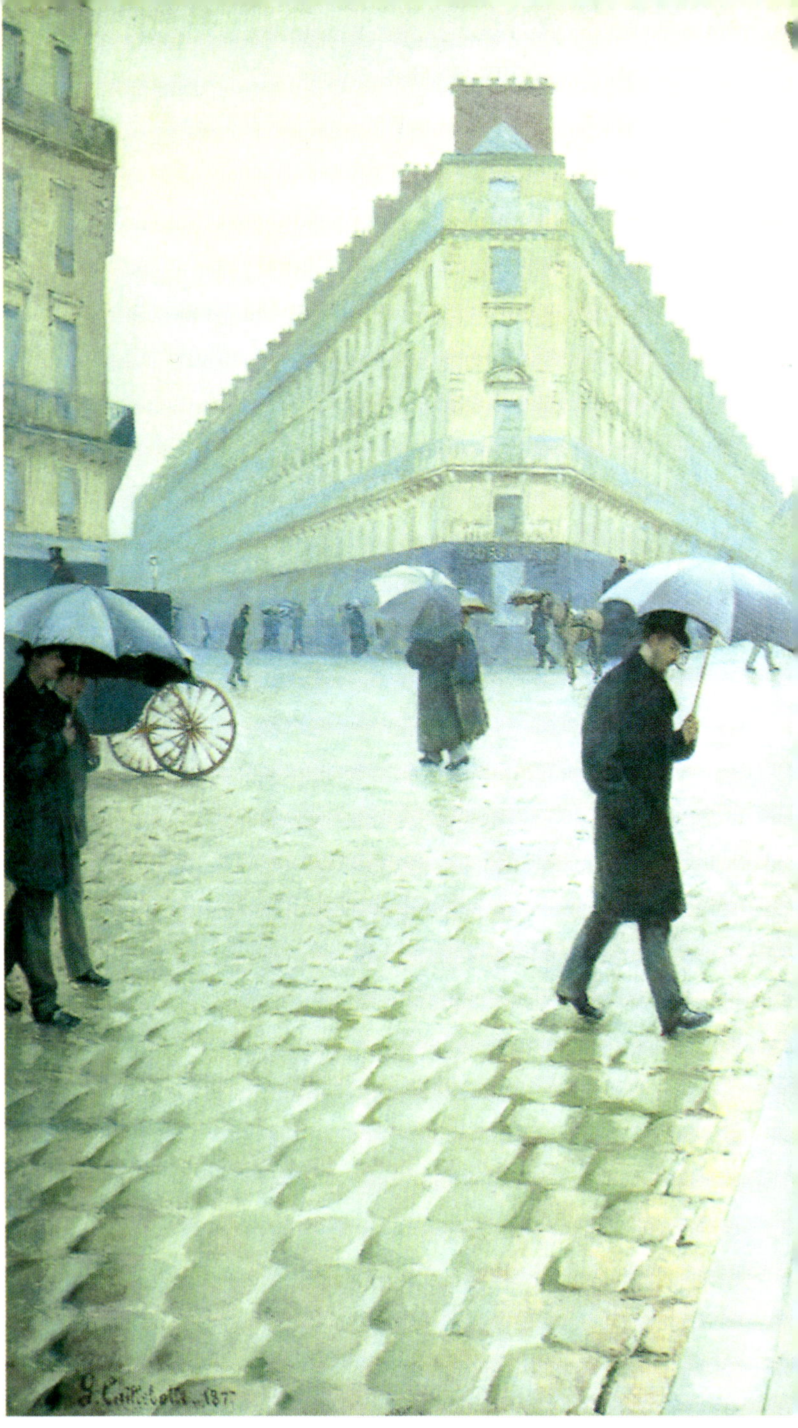

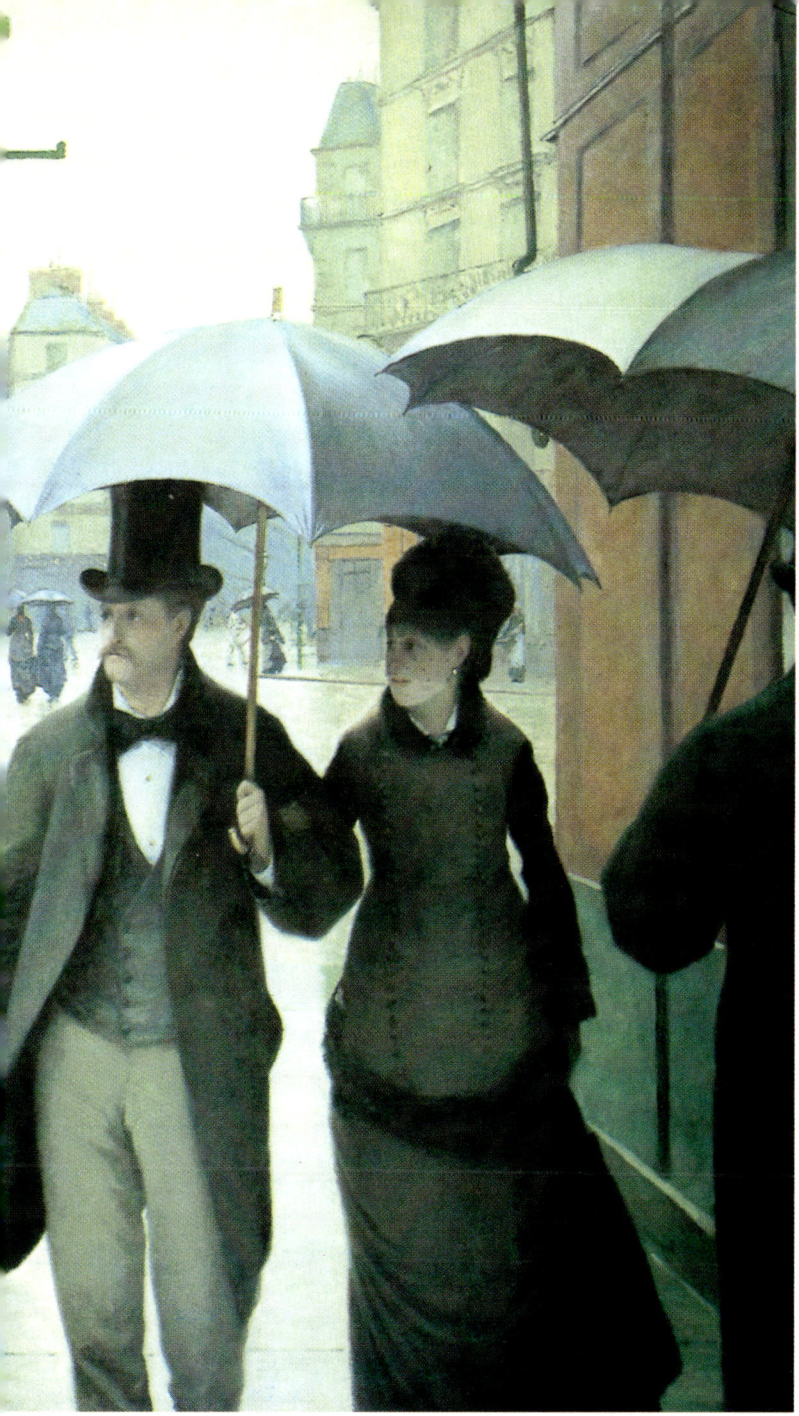

La blancheur de celle-ci plaide par son attrait sur l'esprit après avoir ravi le regard. Elle invite à des plaisirs innocents où le corps s'épanouit, elle a une dimension mémorielle qui accompagne des évocations d'enfance, elle renvoie enfin aux chauds intérieurs d'où on la contemple avec ravissement. La grisaille est

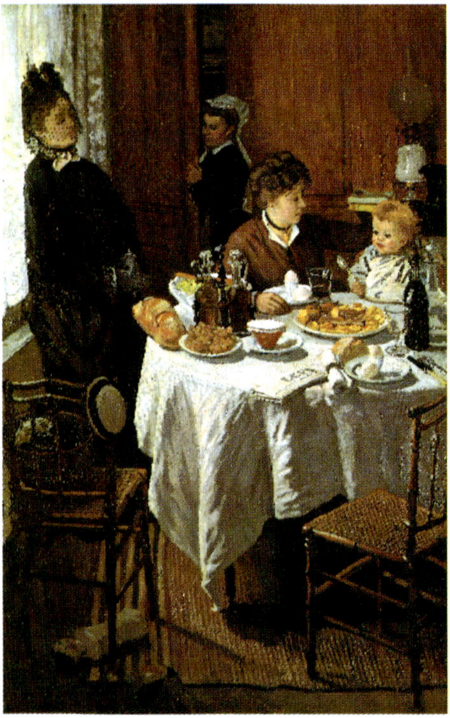

CLAUDE MONET. Le Déjeuner familial. *Städelsches Kunstinstitut, Francfort-sur-le-Main. Il se déroule sous le signe de la convivialité dans un aimable désordre.*

l'expression de l'ennui. La forme donnée à une humeur. On ne peut qu'y être porté à la mélancolie. Au spleen. Caillebotte transporte dans l'espace urbain (en extérieur) le climat délictueux qui est assez souvent celui de ses intérieurs. Le temps de pluie enferme le corps au lieu de l'épanouir. Il n'est, sous la pluie exposé, qu'un corps contraint. En mouvement et dans l'idée d'une traversée. Voire d'une fuite. Curieusement, le couple qui se déplace, et occupe l'espace au point de réduire les autres passants à un simple rôle de figuration, fait écho à celui du *Pont de l'Europe*. D'une élégance discrète, qui tranche sur la grisaille ambiante. Une élégance répondant aux lois et aux normes de sa pratique bourgeoise : prohibant l'éclat. Bordant de dignité le territoire d'une certaine mélancolie. C'est que ce décor urbain est celui d'un quartier bourgeois. Vivant sur de multiples ambiguïtés, et d'embarrassantes équivoques. L'argent n'est pas un agent d'éclat, et s'il confirme une réussite, il n'est pas le ressort d'une parade s'il étaie une assurance face au désordre social qu'il veut ignorer.
Peintre de sa classe, fidèle à son quartier, Caillebotte n'est pas de ces artistes qui vont explorer les bas-fonds ou les lieux des tares sociales, ces lointaines banlieues de cabanes et de terrains vagues où l'on rencontrera plus volontiers, sur les pas d'un Huysmans qui s'en délecte, un peintre comme Raffaelli. Mais épris de pittoresque et peignant la misère comme un spectacle. Il reste fidèle à son entourage immédiat, il traduit le détachement de sa classe vis-à-vis des problèmes sociaux, mais il n'élude pas l'angoisse

fondamentale qui peut l'atteindre. Une angoisse masquée par les rites de sa société, le confort, et le souci de la dignité.
Ici c'est la rue qui sécrète la mélancolie, elle interdit, par sa configuration même, sa rectitude, sa noblesse froide, une vision pittoresque. Ceux qui s'y fondent ne sont que les faire-valoir d'un couple d'autant plus exposés. Au bord du gouffre.
Ils sont familiers. Caillebotte ne fait pas un secret de son habitude de faire poser sa mère ou son frère comme dans *Le Déjeuner* (1876). Dans la pénombre, un domestique sert à une table offrant aux convives un large cercle où brillent d'un feu secret, de reflets doucement

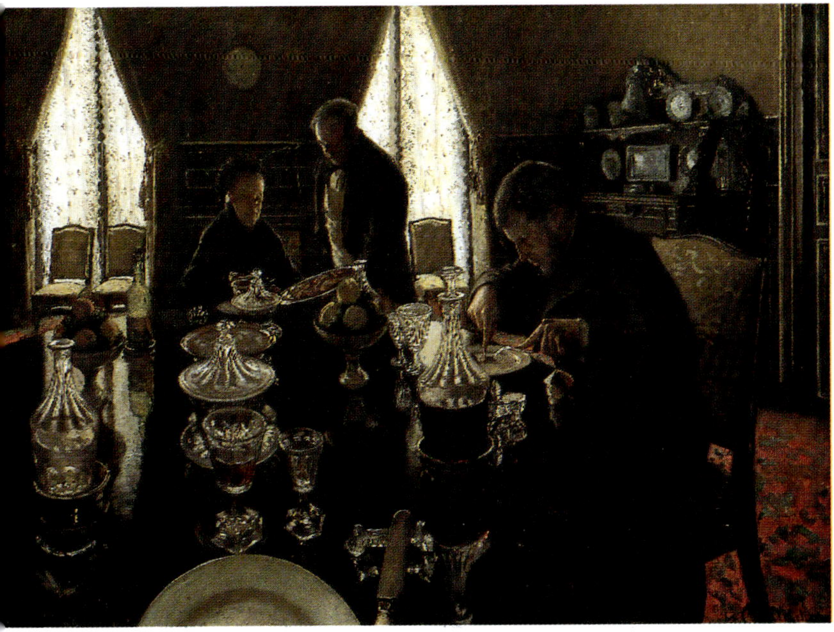

qui franchit sans embarras son étendue hostile, uni dans des complicités rassurantes. Dont Caillebotte fait la matière même de ses scènes de vie familiale. Si l'ennui n'est pas toujours absent, si la quiétude n'y est pas une forme innomée de la sensualité qu'on peut y attendre, mais plutôt l'état de vague vertige qui y est lié, les personnages sont toujours dépendants les uns des autres par des liens secrets. Seuls, ils sont

Le Déjeuner *(1876). Collection particulière. S'il ne s'interdit pas quelques détails permettant de mieux identifier le type de vie dont la salle est le décor (une opulence sans ostentation), il ose un cadrage particulièrement audacieux, qui coupe à vif l'assiette du premier plan, et donne l'impression que c'est celle du peintre attaché à fixer une scène de la vie familiale dans la lumière feutrée d'un intérieur douillet.*

précieux, les cristaux d'un service de table raffiné, exagérément abondant pour ce qui, d'évidence, est un repas ordinaire. Et sans cérémonie, que celle d'une dignité convenue. La lumière vient des reflets qui se jouent dans la taille et les courbes des aiguières, coupes, carafes, verres qui ornent la surface sobre occupant une pièce d'un confort sans tapage, alors que les visages semblent se plonger dans l'ombre ambiante, propice à des conversations intimes, voire un mutisme qui est celui des compagnies trop étroites, et induisant une vie d'habitude, feutrée et morne. Nul éclat et nul débordement gestuel, comme l'exprime un Renoir peignant une joyeuse compagnie dans le débraillé des parties de campagne et

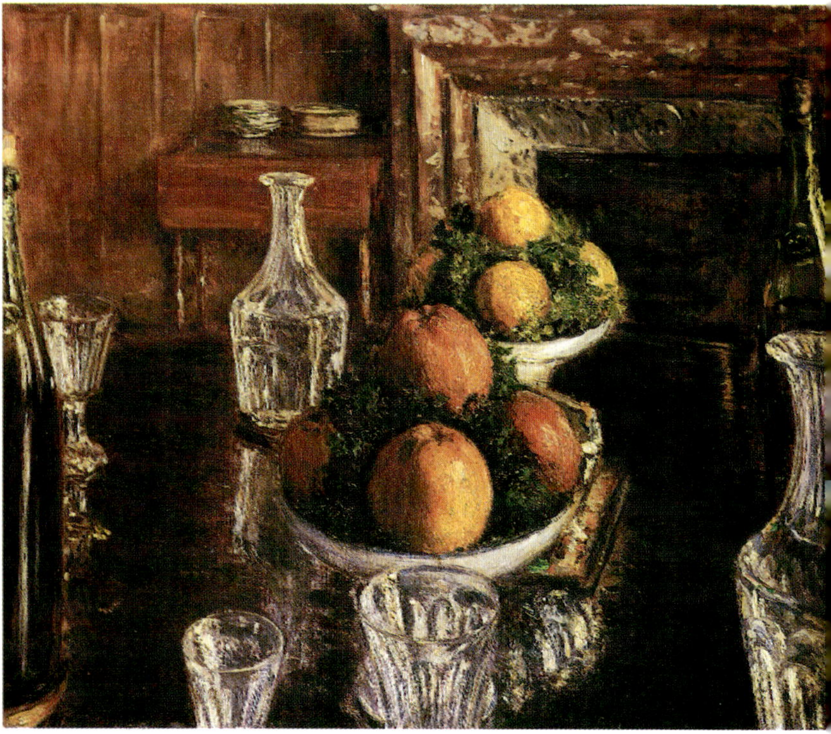

Nature morte : verres, carafes et compotiers de fruits *(1879). Collection particulière. L'œuvre renvoie au thème du* Déjeuner. *Encore que le traitement des coupes de fruits annonce la facture impressionniste, par touche vive, qui fait passer, dans la nature morte, le souffle et les parfums de la campagne.*

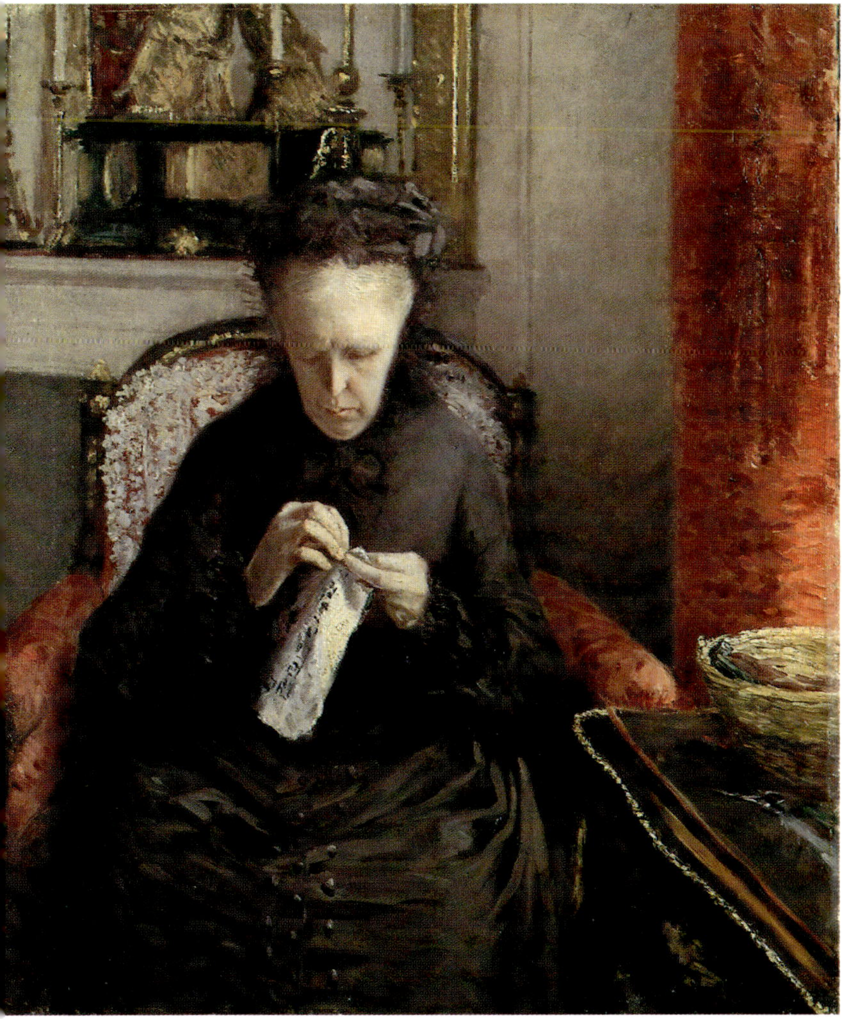

Portrait de Madame Martial Caillebotte *(1877). Collection particulière. Un savant mélange de simplicité (dans le sujet), et de luxe (dans le rendu des détails des ornements de la cheminée). Une célébration des vertus bourgeoises qui associent aux travaux les plus simples le luxe du décor dans lequel ils s'accomplissent, sous le signe de la quiétude de chaque instant. Un temps compté mais serein.*

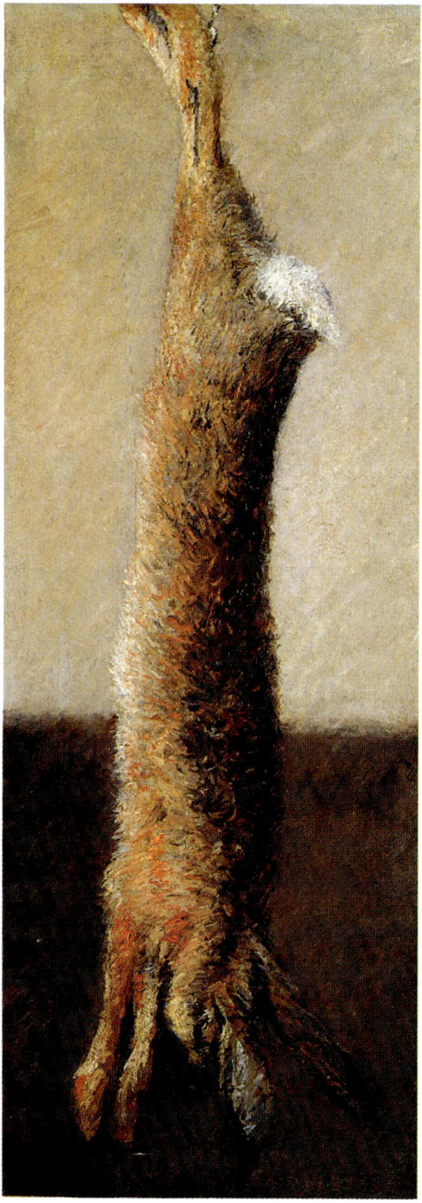

dans l'éclat d'une intense lumière. Ici, elle est mesurée comme les signes de vie. Monet avait, en 1868, peint un *Déjeuner familial* où la présence d'un enfant, vers lequel converge l'attention des protagonistes, apportait un élément de joie ; et comme si les babils qu'on pouvait supposer entraînaient un certain désordre ambiant, dont celui de la table qui témoigne d'un déjeuner vivant, joyeux.

Ici il est un cérémonial dénonçant une vie sans éclat, et sans joie. Le confirme ce portrait de *Madame C*, la mère de Caillebotte saisie dans l'attention qu'elle porte à son travail de couture et dans la douceur d'une lumière ténue et discrète. L'artiste annonçait-il Vuillard, ce chantre des intérieurs bourgeois et son presque contemporain ? Les rapports de Caillebotte avec sa mère y sont d'aussi délicates et tranquilles complicités qui inspirent au modèle un abandon, un oubli du peintre qui l'observe et, chez celui-ci, une touche frissonnante, attachée à suivre dans les détails du modèle et de son environnement la circulation mesurée de la lumière qui est comme un murmure du temps.

Elle poursuit son chemin, sculpte son espace, en constant mouvement, mais avec une discrétion qui la fait bienveillante au monde et aux objets qu'elle atteint, entoure d'attention et de charme, quand chez tant d'autres elle prend des poses, se fait déclamatoire sous le pinceau d'un chantre de ses fastes crépusculaires. Ici elle a tout le temps pour elle. Accordant aux personnages qui

s'offrent à ses déclinaisons une temporaire quiétude.
Caillebotte ne décline pas ici la mélancolie, parce que le sujet ne s'y prête pas. Pourtant, dans le contexte de la peinture de son temps et de l'Impressionnisme qui triomphe alors, il suppose l'arrêt sur une personne valorisée par son labeur. Parce qu'il engage le corps tout entier, lovant le travail des mains : elles sont l'axe de l'action proposée ; elles sont comme les ailes d'un oiseau occupé à ses tâches domestiques. Une enveloppe protectrice autour d'un cœur battant. S'il est le contempteur des mélancolies qui collent à la peau, Caillebotte sait aussi percevoir les infimes nuances de la beauté des gestes les plus ordinaires, les plus coutumiers.

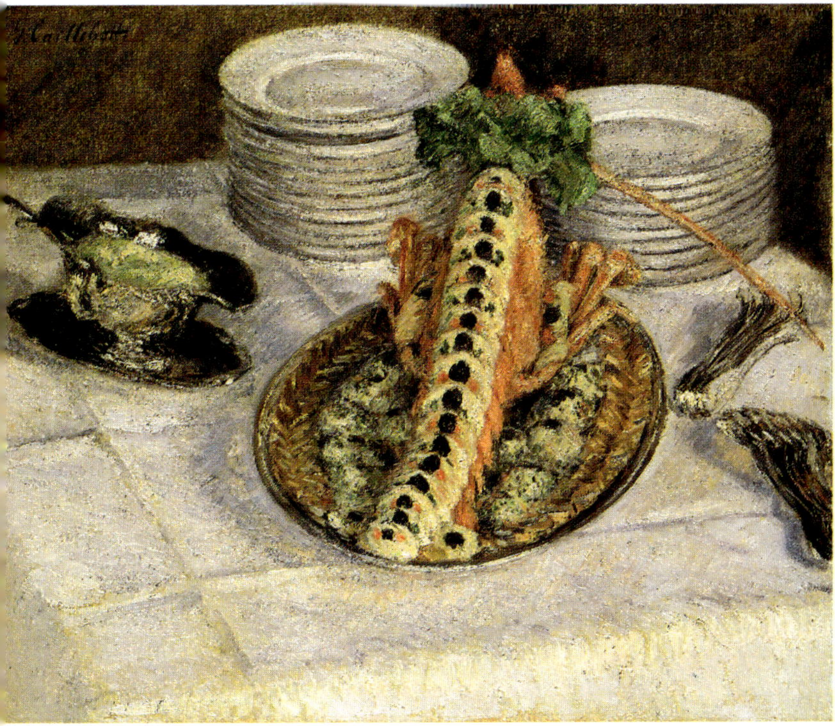

Le Lièvre *(1882). Musée du Petit Palais, Genève. Nulle expression dramatique dans le lièvre mort. On n'est pas dans l'univers de Rembrandt. Mais dans un réalisme plus désenchanté. Amer.*

Nature morte au plat de langouste *(1881). Collection Josefowitz. Des plaisirs de la table, ce n'est pas la table qui l'emporte, et le rite du repas, mais les provisions, et ce qui le précède. Les signes tangibles de ses promesses.*

Drames domestiques dans un jardin français

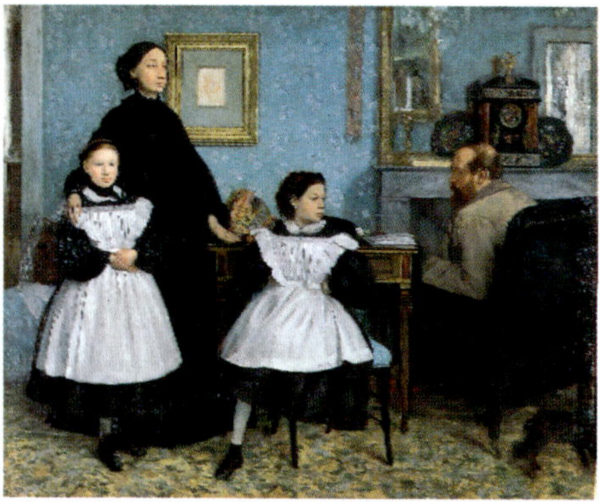

EDGAR DEGAS. La Famille Bellelli. *Musée d'Orsay, Paris. Tout comme Caillebotte, Degas met en scène les drames cachés de la vie bourgeoise. Nul éclat, nul scandale, et une apparente quiétude derrière laquelle se cachent les tragédies du cœur, les doutes existentiels, les remous de la vie familiale.*

FRÉDÉRIC BAZILLE. Réunion de famille. *Musée d'Orsay, Paris. A rapprocher de* Portraits à la campagne *de Caillebotte. Un groupe familial traité ici dans la joie partagée, chacun offrant un trait de caractère, une attitude, et avec une certaine vivacité de ton, qui est celui d'une famille méridionale, encore que tempéré par la culture protestante et l'éducation bourgeoise, quand, chez Caillebotte, la joie fait place à une application silencieuse qui rapproche les éléments du groupe en niant leur personnalité. C'est un portrait collectif, celui d'une famille.*

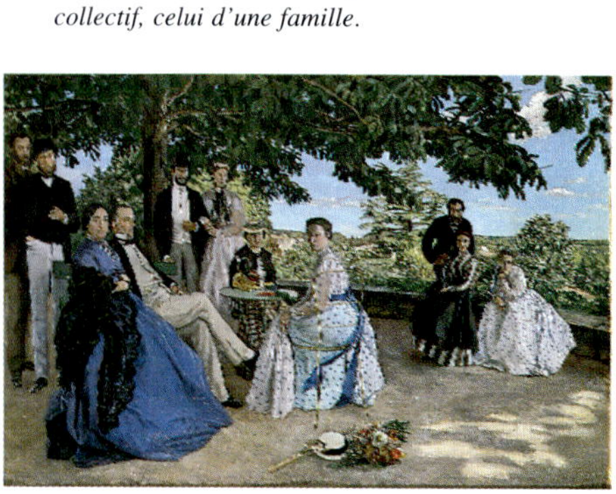

Pourtant, avec une extraordinaire maîtrise de la scène largement développée et impliquant plusieurs personnages, Caillebotte propose une séance de couture collective. C'est *Portraits à la campagne*. On est à Yerres, aux abords immédiats de la belle demeure où il fait de longs séjours en famille. Les générations sont mélangées dans des attitudes variées du travail des mains (tricot, couture) avec une figure terminale de ce déroulement de portraits : la mère de l'artiste. Lisant.

En toile de fond, comme sur une scène de théâtre, les ombrages délicieux du parc avec les entailles d'une vive lumière qui annonce le plein été ; la mi-temps de la journée, la chaleur renforçant l'impression de quiétude qui se dégage du groupe réfugié, lui, à l'ombre et dans une silencieuse complicité domestique.

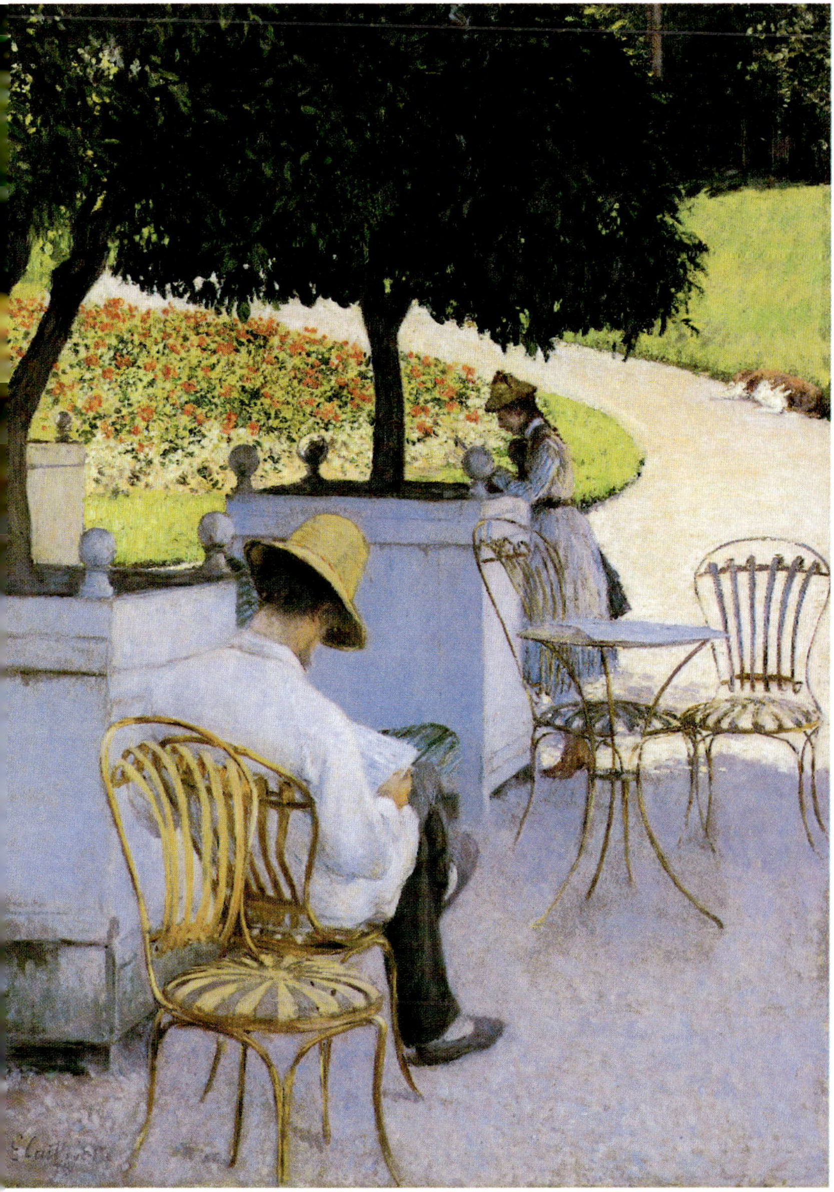

Portraits à la campagne *(1876). Musée Baron Gérard, Bayeux. Œuvre-clef de l'artiste, elle le situe à cette jonction historique entre un certain classicisme d'école et l'esprit du « plein air » qui va définir l'Impressionnisme dans le catalogue habituel de ses sujets privilégiés.*

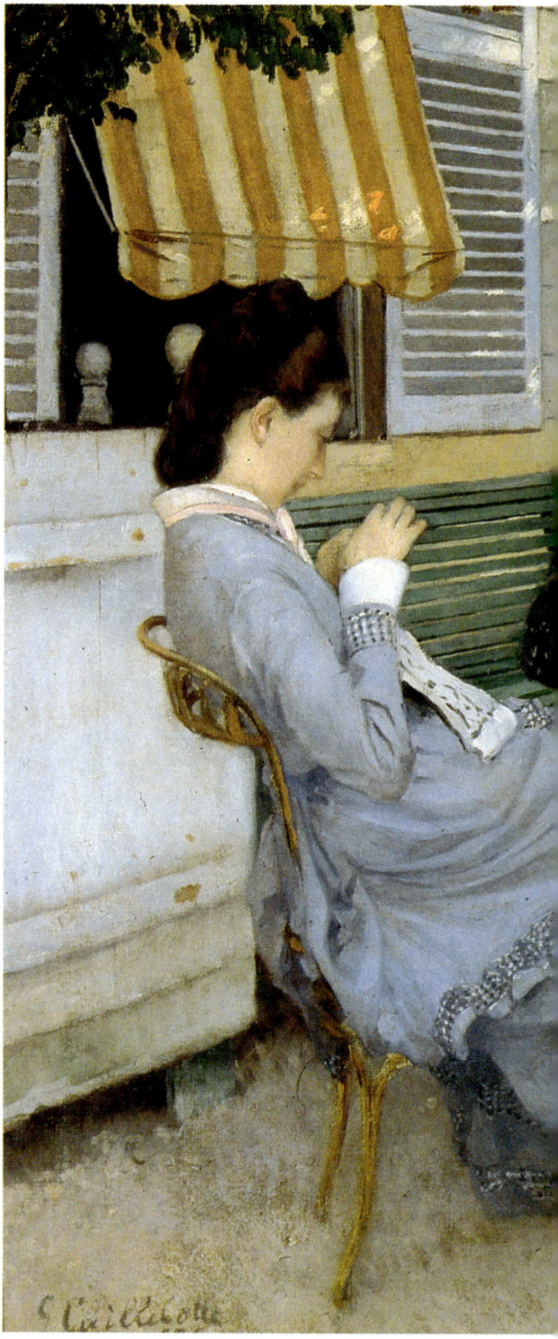

Page 109 :
Les Orangers *(1878). Museum of Fine Arts, Collection John R. et Audrey Jones Beck, Houston (Texas). Dans le cadre du parc d'Yerres, une étrange scène d'un couple dont les membres sont isolés, chacun dans une espèce de solitude qui peut être boudeuse et laisse présager d'un conflit. Encore qu'on puisse en faire une lecture optimiste et voir, dans l'occupation de chacun, le bon usage du temps libre et d'un moment de détente en profitant du charme de l'endroit.*

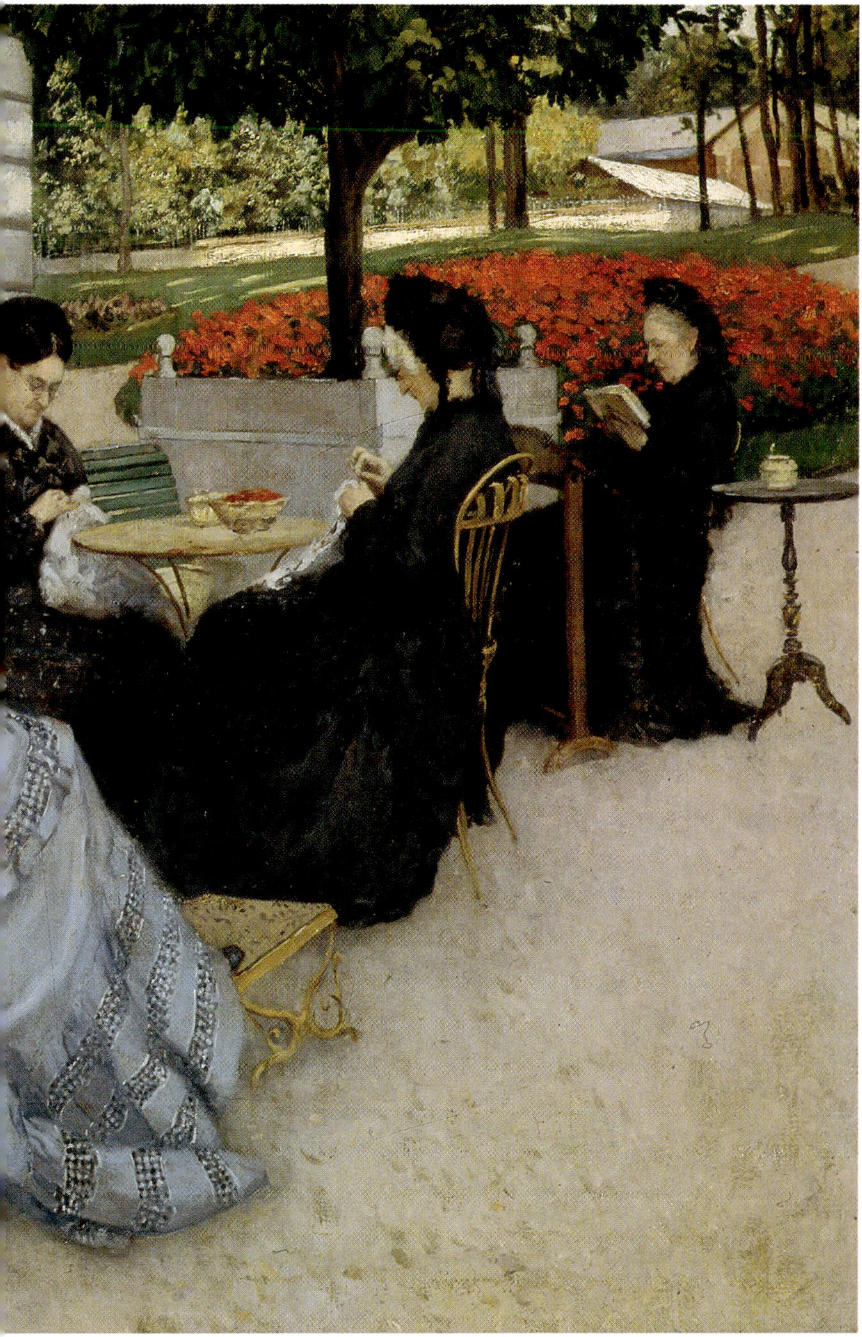

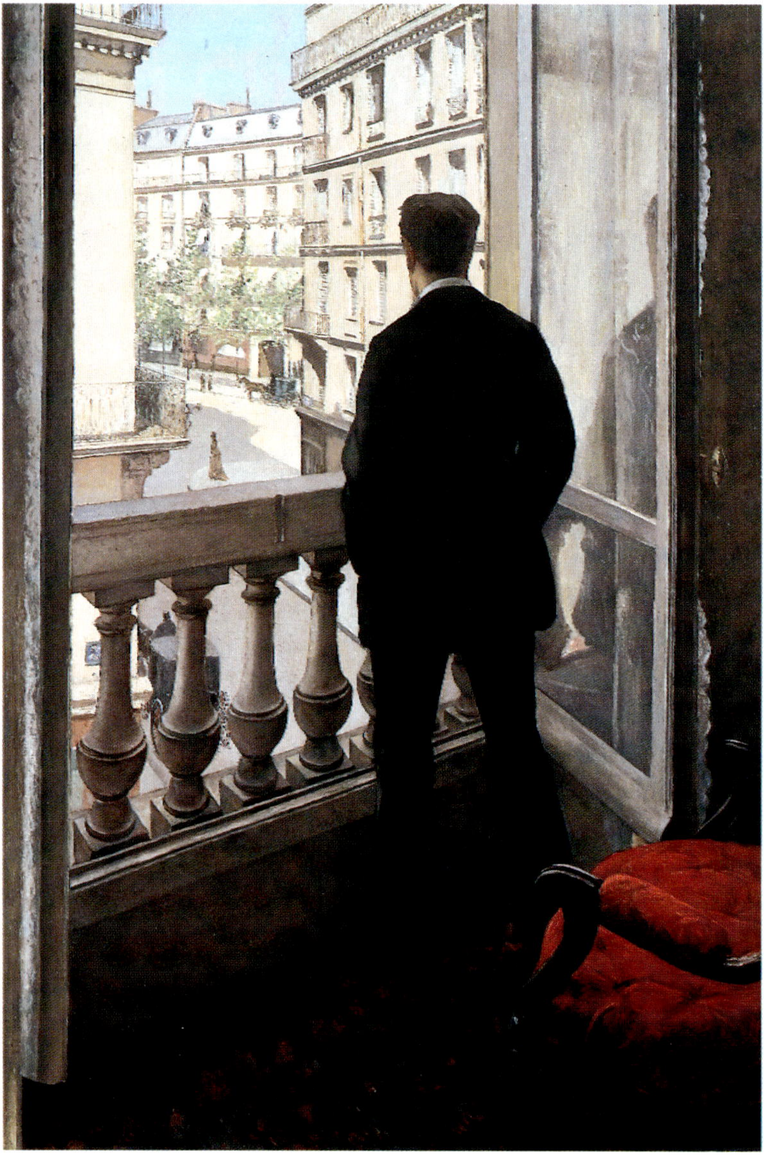

Jeune Homme à sa fenêtre *(1875). Collection particulière. Dit aussi* Homme nu-tête vu de dos à la fenêtre. *Le tableau s'inscrit dans cet esprit de chronique bourgeoise qui caractérise le Caillebotte du début. Déjà, dans la sobriété de son rendu, y apparaît le sentiment de solitude qui va longtemps dominer toute son œuvre.*

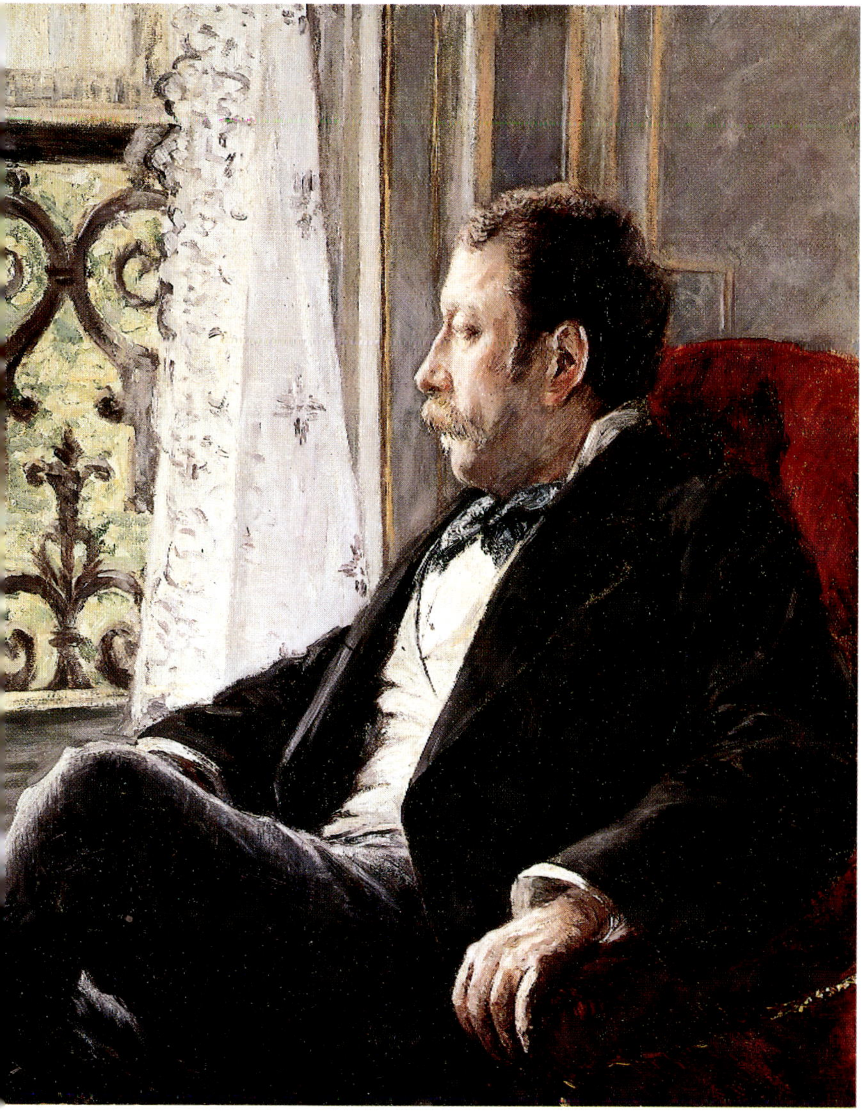

Portrait d'homme *(1880). Collection particulière. Il pose dans le même fauteuil que le personnage masculin de* Intérieur, femme à la fenêtre. *Et sans doute s'agit-il du même, dont la physionomie boudeuse est bien dans l'esprit des scènes bourgeoises évoquées par Caillebotte.*

Caillebotte reste fidèle aux thèmes généralement composés dans des intérieurs et tente l'expérience d'une large ouverture sur l'espace où l'ensemble des figures est cohérent, encore que chacune d'elles soit traitée dans son individualité. Le terme de portrait y conserve tout son sens, bien que ce ne soit pas une addition de portraits mais une harmonieuse réunion dont l'application au travail des mains est le lien et la raison d'être.
Portrait d'une classe sociale à des tâches qui sont dans le registre de son quotidien, dans l'ordre de l'éducation des jeunes filles qui y inscrivent leur vie de femme dans l'idée prédominante d'une bonne gestion du foyer et la saine occupation de l'esprit. Utilisant le même décor pour y situer un couple,

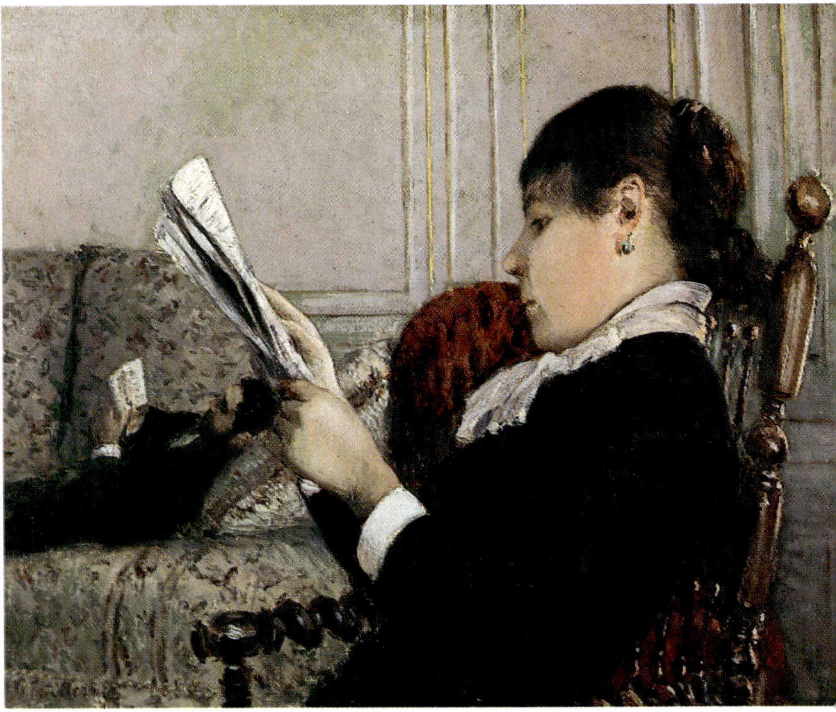

Intérieur, femme lisant *(1880). Collection particulière. Fermé sur lui-même, absorbé par sa lecture, le visage reste une énigme. Jamais Caillebotte n'y fait passer une émotion. Mais une sorte de vide métaphysique adouci ici par le soin apporté au rendu de la carnation, à la grâce discrète du modèle, qui reste totalement étranger à la présence du peintre.*

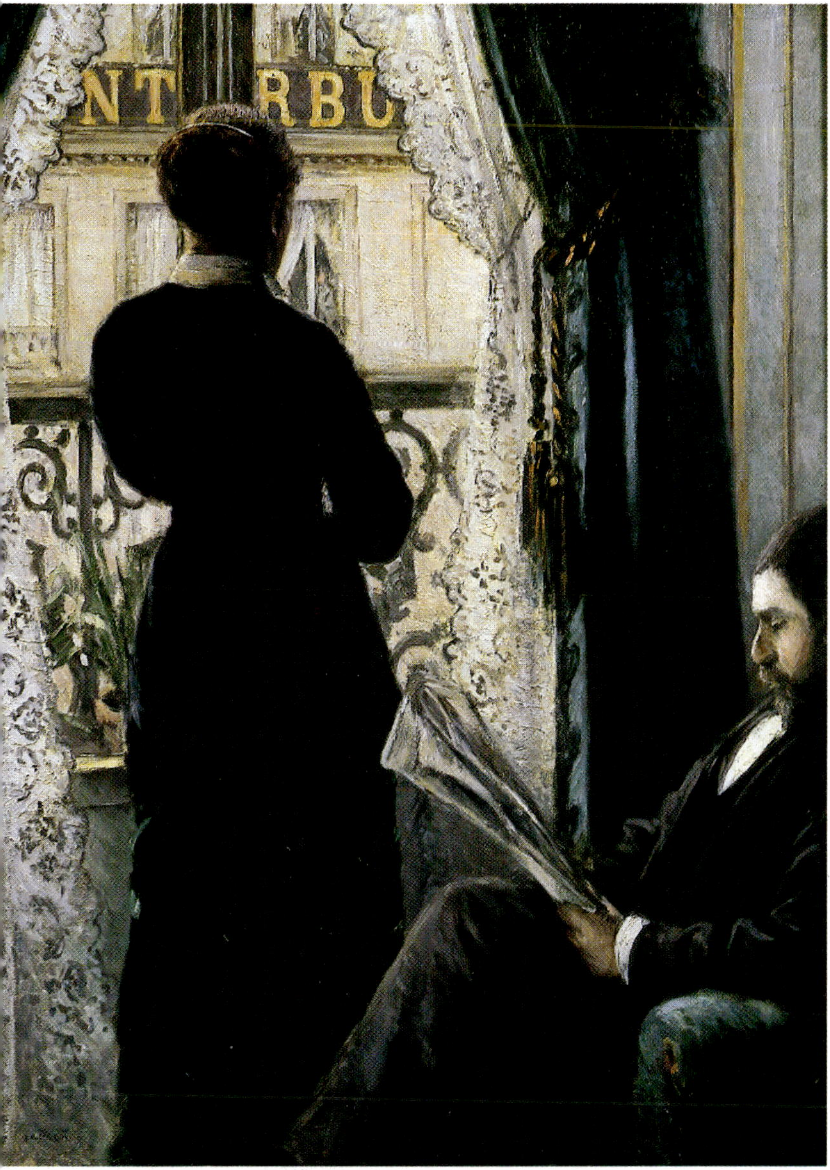

Intérieur, femme à la fenêtre *(1880). Collection particulière. L'une des compositions les plus dramatiques de l'artiste, dans une grande retenue, et pourtant chargée au maximum de cette tension psychologique qui fait, de toute rencontre d'individus dans un lieu clos, un champ virtuel de drame.*

dans *Les Orangers,* Caillebotte souligne l'harmonie dans l'individualisation des occupations, chacun attaché à la sienne. A moins qu'inversement, et c'est là qu'intervient l'ambiguïté latente de ses sujets, il n'illustre l'écart qui se creuse dans un couple soudé dans des habitudes. Pourtant, s'il s'y risque, l'artiste le fait non dans le drame, l'excès, l'éclat ou l'agressivité, mais dans une quiétude qui n'en est pas moins ambiguë pour autant. On est là au cœur de l'équivoque qui s'installe d'une toile à l'autre et situe ses personnages moins dans un questionnement de leurs activités que dans celui de leur état d'âme.

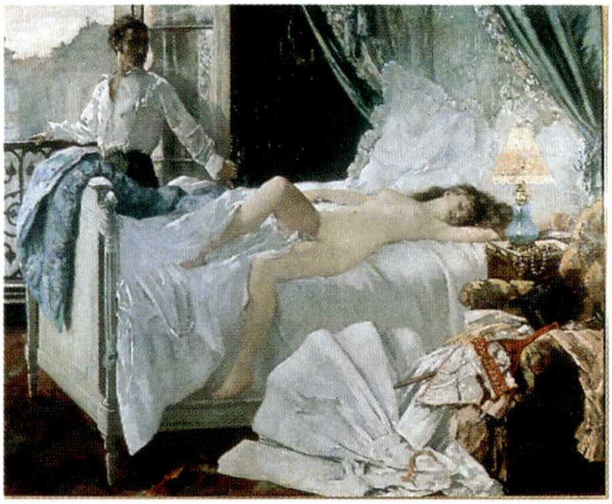

HENRI GERVEX. Rolla. *Musée des Beaux-Arts, Bordeaux. L'œuvre fit scandale lors de sa présentation. Elle est à rapprocher du* Nu au divan *(1880) où c'est la présence des vêtements du déshabillage qui introduit l'élément provocateur.*

De montrer l'homme vu de dos ne fait que trop évoquer le personnage maussade de *La Famille Bellelli* de Degas (autre dénonciation du drame familial), que peut renforcer la vacuité de la femme éloignée et ramassée sur elle-même, les mains jointes comme celles des femmes à la couture. Ici dans une relation d'intimité avec le jardin qui peut être une reprise de soi-même, un repliement méditatif. La présence des chaises inoccupées n'induit pas que la scène se déroule dans un jardin public ; on la sait tenue dans le jardin de la propriété d'Yerres, et on peut y voir la signalisation d'absences dénoncées comme telles, une désaffection d'un lieu autrement idyllique, censé l'être avec ses amples jeux d'ombre et de lumière dans la courbe gracieuse d'une allée invitant à la promenade, et qui est soudain chargée de drame.
Pas plus dans *Portraits à la campagne* qu'ici, la référence à *Réunion de famille* de Bazille n'est applicable, sinon pour souligner toute la différence, même s'il s'agit sensiblement de personnages de la même classe sociale, de la même éducation, et dans un identique décor familial d'une tranquille opulence. Bazille exprime l'allégresse de la réunion. La multiplicité des attitudes, le mélange festif des sexes y suggèrent un brouhaha aimable, une fraternité que l'on sait naturelle puisque ici méridionale. Volontiers expansive, même si les attitudes des aînés

restent dignes. Il y a quelque chose d'un élan virtuel chez les jeunes filles, un dynamisme freiné des corps, totalement absent chez Caillebotte où la torpeur de l'après-midi fige les personnages et finit par gagner les consciences. On se glisse dans une atmosphère somnambulique, et dans un silence qui, s'il n'est pas vraiment pesant, sécrète une curieuse et presque inquiétante retenue.

au visage plein et rieur, aux chairs épanouies (et même le sévère Cézanne optera pour une figure féminine), l'artiste choisit de peindre son frère Martial. Il est vrai que la pratique du piano lui était familière, quotidienne, et compositeur amateur, la musique emplissait sa vie. Là encore Caillebotte opte pour un sujet de son existence quotidienne. C'est d'ailleurs celui de sa classe, dont le piano est l'une des marques tangibles

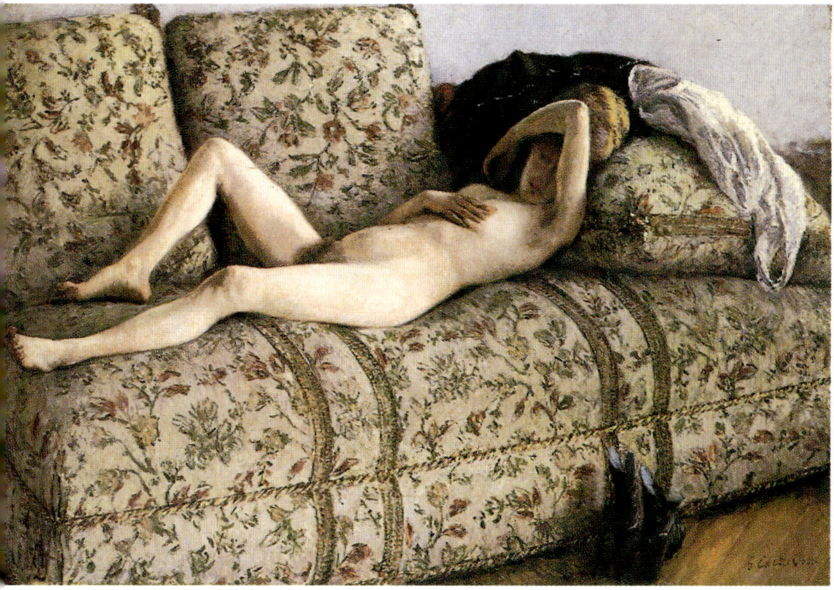

Dans ce constant va-et-vient entre extérieur et intérieur, le peintre situe les mêmes personnages, questionne les mêmes familiers (sa mère, ses frères), distille le même sentiment d'insatisfaction. D'attente.
Dans le thème (fort répandu chez les impressionnistes) d'une figure au piano, Caillebotte opte pour la version mélancolique, froide. Là où Renoir met en scène des jeunes filles

Nu au divan *(1880). Minneapolis Institute of Art, Minneapolis (Minnesota). La crudité de la scène, plus que la présence effective de la nudité, qu'un autre aurait placé sous le signe de la mythologie, situe Caillebotte dans le sillage de ce réalisme où la peinture rejoint le roman naturaliste. On retrouve ici le climat d'un roman de J.K. Huysmans.*

de sa qualité de vie et de l'étendue de sa culture. D'ordinaire, sa présence suffit. Il confère au décor bourgeois cette dignité confortable qui présuppose aussi une vie mondaine. L'usage s'étant alors établi de réunions à propos d'un récital donné par un professionnel (et assorti de chant) et de réunions amicales où l'on constituait des petites formations de musiciens amateurs, chacun pratiquant un instrument, car cela entrait dans la bonne éducation des élites.

Pourtant l'intérêt porté à la figure passe rapidement au décor. L'insistance du détail, le soin apporté aux ornements richement déliés du tapis, de la tapisserie et des lourds doubles rideaux, traduit bien qu'il s'attache plutôt à une atmosphère.

Elle est, par l'allure même des éléments qui la composent, et l'insistance du capitonnage qui la conforte dans sa spécificité, une manière de s'isoler de la réalité déplaisante, de se couper d'un monde dont on refuse les violences. « Mollesse et calfeutrage, on ne sort pas de là : tapis, carpettes, moquettes, portières, rideaux taillés dans de lourds tissus, qui en recouvrent d'autres, de mince soie sous lesquels se glissent de molles mousselines, surmontant de frêles brise-bises, tout cela noué, drapé, tour à tour relevé et retombant dans un grand luxe de lacets, de cordons, d'embrasses, de glands, de tringles et de patères. Au travers de toutes ces épaisseurs on ne respire pas » (Robert Burnand). Dans la quiétude de sa vie bourgeoise, Caillebotte distille un sentiment de pesante mélancolie dont ses proches sont les acteurs inconscients.

C'est son frère René qui a posé pour *Jeune Homme à sa fenêtre* dans l'hôtel familial de la rue de Miromesnil. Alors que la rue, où circulent quelques rares passants, est inondée de lumières qui accusent le découpage des immeubles et définissent un ciel d'été, la pièce est plongée dans une demi-obscurité, tandis que la figure de l'homme regardant à la croisée est une sombre silhouette, vue de dos, qui semble s'être levée d'un fauteuil capitonné qui aura été tiré vers la fenêtre pour observer, assis, l'extérieur.

Certaines, pour ne pas dire la plupart des toiles de Caillebotte, offrent un récit, cernent une situation, constituent une véritable scénographie où s'exprime un état psychologique. Le thème de l'observation revient fréquemment. Ne serait-ce pas, finalement, celui du voyeur ? Gustave Caillebotte le reprend, en 1880, avec *Homme au balcon*, mais cette fois depuis l'immeuble du boulevard Haussmann dont on devine les frondaisons frissonnantes. Plus proche encore, et toujours rue de Miromesnil, traité dans un climat voisin, l'étonnant *Intérieur* met en scène un couple. L'homme est assis, lisant son journal. C'est la femme qui est à la fenêtre. Vue de dos et comme écrasée par l'ennui. Rêveuse, elle s'est approchée de la croisée fermée, semblant regarder un vis-à-vis, également à sa fenêtre. Mais ici Caillebotte s'attarde à la chute mousseuse des dentelles des rideaux qui l'encadrent. Comme une pétulante et claire cascade qui joue en effets de contraste avec la sombre silhouette de la femme, tout en accusant sa féminité ; l'ornant de sa souple grâce aérienne,

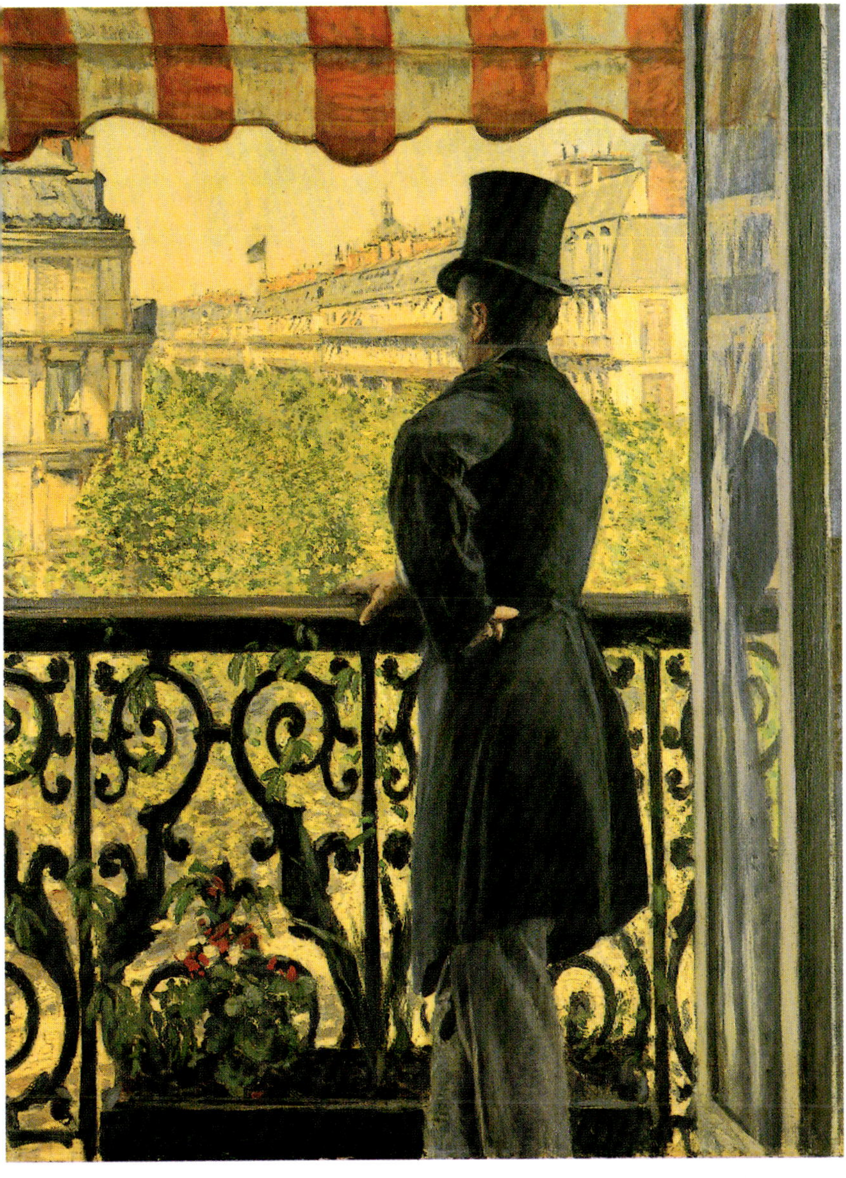

Homme au balcon *(1880). Collection particulière. Position privilégiée pour l'artiste qui reprend souvent le principe du personnage vu de dos, et regardant. Ici, le boulevard Haussmann, à l'angle des rues Scribe et Glück, derrière l'Opéra.*

de sa fraîcheur, jusque dans la mélancolie qu'elle exprime. La féminisant quand elle confère au silence de l'homme quelque chose de ramassé, d'hostile, de lourd et d'impitoyable.
L'homme crispé dans la lecture de son journal s'absente totalement de cette rêverie d'évasion supposée par l'insistance des blancheurs de la dentelle : une écume d'eau sous l'entrave d'un navire.
Scène d'intérieur marquée d'une indéfinissable pesanteur, et soulignant l'écart des personnages en présence. Elle évoque irrésistiblement le fameux et dramatique *Bouderie* de Degas. Encore que là l'éclairage jette d'étranges et inquiétantes lueurs sur la scène, alors que *Intérieur* répond, dans son aspect superficiel, à la description d'un moment d'ennui dans le creux d'un après-midi oisif. C'est en serrant le cadrage de la scène que Caillebotte renforce son caractère délétère. L'homme n'offre qu'une banale silhouette renfrognée, alors qu'on ne sait rien de la femme, dont les cheveux remontés en un strict chignon dénoncent un certain âge, une dignité qui interdit un geste déplacé, et induit au sentiment de résignation. La scène, dans sa digne désolation, pourrait s'inscrire dans l'un de ces romans naturalistes qui dénoncent le désastre matrimonial, la banalisation de la vie quotidienne des couples. Thème récurrent plus encore adapté aux lois du théâtre qui en fait grand usage, s'en prenant aux aléas et vices de cette institution du mariage, et alimentant non sans abondance le roman, mais qui n'apparaît que fortuitement dans la peinture, surtout portée à l'expression d'une joie de vivre qui passe aussi par le couple, mais sous l'éclairage de sa juvénilité.
Sous le même titre, et d'ailleurs présentée également à l'exposition impressionniste de 1880, une autre scène d'intérieur met en présence l'homme et la femme. Tous deux lisant et la femme en premier plan, mais cette fois identifiable, et dont le visage (encore jeune) exprime à la

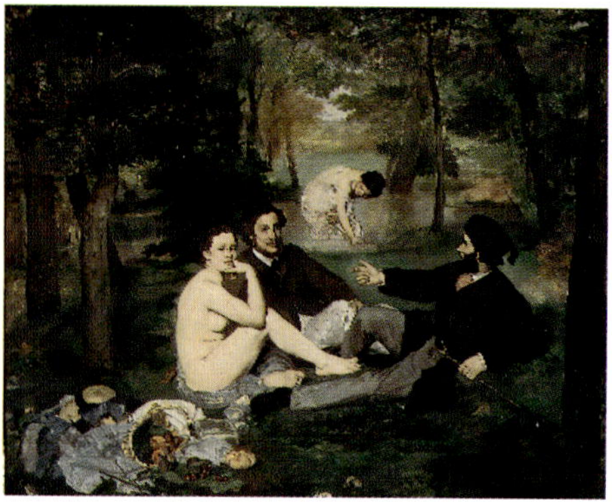

EDOUARD MANET. Le Déjeuner sur l'herbe. *Musée d'Orsay, Paris. Reste l'œuvre-clef de la nouvelle peinture qui prépare la révolution impressionniste. Non par la manière, mais par le thème, et parce qu'elle privilégie les aspects de la vie familière des artistes, et le climat de liberté sexuelle qui y règne.*

fois une certaine concentration et une volonté d'absence qui rejettent au loin l'homme couché tout habillé sur un divan, également en position de lecteur. Les deux tableaux se répondent, constituant une sorte de diptyque de l'ennui d'une pathétique intensité.
C'est un ennui sans hargne. « ... Ce couple n'a rien à se dire, mais il accepte, sans révolte, avec une douceur résignée, la situation qu'a faite la permanence du contact, l'habitude ; il tue le temps placidement enfoui dans une lecture qui l'intéresse... ». Contrairement au premier *Intérieur*, qui contient une virtualité d'éclat, tant la tension y semble prédominer, dans la femme dessinée à contre-jour, cette seconde version distille une sorte de confort tranquille « hors du monde », dans une réalité reconstruite à seule fin d'écouler un temps sans passion, mais sans relief, sans drame aussi. D'ailleurs la femme, dans sa réalité charnelle, impose une présence non dénuée d'un certain charme naturel. Le velouté de sa peau, l'éclat de sa carnation très sobrement maquillée, ne dénoncent pas une femme-objet

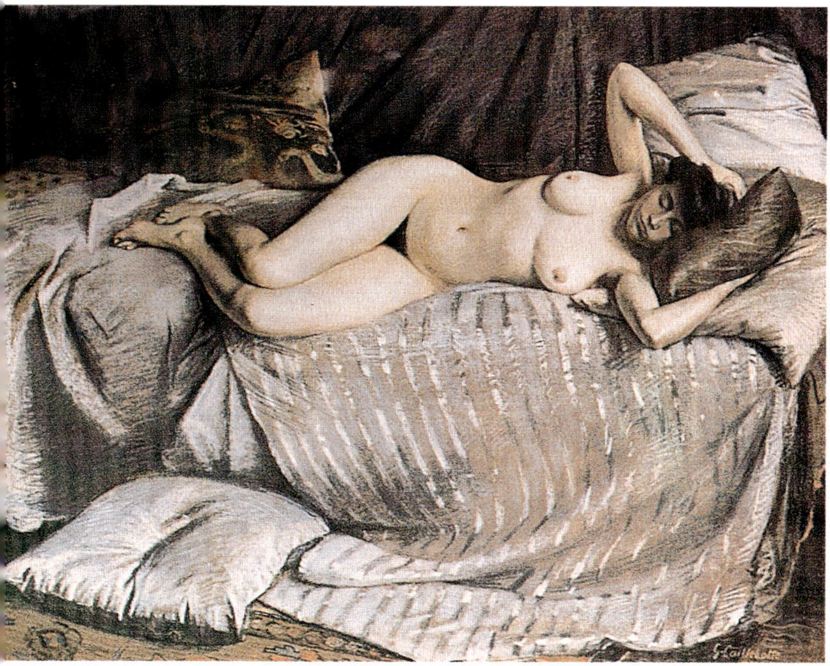

Femme nue étendue sur un divan *(1873). Collection particulière. Œuvre des débuts de l'artiste, elle révèle combien il est sensible au rendu des matières, à la restitution, toute en application et subtilité, des jeux de la lumière.*

imposant ses charmes frelatés ou illusoires, mais une jeune bourgeoise soucieuse à la fois de son apparence, de son bien-être et n'outrepassant pas dans l'artifice les limites de sa propre séduction. Atteignant presque « le naturel » qui ne s'incarne pas nécessairement et exclusivement dans la fille du peuple chère à Renoir, qui court les bals de Montmartre et des bords de Seine.
Fidèle à sa conduite dans la société, et si attentif aux usages de son monde, Caillebotte regarde la femme avec une attention où se conjuguent la tendresse et le respect. C'est que celles qui traversent son univers sont de son monde. Leur beauté n'est pas le produit d'une excessive et fatale recherche, et jamais l'effet de l'artifice, mais une sorte d'évidence qui se mesure à la distinction dans l'attitude, la bonne éducation, la retenue, le souci d'une certaine dignité qui ne lui est pas contraire. Mais proche souvent de l'absence, du vide en soi-même.
Peu de femmes dans cet univers. Plus étonnant encore en une époque qui multiplie les visions que la société s'offre de celle qui, contrainte dans sa vie familiale, triomphe généralement dans un climat de séduisante perversité et de fatale tentation dans les lieux publics voués au plaisir, et dans les rites de la vie mondaine. Car la femme, alors, ne peut qu'être mère, bonne épouse ou catin. La peinture – autant que la littérature qui la précède ou la suit, et souvent l'accompagne fertilement dans cette démarche – accueille la femme sous tous ses aspects, mais la préfère sous l'aura des interdits.
Des déesses de la mythologie revisitée on est descendu aux modèles trônant dans les ateliers, et tour à tour nymphes ou bergères, Vénus d'opérette ou triomphales Vérités sortant du puits selon les caprices d'une clientèle friande de scènes culturellement grivoises. Le peintre puisant alors dans un vaste catalogue d'alibis culturels pour se livrer à de savants, subtils et racoleurs déshabillés. La nudité n'étant possible, admise et admirée, qu'étiquetée de quelque noble référence. Courbet et Manet n'auront été scandaleux que d'avoir osé désigner la femme pour ce qu'elle était : une compagne, un modèle qui pose nu pour le plaisir du peintre. Aussi la peinture académique qui fera un large usage de la femme ose-t-elle les fictions les plus hardies, ne dévoilant un sein que pour illustrer un beau vers.
L'Impressionnisme aura accueilli dans la peinture la femme ordinaire, quotidienne. C'est la compagne du peintre qui pose, mais elle n'est pas fardée au nom de la mythologie. Sa présence est effective et familière. Et comme l'illustration d'une simple page arrachée au journal de l'artiste. On peut suivre les relations féminines du peintre au travers des portraits, scènes familiales où elles figurent en toute simplicité. D'où le passage d'une femme idéalisée, pervertie par les fantasmes dont elle est le support, vers une femme totalement intégrée aux gestes de la vie quotidienne.
Ce peut être la femme ordinaire, celle de la rue (Degas), de la maison close (Toulouse-Lautrec), la paysanne (Millet, Pissarro, Sisley), la lorette (Renoir), la catin (Manet) traitée avec une vérité qui exclut toute critique, tout jugement moral, et place la peinture au strict état

de constat. Sinon de prétexte, car de tout sujet l'art pictural fait son miel, et du paysage à celle qui s'y épanouit dans les splendeurs de sa chair sans péché, l'artiste fait la même peinture exprimant un accord naturel et fondamental avec le monde.
Caillebotte, dont l'existence ne paraît pas avoir été excessivement soumise à la femme ou conduite par elle, porte un regard de totale objectivité. Sa vie privée offre peu de détails qui permettent de voir en lui un galant à la manière de Manet, ou un misogyne à la manière de Degas. Resté célibataire, il vivra longtemps avec son frère Martial (dans leur appartement du boulevard Haussmann, cadre de plusieurs de ses vues parisiennes), mais quand ce dernier se marie en 1888, il se fixe dans la maison du Petit-Gennevilliers qu'il avait achetée en 1880. Charlotte Berthier partage alors sa vie. On l'entr'aperçoit, discrète, femme au jardin dans les ultimes toiles de l'artiste. Et c'est d'ailleurs à elle que Caillebotte

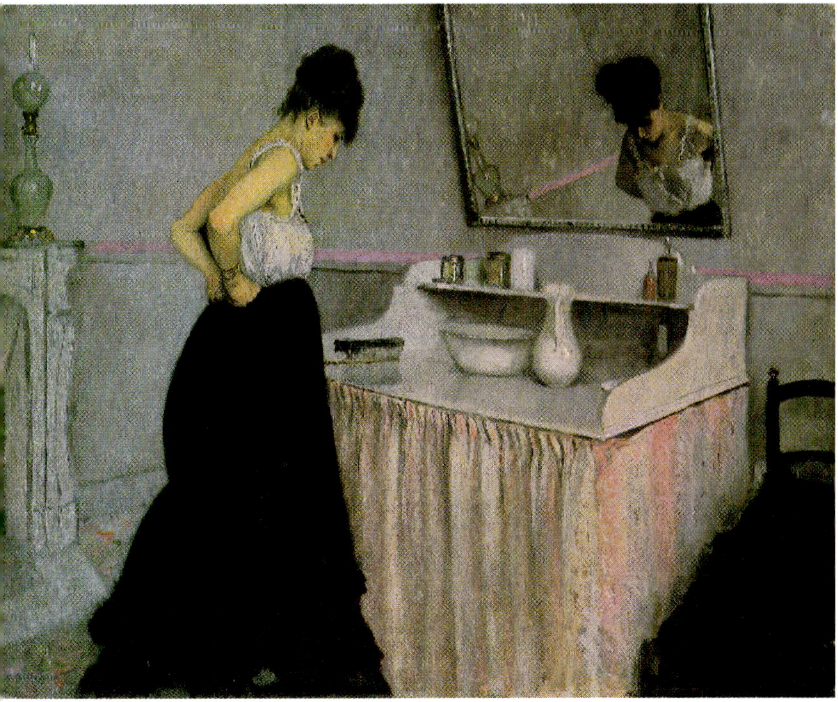

Femme à sa toilette *(env. 1873). Collection particulière. A opposer à la vision cynique d'un Manet (dans* Nana*) ou d'un Degas dans ses femmes à la toilette. Une approche toute en douceur, pudeur et respect de la femme dans l'intimité. A quoi s'ajoute le rendu savant des volumes d'un profond éclat du broc et de la cuvette.*

léguera après sa mort ce lieu qui participe si étroitement à son œuvre dans sa phase finale et en totale conformité avec l'esthétique impressionniste qu'il adoptera. La pudeur extrême de comportement de l'artiste interdit toute interprétation éclairante sur sa vie affective. Et sa peinture donne paradoxalement peu d'informations sur ses sentiments alors même qu'il y introduit d'une manière récurrente les membres de sa famille. Elle en est nourrie. Surtout par ses frères (René tôt disparu, mais il apparaît dans *Jeune Homme à sa fenêtre,* et *Le Déjeuner* et Martial).
La présence de la femme n'induit que rarement un climat de franche sensualité, et, dans ce cas, relève plutôt de l'illustration et comme conçu en marge de la littérature alors en faveur, dont celle des Goncourt et surtout de Huysmans. Personnages de fiction, mais traités avec un réalisme si aigu que la nudité bascule dans ce climat de lascivité qui fait les délices de la peinture académique. *Nu au divan* (de 1880-82) fait écho, en plus acide, au fameux *Rolla* de Gervex. A quelques détails près, et surtout par le rôle donné aux vêtements abandonnés, et jusqu'à ces bottillons posés au pied du lit avec une agressive insolence. Degas avait justement fait remarquer que *Rolla* n'était scandaleux qu'en raison de l'abandon du corset aux côtés du nu.
Et parce qu'il définissait autant la raison de la nudité que la fonction sociale du personnage qu'elle illustrait. C'est dans sa « situation » que le nu peut être choquant. Ce qui différencie grandement *Le Déjeuner sur l'herbe* de Manet du *Concert champêtre* de Giorgione dont il est pourtant l'écho.
Ainsi le nu de Caillebotte s'inscrit-il dans cet esprit d'effronterie réaliste si mal perçue par une société gavée de mignardises post-Pompadour, et de salacités hypocrites grimées en pages mythologiques. Fait d'exception dans un regard plutôt volontiers intimiste et tendre, comme celui porté sur la *Femme à sa toilette* (1873).
Pour être intime, le geste d'agrafage (ou de dégrafage) de la jupe n'est pas inspiré par le voyeurisme qui est toujours alourdi par quelque perversité (comme dans la *Nana* de Manet). La tendresse y prédomine, et l'intérêt ne se polarise pas exclusivement sur la figure de la femme. Le décor, d'une sobriété qui plaide en faveur de son réalisme, inspire au peintre une délicate et presque sensuelle traduction ,des objets, une puissante qualité tactile. Le blanc de la porcelaine et cette merveilleuse densité de la nature morte qui donne une épaisseur aux objets, voire une âme, s'inscrivent dans une grande tradition de la peinture intimiste et de réflexion qui se rattache à Chardin.

Homme au bain *(1884). Collection Josefowitz. Au-delà de l'Impressionnisme, et de ses licences picturales vis-à-vis du réalisme, Caillebotte revient à ses premiers thèmes, d'une grande force dans l'économie des effets, toute en tension, concentration et rigueur.*

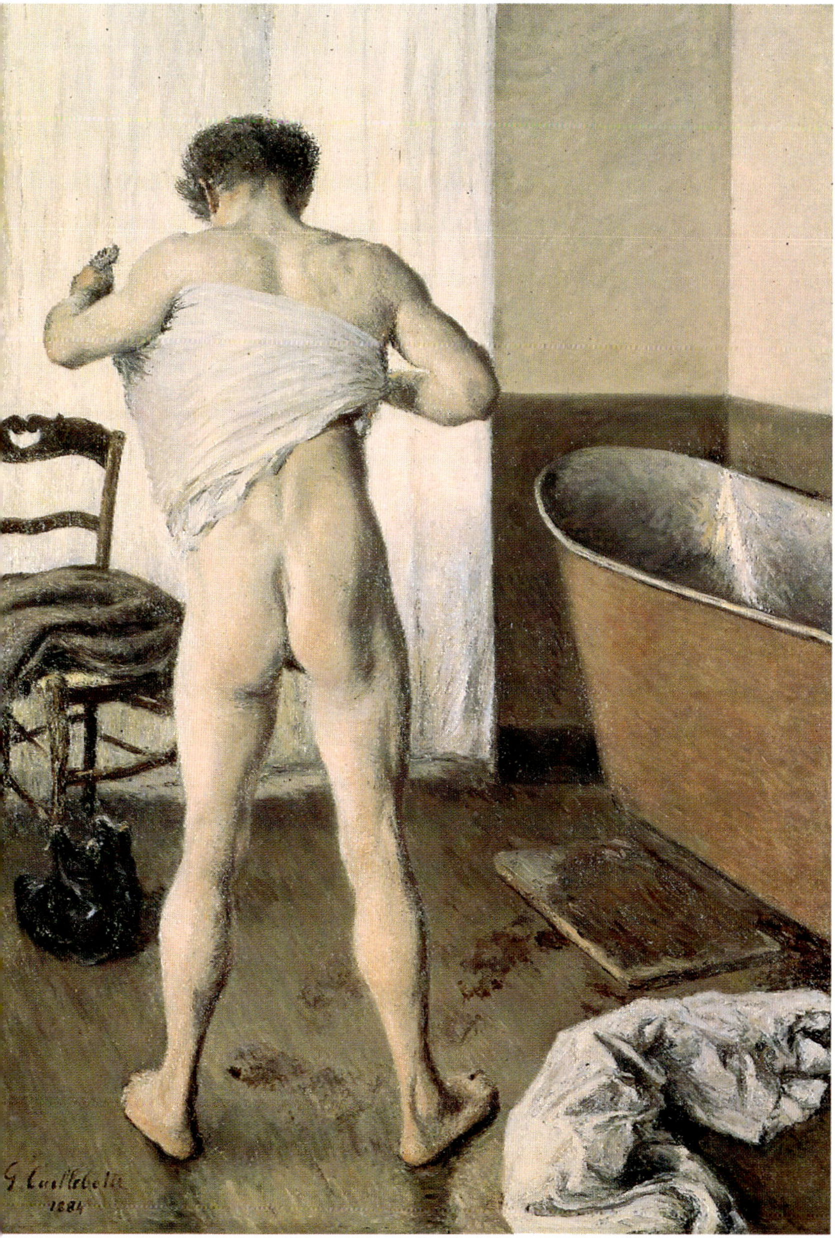
G. Caillebotte
1884

Paris à vol d'oiseau

Dans la rumeur et la fumée des cafés

Échappé de l'atelier où se faisait jusqu'alors la peinture, lâché dans la ville comme il l'est dans la campagne, le peintre va faire entrer directement ces nouveaux sujets dans l'espace du tableau. Le café figure tout naturellement dans sa vie sociale. Il en est souvent l'axe. Sa fréquentation scande ses errances urbaines. Et le goût qui se développe, de la réunion, soudant des convictions, engageant des amitiés, cimentant les discours esthétiques et les revendications qui vont préparer l'émergence de l'Impressionnisme, entre pour beaucoup dans son importance dans le quotidien du peintre. On peut dire que la nouvelle peinture se fait au café, et justement dans le quartier de Pigalle, dans le voisinage immédiat des ateliers nombreux en l'endroit.

Du café Guerbois, aux Batignolles, à la Nouvelle Athènes, place Pigalle, en passant par les troquets de la rue de La Rochefoucauld, des rues Bréda et des Martyrs, tout un réseau de relations s'est créé, des liens amicaux se sont solidifiés, et l'échange théorique va peu à peu structurer ce qui n'était préalablement qu'une vague révolte, et va devenir une révolution structurée. Caillebotte n'a pas été parmi les premiers acteurs de cette aventure, s'il en devient, après, un des éléments les plus actifs. Il n'aura pas participé aux héroïques journées de discussions entre la moleskine des banquettes et le froid marbre des tables où scintille la prestigieuse fée verte, l'absinthe. Il n'est pas des acteurs de cette aventure dont George Moore sera l'un des chroniqueurs les plus attentifs, qui en fera la matière de plusieurs ouvrages de témoignages. Il y vient quand l'Impressionnisme, déjà installé dans son jeu social, ne s'appuie plus sur les conversations de café pour poursuivre son aventure alors qu'il y est né. Mais le goût persiste, et c'est toute l'époque qui vit son aventure intellectuelle dans cette atmosphère à la fois chaleureuse et parfois inquiétante qui va inspirer de si remarquables compositions illustrant la « Comédie humaine » de la vie d'artiste.

Boulevard vu d'en haut *(1880). Collection particulière. D'une prodigieuse modernité, cette vision en surplomb, niant toute perspective, applatissant les figures, suggère pourtant son espace propre grâce au jeu frissonnant du feuillage qui structure une plongée dans le vide.*

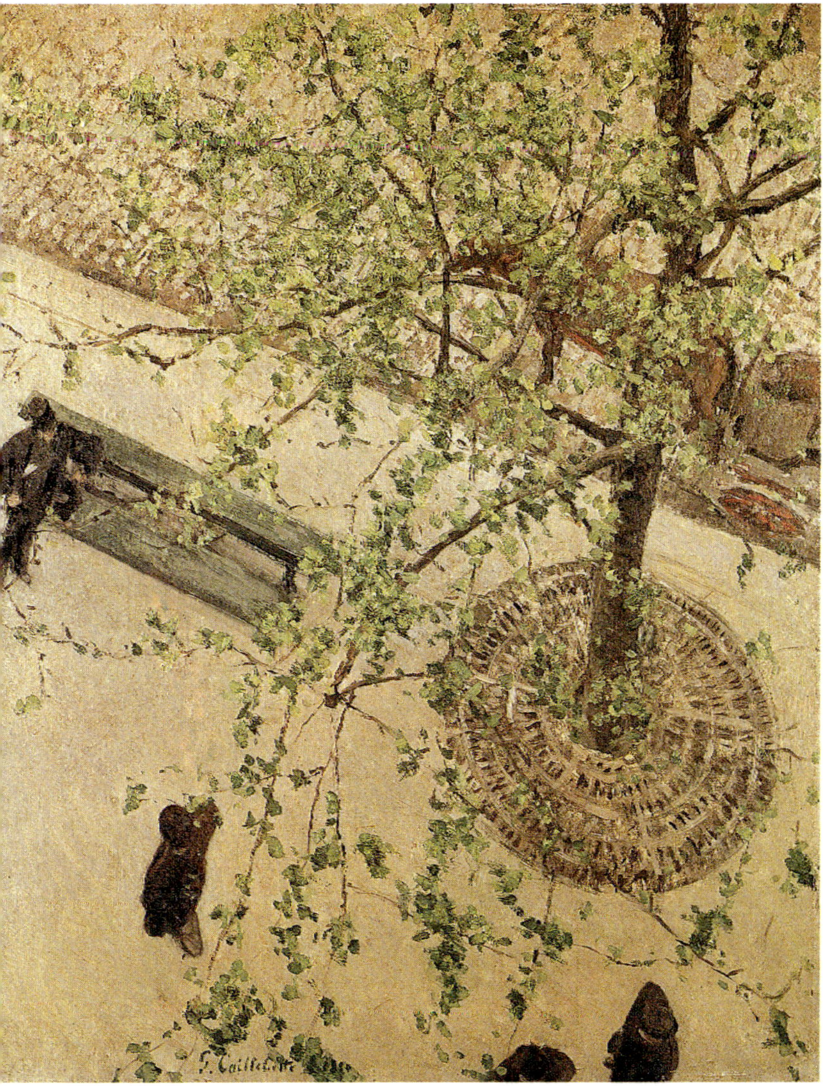

Gustave Caillebotte aura sans doute fréquenté la Nouvelle Athènes dont on croit retrouver le cadre dans l'œuvre majeure inspirée par le café qu'il a titrée *Dans un café*. Il accuse l'atmosphère d'aquarium due à ce jeu de réflexion des glaces qui définissent l'espace de la salle, à la fois dans la rigueur de son architecture, le caractère typique de son mobilier, mais surtout l'agrandissement qui donne une espèce d'irréalité tout à fait saisissante. Illustrant bien le procédé de l'artiste qui fait glisser la réalité la plus ordinaire vers une théâtralité qui renvoie tout l'intérêt de la toile sur l'intériorité des acteurs et la dimension psychologique qui naît de leur présence dans un lieu jouant le rôle de révélateur. D'autant qu'il se distingue grandement, aussi bien de Manet que de Degas quand ils abordent le

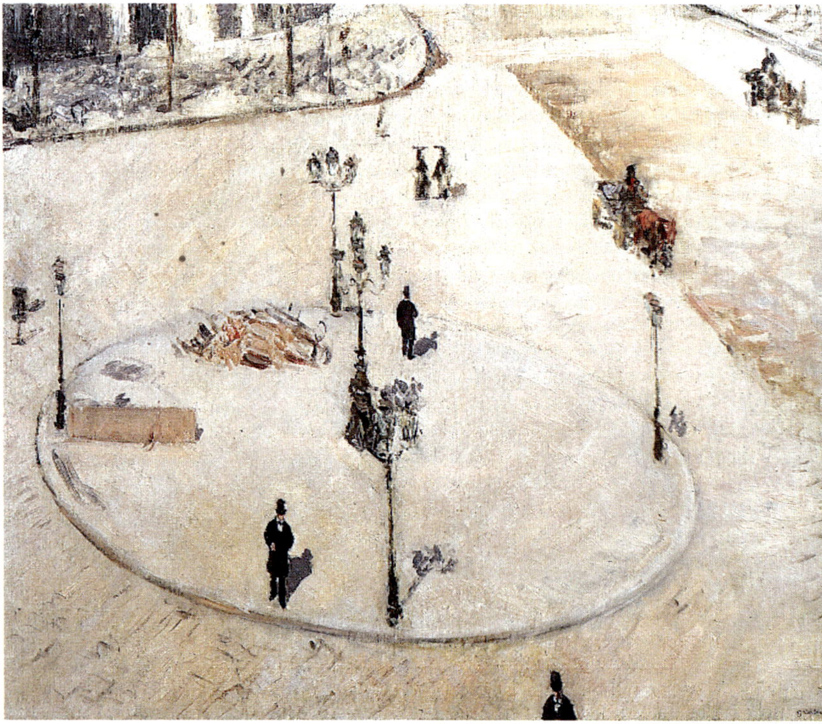

Un Refuge boulevard Haussmann *(env. 1880). Collection particulière. Bien que strictement réaliste, cette vision d'un quartier alors en constants travaux (les abords de l'Opéra, à l'intersection du boulevard Haussmann et des rues Glück et Scribe), l'œuvre distille une étonnante impression de désenchantement. Elle préfigure les espaces d'immobilité oppressée de Chirico, sans la référence philosophique que lui donne ce dernier. Mais plutôt comme l'expression d'un état permanent et d'un comportement égal devant la vie qui place toujours Caillebotte en observateur désabusé.*

même sujet, tout en s'inscrivant dans la même stratégie du réalisme social. Manet et Degas soulignant parfois la désolation de la solitude et l'hébétude qu'entraîne la consommation de l'alcool. Ils fustigent alors le café et significativement mettent en scène la femme, personnage encore incongru (malvenant) dans un lieu plutôt fréquenté par les hommes et où elle est en position d'interdit, de provocation (mais elle est alors une prostituée) ou de dérive. Le café signifie sa perte. L'air hagard du modèle de *La Prune* de Manet ou de *L'Absinthe* de Degas dit bien la détresse qui l'habite. Et la condamne.

Le consommateur de Caillebotte a plutôt l'allure satisfaite de ce genre de client qui adopte le café comme un salon. Il en est un habitué. Peut-être y a-t-il sa table. Il y salue les autres consommateurs avec lesquels

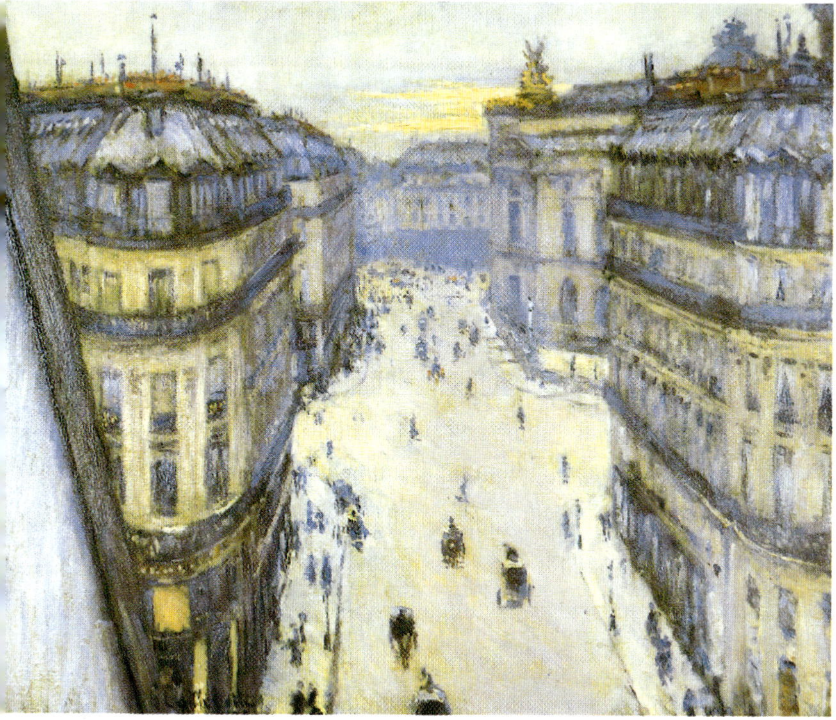

Rue Halévy, vue du sixième étage *(1878). Collection particulière. Caillebotte profite largement de sa situation privilégiée d'habitant d'un immeuble qui est au cœur du Paris structuré par Haussmann, selon des lignes de tracé de profondes perspectives.*

il joue au bésigue ou aux dés, et on lui apporte sa consommation sans qu'il ait à la demander. Son allure a à la fois quelque chose de confortable et de relâché qui tranche sur la dignité habituelle aux personnages de Gustave Caillebotte toujours serrés dans leur redingote, et coiffés du haut de forme qui sied à leur dignité (même lors d'une partie de canotage). Cet état d'un certain débraillé induit un registre plus populaire, comme l'est d'ordinaire la fréquentation du café. Le bourgeois va plus volontiers dans les brasseries et, suivant la qualité sociale qu'il revendique, dans les bars (le bar des Folies Bergère), quand ce n'est pas le restaurant de luxe et ses salons particuliers pour parties fines. Un climat de fête qui passe du ton populaire, bon enfant, à l'acidité des galanteries et des scènes d'alcôves. C'est le salon transposé dans le café et l'alcôve, dans son arrière-salle. Un reflet de la vie cachée, voire honteuse, de ses clients. Si le café est le lieu de la discussion largement ouverte au tout venant, circulant de table en table avec un laisser-aller, un entrecroisement des interventions, une certaine fébrilité qui concourt à l'attrait qu'il exerce sur les plus jeunes venant écouter la parole des aînés, le restaurant implique des relations plus feutrées. Chez Hardy, ou au Café Anglais, dans les salons de chez Riche, les impressionnistes se réuniront, mais en des comités plus choisis. On pratique la sélection, on se coopte, s'alliant selon des attirances, et l'écrivain y joue son rôle de compagnon et de complice. Ce seront les fameux dîners dont les familiers sont les frères Goncourt, Flaubert, Tourgueniev, George Sand, Taine, Sainte-Beuve, Théophile Gautier. Caillebotte, retiré dans sa maison du Petit-Gennevilliers, conservera des liens sociaux et mondains par le biais de dîners réguliers, en particulier chez Riche dont Edmond de Goncourt n'aime pas le décor, « avec ses fresques macabres de Forain, avec ses cariatides coloriées de Raffaelli... » Rares sont, chez Caillebotte, les scènes de groupe. Sa vie sociale se résume plus volontiers à la fréquentation d'amis fidèles ou de ses frères. Il est bien l'homme des solitudes distinguées et dignes, pudiques et parfois lourdes. Il a su traduire, et mieux qu'aucun de ses contemporains, les pesantes difficultés de communication entre les êtres, et surtout les couples. Ce n'est pas un salonnard. Le bourgeois feutré limite son horizon humain s'il en fidélise les acteurs (on retrouve souvent les mêmes modèles, même si on ne parvient pas toujours à les identifier). Et pourtant il sera un homme sociable avec les peintres qu'il défendra avec une ténacité, une générosité exceptionnelles. Sa peinture seule, et en certains de ses aspects, traduit cette distance qu'il semble créer entre lui et ses modèles, ou dans quelques mises en scène subtiles entre les modèles qu'il semble saisir à l'instant d'un malaise.
Abordant le thème de la partie de cartes (*Partie de bésigue*, 1880), il souligne tout ce qui le différencie d'un Cézanne également bourgeois et abordant le même sujet. Ce dernier va volontiers vers les gens du peuple, il aime la vie simple des paysans, il les fait poser autour d'une table, dans la chaleur

des bonnes bouteilles et le brouhaha que l'on devine d'un groupe simple et bon enfant. Caillebotte situe la même scène dans ce climat d'ennui qui suit un bon déjeuner, où des convives digèrent lourdement sur des canapés, tandis que d'autres suivent d'un air attentif le cours d'une partie qui les absorbe totalement, mais dans un silence poli ; les protagonistes étant pareillement vêtus de sombre, fumant la pipe et penchés sur leur jeu. Des boiseries précieuses, un climat de salon dans la douceur d'un après-midi de détente. Du capitonnage des fauteuils à l'or des cadres, tout dénonce un milieu ouaté où les gestes sont de mesure, les paroles rares et choisies, et la gravité de mise. Ce seront les mêmes personnages que l'on retrouvera penchés sur le balcon du boulevard

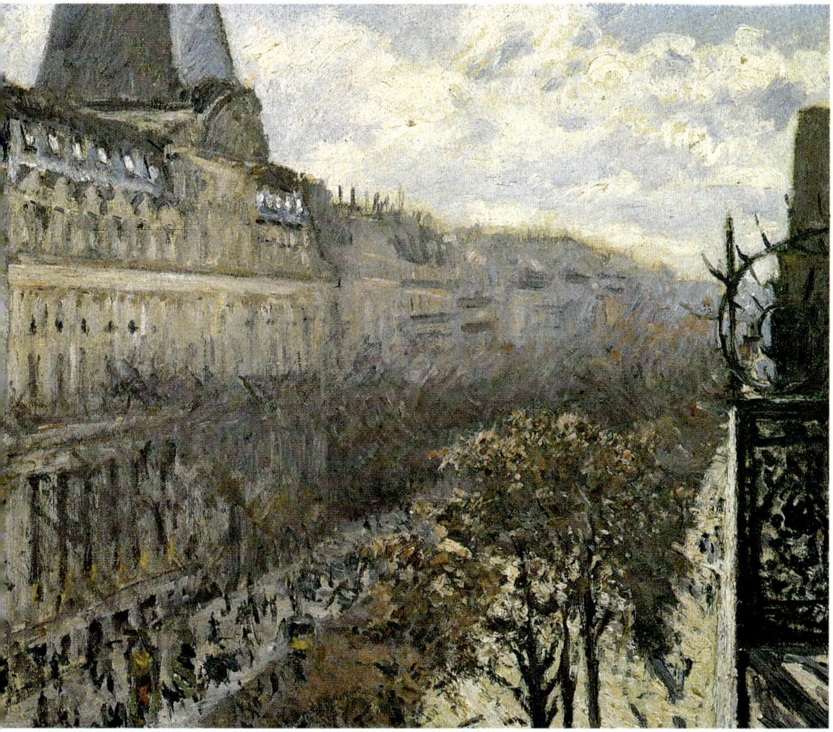

Le Boulevard des Italiens *(env. 1880). Collection particulière. Caillebotte retrouve ici la vision qu'avait Monet des boulevards, dans le papillotement léger des figures et le rendu des immeubles dont la rigueur est atténuée par la présence effective de la lumière. Une lumière descendue du ciel, et qui anime l'espace, gomme les aspérités, créant une atmosphère souple et onctueuse, où les éléments de la scène se confondent, se fondant dans une ample vibration.*

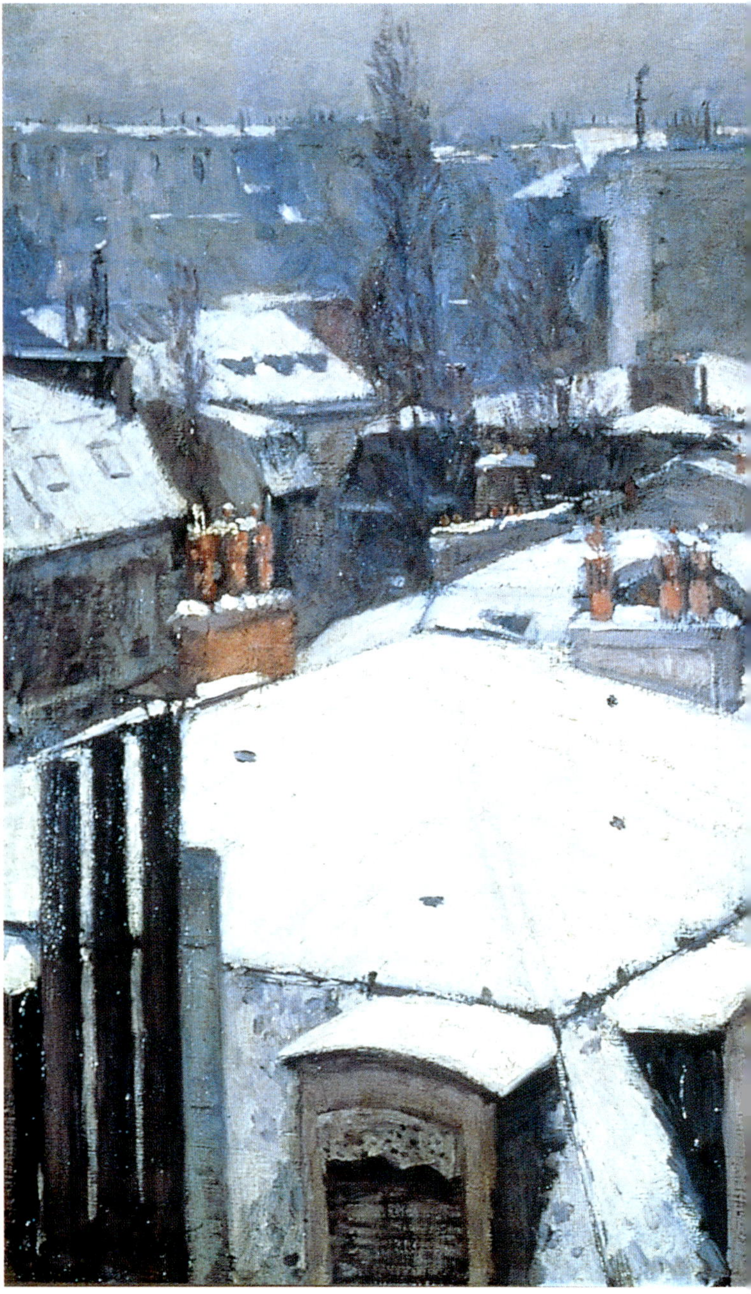

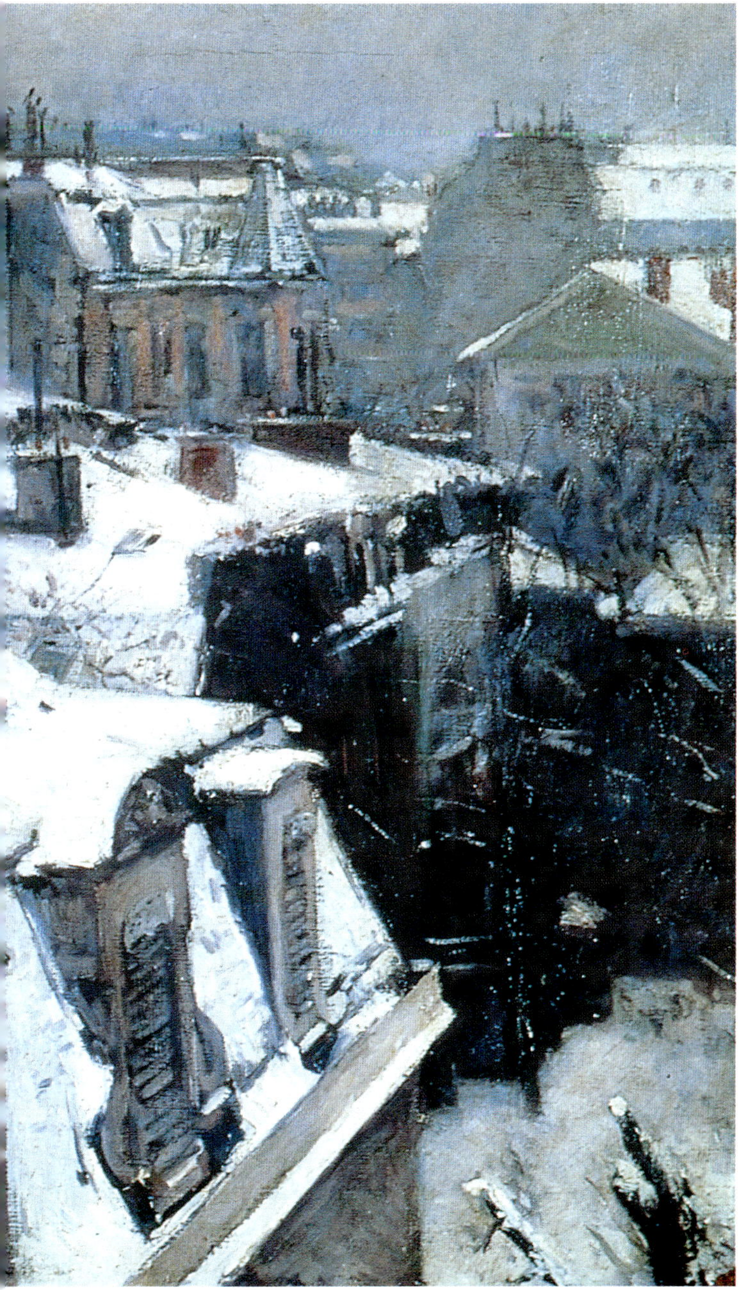

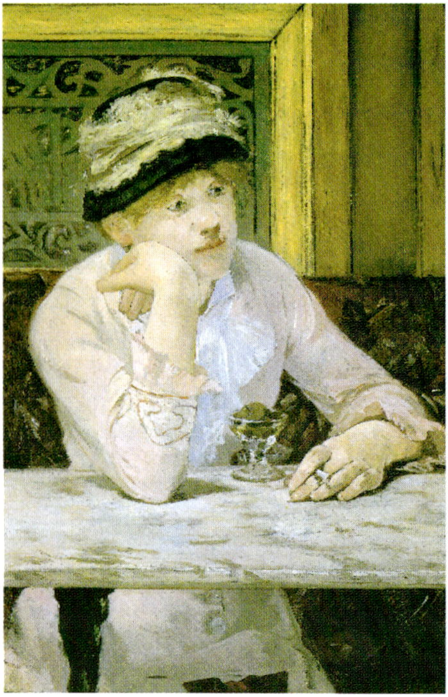

EDOUARD MANET. La Prune. *National Gallery of Art, Washington. Le café, haut lieu de la vie sociale, et aussi le théâtre des plus pathétiques solitudes. Manet l'incarne en une femme noyée par l'alcool et enfermée dans ses mornes rêves.*

Double page précédente :
Les Toits sous la neige *(1878). Musée d'Orsay, Paris. C'est « fenêtre sur cour » au pays des impressionnistes. Mais ceux-ci généralement associent la neige à la campagne, alors que, la situant dans un Paris indéterminé et reconduit jusqu'à des lointains brumeux, Caillebotte fait preuve d'une grande originalité. Une accumulation de détails, sans aucun point fort ni ligne de construction, celle-ci conduite par les cassures constantes, les emboîtements de formes presque géométrisées dans la recherche d'une densité qui exprime des vies étouffées, cachées.*

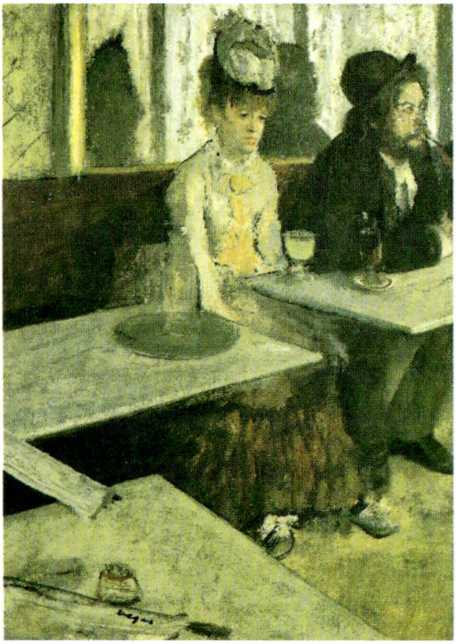

EDGAR DEGAS. L'Absinthe. *Musée d'Orsay, Paris. Fidèle à sa vision souvent désenchantée du monde de la réalité, et proche du roman naturaliste auquel il apporte une sorte de contribution illustrative, Degas met en scène l'accablement provoqué par l'ivresse.*

Dans un café *(1880). Musée des Beaux-Arts, Rouen. Scène de la vie ordinaire. Né dans les cafés (*Guerbois *et* la Nouvelle Athènes), *l'Impressionnisme en fera, moins que la peinture réaliste, un sujet privilégié. Mais les exceptions (Manet, Degas) y sont convaincantes : le café est un théâtre majeur de la vie sociale.*

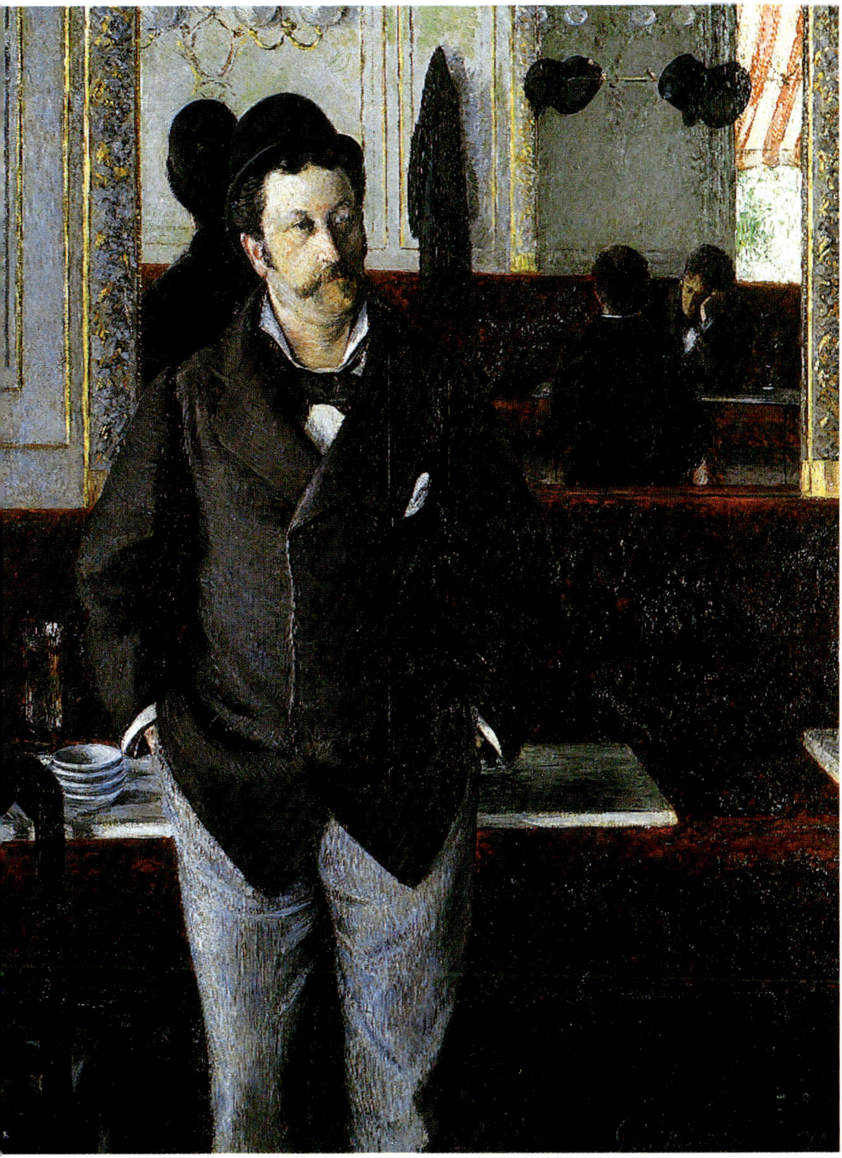

Haussmann, au domicile du peintre et scrutant, comme du dessus d'une falaise, les remous de la ville. Mais entre-temps, Caillebotte aura adopté la touche de ses amis impressionnistes. Sa palette s'est éclaircie, sa peinture est faite d'accents vifs et répétés qui dynamisent l'espace, traduisent le frisson de l'air dans les arbres de l'avenue, et ceux d'une lumière qui vibre dans ses ardeurs estivales. Autant le dedans est feutré et ombré, autant le dehors est vif, dynamique et serait presque jubilatoire si l'attitude des personnages qui y sont placés en observateurs n'était la même que dans la partie de bésigue : serrés dans leur habit de respectabilité, chapeautés et comme distants. Regardeurs, mais impassibles et comme détachés de toute participation aux élans de la vie de la rue.

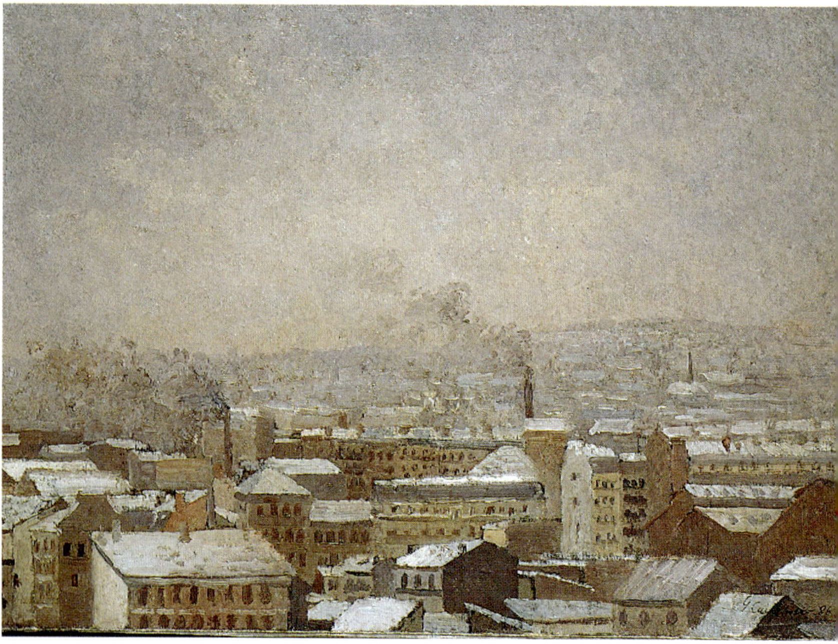

Paris sous la neige *(1886). Musée du Petit Palais, Genève. Paysagiste de la ville, Caillebotte traduit bien la nature même du silence qui l'enveloppe sous le poids de la neige.*

Ce qui conduit Caillebotte insensiblement vers des vues en plongée sur la ville, des espaces dénudés et d'un cadrage si serré qu'ils perdent leur caractère anecdotique pour n'être plus que la scène quasiment vide où se joue moins l'animation de la rue (d'une place) que s'exprime la distance qui se crée entre les rares passants, simples silhouettes perdues dans une immensité non de fait, mais de vision.

Quand ses amis Monet ou Pissarro peignent la rue, ils voient celle-ci dans l'animation heureuse des foules qui sont, sous leur pinceau, un chatoiement de couleurs. Et comme prétexte à quelques variations chromatiques qui font chanter la lumière, la vivacité des mouvements urbains. Caillebotte réduit sa figuration à quelques rares silhouettes dont l'ombre portée sur le sol accuse un éclairage rasant

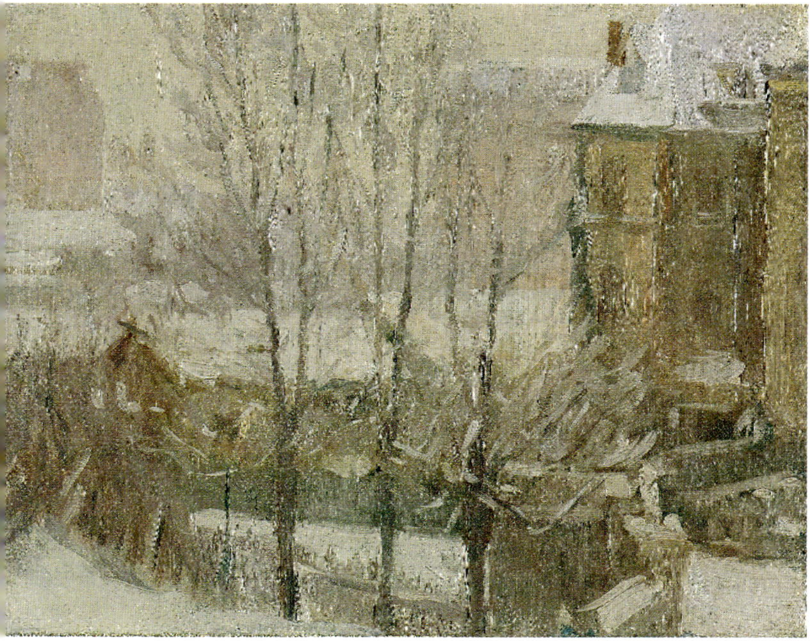

Paysage urbain sous la neige *(1888). Collection Josefowitz. Une ville aux frontières de la nature. Dans cette tranche d'incertitude urbanistique qui caractérise le Paris « fin de siècle ».*

et l'heure matinale (ou crépusculaire) qui explique le peu d'animation, mais, surtout, exagère l'espèce de stupeur qui semble s'emparer des figurants. Des effets de perspectives qui empruntent parfois leur netteté d'énoncé, le caractère tranchant dans la distribution des actions qui y sont concernées, à l'art japonais auquel Caillebotte, comme tous les artistes de sa génération, ne pouvait échapper.

Plus encore que l'influence japonaise, et parce qu'il situe ses personnages dans une vue en plongée si vive qu'ils semblent écrasés sur le sol, on peut voir là une réponse à la photographie qui envahit la vie quotidienne et oblige le peintre à repenser radicalement sa manière de voir. Soit pour en tirer profit, soit pour la défier sur son propre terrain. Aucun des artistes, et même ceux qui prétendaient s'en désintéresser, n'échappait à son terrible prestige auprès des amateurs, et à la périlleuse concurrence qu'elle pouvait exercer sur leur pratique et ses conséquences commerciales. L'art du portrait en sera radicalement modifié, et la vision de la réalité renouvelée.

Si elle l'accompagne dans sa vision en plongée sur la rue, elle est également présente quand il cadre la ville soit en gros plan pour détailler les volutes d'une balustrade à travers laquelle s'inscrit la rue, soit pour ouvrir des perspectives (*Rue Halévy, vue du sixième étage*, 1878) et plus encore dans ce traitement, repris plusieurs fois, des toits où joue l'enchevêtrement des pans coupés, des murs aveugles, des cheminées qui composent une complexe animation architecturale couvrant la vie des hommes sans qu'ils soient montrés. Comme si, contrairement à l'imagination du personnage de Lesage, l'impertinent Gil Blas de Santillane, qui ouvrait les toits pour découvrir les vies qu'ils cachaient, il se complaisait à cette chape silencieuse qui camoufle la vie des foules, nous éloigne d'elles, nous l'interdit. S'il met en valeur l'apport climatique qui colore l'espace, lui

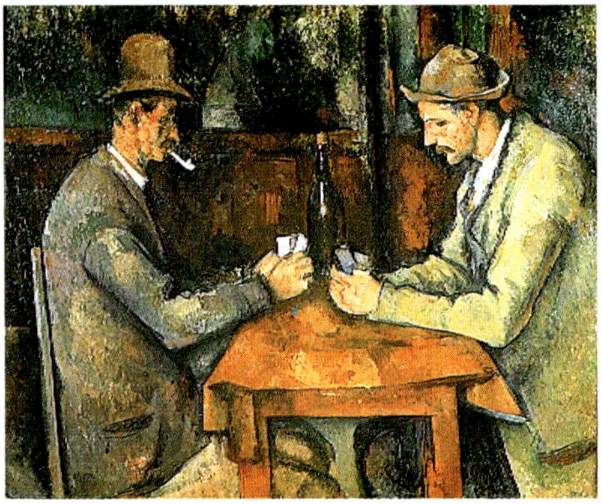

PAUL CÉZANNE. Les Joueurs de cartes. *Musée d'Orsay, Paris. Bourgeois comme Caillebotte, Cézanne ira, moins que ce dernier, chercher ses sujets dans son milieu. Il va plutôt vers les gens du peuple. Son caractère ombrageux le rend peu sociable et prêt à jouer le jeu des convenances. Il préfère des êtres dans la droiture de leur naturel, et sans arrière-plan psychologique. Ce qui n'est pas le cas de Caillebotte.*

donne sa tonalité, décide de son atmosphère, il joue moins comme un paysagiste qui s'attache à reconstituer des plans dans leur particularité, que comme un metteur en scène qui choisit une tonalité générale. C'est moins un paysage de la réalité qu'une invention de l'esprit qui voit, dans ce paysage, le support d'une pensée, d'une sensation ou d'un sentiment. Car ce monde dans l'immensité d'une rêverie qui s'étend sur tous les aspects du quotidien, les unifiant tous sous le pinceau d'une forme toute nouvelle d'amertume. Qui va connaître un prolongement chez Munch sur qui, sans aucun doute, il exercera une réelle et durable influence.

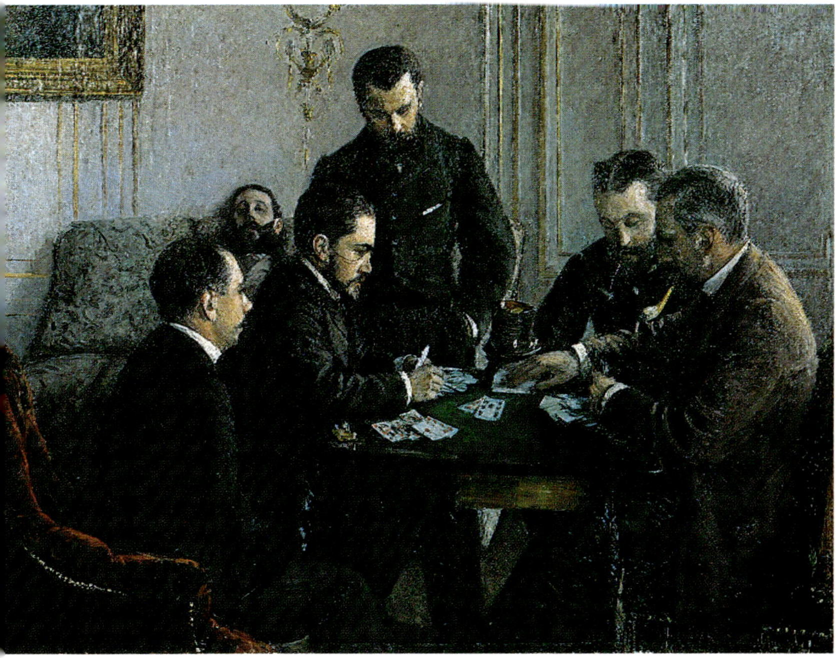

l'on revient toujours avec Caillebotte vers cet axe directeur qui conduit toute son œuvre dans la diversité avouée de ses sujets, et la volonté de diversifier la manière de les traiter, vers cette vue de l'esprit qui lui fait reconstruire la réalité sur l'idée dominante de la mort, de la solitude, de la détresse qui est au cœur du monde. Et de figer

La Partie de bésigue *(1880). Collection particulière. Puisant ses thèmes dans les rites de son entourage familial, il fait moins poser ses modèles qu'il n'intervient lui-même, palette et pinceaux en main, dans leur vie quotidienne.*

Un détour du côté de chez Munch

Comme nombre d'artistes étrangers, le Norvégien Edvard Munch vient à Paris ; une première fois d'octobre 1889 à février 1890 (il habite tour à tour 62 rue de la Condamine, 32 rue de Chartres à Neuilly et 12 quai de Saint-Cloud au restaurant Belvédère), une seconde fois en janvier 1891 et avril de la même année (il réside alors 49 rue La Fayette). Il y suivra les cours de dessin à l'atelier de Bonnat alors célèbre dans toute l'Europe, bien considéré par le public, et nullement discrédité auprès des jeunes, contrairement à d'autres peintres académiques.

Pôle d'attraction pour les peintres venus de l'étranger, Paris est alors secoué par une exceptionnelle effervescence artistique. Plus attiré encore par cette vie largement ouverte sur la nouveauté que par les ateliers, Munch va rencontrer l'art qui se fait, et dans ses aspects les plus novateurs. Ce sera, en 1889, le 5e salon des Artistes indépendants où il découvre Van Gogh, une exposition Pissarro en février 1890 chez Boussod et Valadon, la 2e exposition des peintres-graveurs chez Durand-Ruel, où il voit le travail de Redon. Fort avare d'informations sur ses activités, il mentionne toutefois la découverte et l'admiration qu'il porte à Manet, Monet et Raffaelli alors au faîte de sa gloire et engagé dans une peinture à caractère « social » qui ne manquera pas de l'influencer au plus près, au point de peindre alors des toiles qui sont comme des répliques des œuvres de ce dernier, et sur les mêmes lieux, dont ces petits bistrots de la couronne parisienne qu'ils fréquentent tous les deux.

On verra Munch, en particulier dans ses paysages des bords de la Seine (au pont de Saint-Cloud), retrouver les problèmes alors abordés par les impressionnistes face au paysage urbain ; et comment concilier, sur la toile, les jeux de la lumière, le mouvement du végétal, et l'espace construit, dans sa géométrie porteuse des rythmes qui vont animer le tableau. Le paysage urbain développe ses points de vue. Et Munch retrouve curieusement Caillebotte dans sa *Rue La Fayette*, au point qu'on débat longuement pour déterminer la nature de ses rapports avec l'artiste parisien.

Homme au balcon *(1880). Collection particulière. Regardeur de la ville, Caillebotte l'est par personne interposée. Ses modèles sont les voyeurs d'une ville dont ils sont séparés par la distance, ici la hauteur, et les règles de vie qui gèrent leur comportement. D'une distinction ennuyée.*

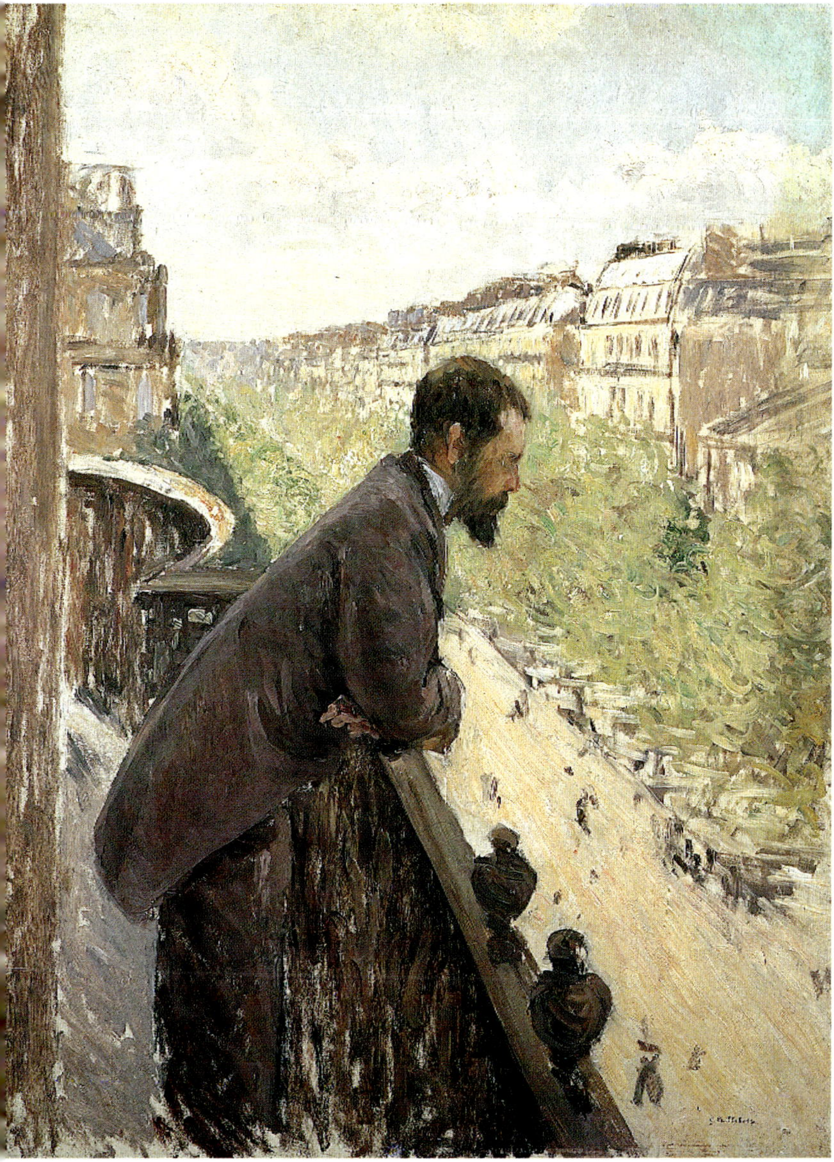

Ignorant s'il l'a rencontré, assuré qu'il a connu son œuvre *Un Balcon, boulevard Haussmann.* On croira un moment qu'il s'agit du même point de vue, mais l'absence d'arbres dans l'œuvre de Munch plaide pour une autre artère, toute voisine, la rue La Fayette, et il est enfin déterminé qu'il l'a vue depuis le 49, et d'un balcon du 4e étage de son hôtel. Une

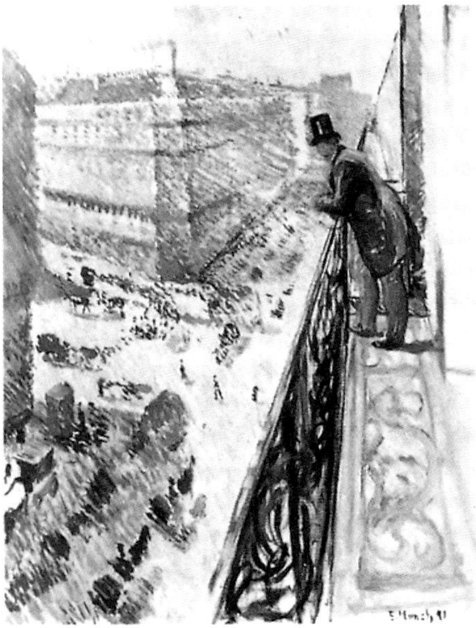

EDVARD MUNCH. La Rue La Fayette. *Nasjonalgalleriet, Oslo. Le peintre norvégien Munch, lors de ses premiers séjours parisiens, avait, parmi ses divers logis, fait une étape rue La Fayette d'où est prise cette vue en surplomb qui présente de troublantes similitudes avec* Un Balcon *de Caillebotte, et n'est qu'apparemment prise du même point de vue. La ressemblance des rues n'est que le fait du parti pris de Haussmann urbaniste, tirant au cordeau des rues d'un décor uniforme et alignant des immeubles répondant à un très strict catalogue de formes (assez limité).*

étrange similitude entre les deux paysages urbains, due à l'étonnante unité de l'architecture haussmannienne qui tire des rues au cordeau, bordées d'identiques immeubles aux longs balcons courant le long des façades et soulignant par les volutes de fer l'ordre majestueux de la pierre qui affiche là son pouvoir et son luxe tranquille. Mais cette similitude est aussi le prodigieux carrefour d'une œuvre déjà affirmée, bien ancrée dans la classe dont elle témoigne, et d'une œuvre en gestation, produit de la même bourgeoisie, dont un peintre se fait le témoin, bientôt le pourfendeur. Les rapports entre ses propres recherches et la peinture de Caillebotte sont particulièrement frappants dans cette double perception typique chez ce dernier du « dedans et du dehors » qui sert de cadre effectif à une figuration humaine et en détermine l'esprit et la nature. Des impressionnistes, plutôt portés à transporter la vie sociale dans l'éclat de la pleine lumière du plein air, Caillebotte aura été l'un des rares à s'attarder dans les ombres feutrées d'intérieurs douillets, propices aux confidences, aux subtilités psychologiques, et parfois à la mélancolie qu'ils distillent. Curieusement, c'est lors de son séjour parisien que Munch va aborder une série très spécifique de compositions sur le thème de *La Nuit.* C'est un thème qui se rapproche plus du Symbolisme en cela qu'il est imprégné de ce mystère qui adoucit les contours, et noie les figures dans l'atmosphère ambiante. Munch y annonce sa matière ample et remuée dans sa masse même qui est l'amorce de l'Expressionnisme,

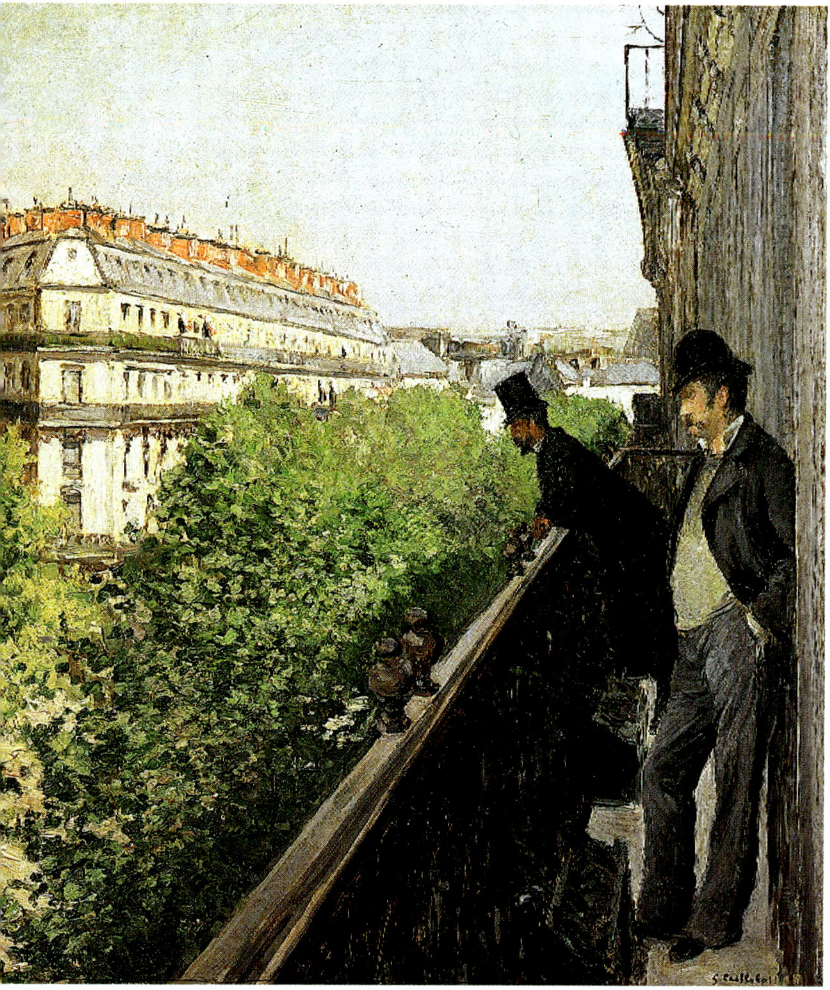

alors que Caillebotte, dont il ne fait pas de doute que Munch connaissait partiellement l'œuvre, y construit ses figures, les enfermc dans le dessin, l'ombre ayant une caressante légèreté qui joue élégamment avec la lumière qui y fait ses chemins, rebondissant, par exemple dans *Le Déjeuner*, sur les cristaux, et venant mourir sur les visages qu'elle

Un Balcon *(1880). Collection particulière. Dit aussi* Un Balcon, boulevard Haussmann. *Spécifiant la localisation, il confirme le procédé cher à Caillebotte de peindre le plus souvent dans lc contexte de sa vie personnelle, dans l'étroite intimité avec son milieu familial et social. A la manière d'un photographe qui confirme un instant par un cliché photographique.*

distingue dans la tonalité générale. C'est que Gustave Caillebotte participe encore d'une peinture reçue en héritage, celle du musée, alors que Munch s'avance dans un dépassement de ces premiers acquis qui vont faire, le temps de quelques décennies, de l'Impressionnisme la seule avant-garde. Le passage obligé pour la peinture qui veut sortir de ses conventions pour aborder le monde moderne. Exprimé en ses formes, en ses mentalités.

Plus encore qu'en ses formes, c'est dans ses mentalités que Caillebotte l'aborde, et Munch, plus que tout autre, en retiendra la leçon et portera bien plus loin dans la prospection de l'âme sa quête. Caillebotte se débat encore dans une peinture pesant sur l'époque, et qui se veut propice à véhiculer un contenu,

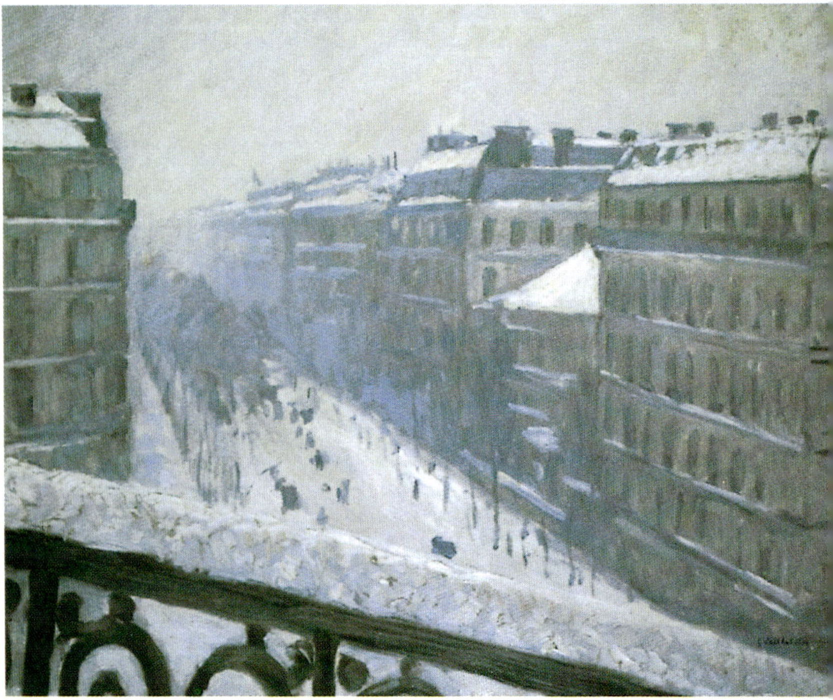

Boulevard Haussmann, effet de neige *(1880). Collection particulière. L'apport de la neige modifie considérablement l'espace urbain, lui conférant une sorte de douceur ouatée et mélancolique.*

Un Balcon à Paris *(1880). Collection particulière. Caillebotte aime faire jouer, en premier plan de ses vues urbaines, prises du balcon du boulevard Haussmann, les volutes des balustrades qui sont moins des écrans que des régulateurs d'espace, une manière de le rythmer, de l'orner avec une sobre élégance.*

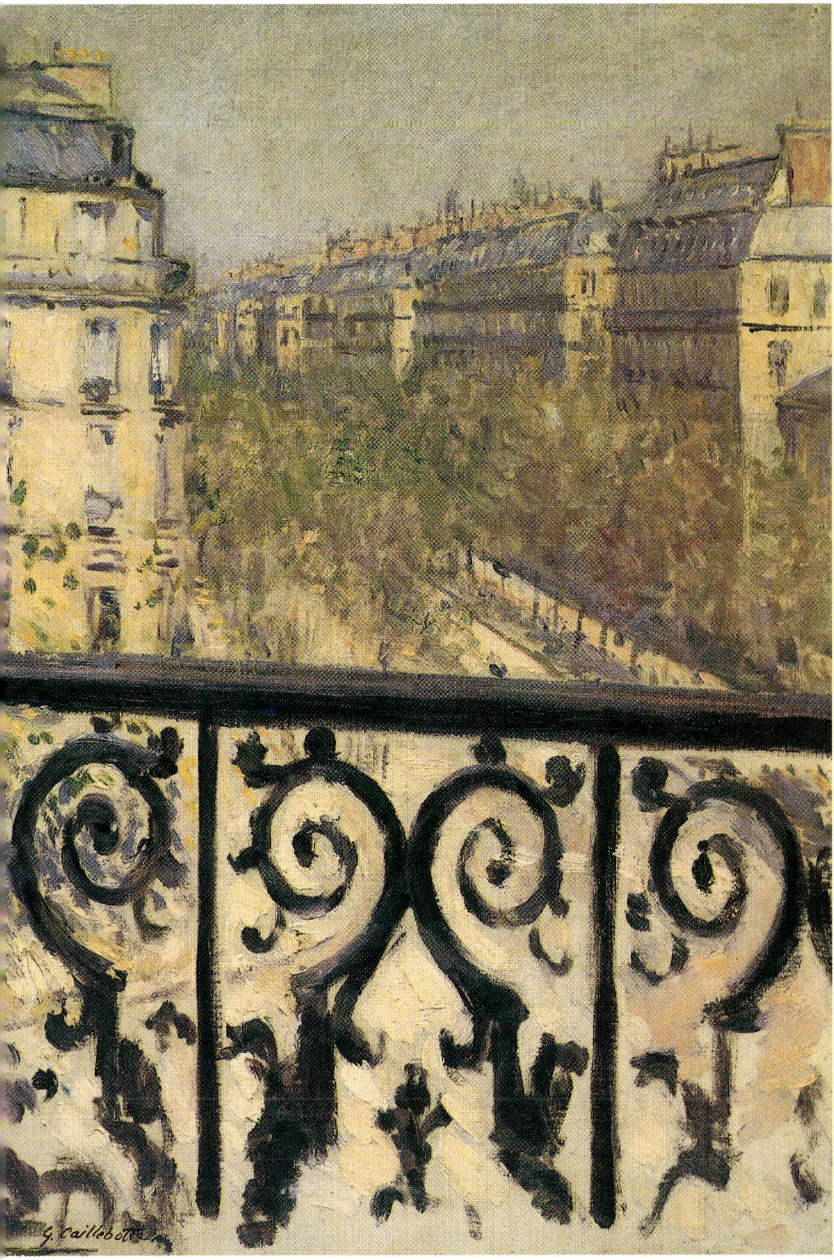
G. Caillebotte

longtemps littéraire et de fiction idéalisante. Elle porte, avec ce peintre, une observation souvent impitoyable sur sa classe, et à travers elle sur la psychologie de la société de son temps.
Munch en percevra toute la richesse et la nouveauté, et, transporté dans sa propre société, dans les rigueurs, les conventions, les complexes de son temps, poussera plus loin encore dans l'analyse de la sensation. Et, jusqu'aux limites de l'angoisse, il en fixera dans une peinture plus hâtive, plus libre et plus fiévreuse, les forces vives, en débouchant curieusement sur un espace éminemment théâtral. Confirmé par ses relations électives avec August Strindberg dont le théâtre est, dans l'univers des mots, un écho de cette vision passablement désespérée qu'il transpose dans une écriture qui a ses racines à Paris. Chez Caillebotte entre autres.

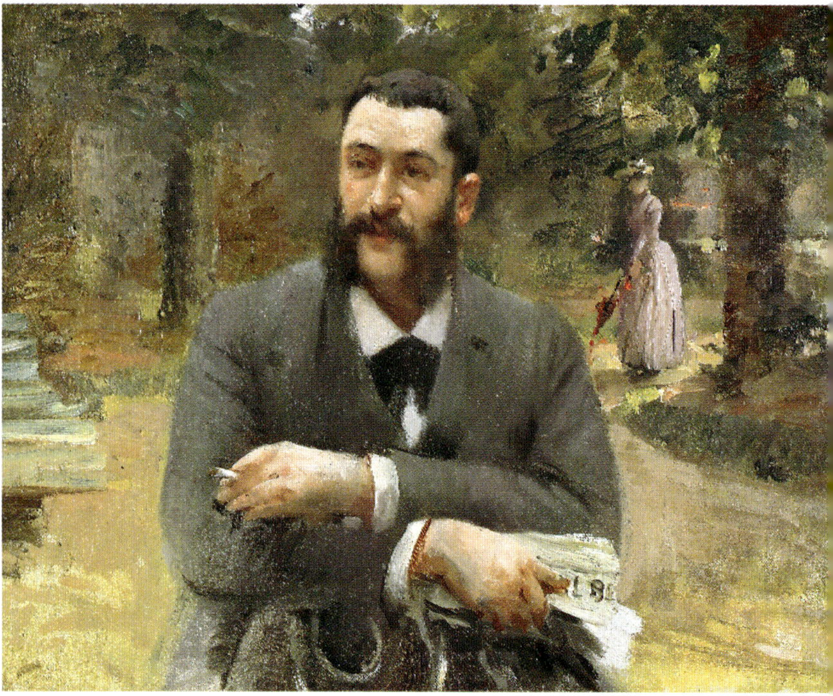

L'Homme au Gil Blas *(1880). Collection Josefowitz.*

Vue de Paris, effet de soleil *(1880). Collection Josefowitz. Plus insolite dans le corpus de l'œuvre de Caillebotte, une toile qui ne se réfère pas à son horizon quotidien. Il adopte un sujet fort couramment exploité par les peintres, et ses contemporains tout spécialement, sensibles à l'alliance des masses de l'architecture urbaine, de l'eau et de la végétation. Caillebotte y atteint un équilibre et une monumentalité remarquables.*

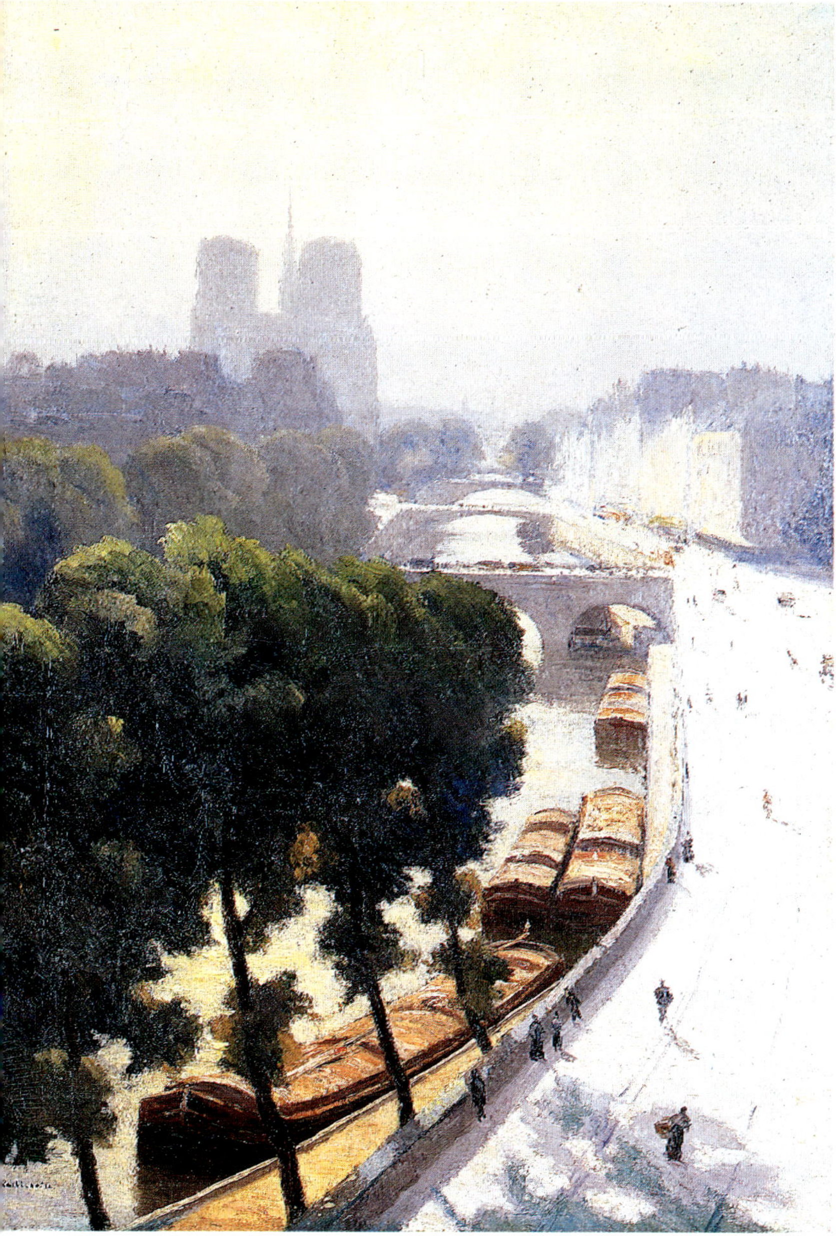

Une histoire d'eau

Plus qu'en tout autre mouvement artistique, c'est dans l'Impressionnisme que l'eau prendra tout son sens. Élément fondateur d'un mode de vie que les peintres partagent largement, tout naturellement parce qu'elle entre dans leur existence quotidienne et que les divertissements qu'elle permet sont en parfaite adéquation avec leur art. Celui-ci s'en alimente, il y trouve matière même à se développer. C'est par l'eau qu'il avance, tant dans ses sujets que dans la manière de les aborder.

La peinture d'atelier s'enferme dans des principes qui la sclérosent. Elle s'appuie sur une connaissance de recettes qui l'éloignent de la nature, ne voyant celle-ci que selon des conventions d'époque, un usage strictement littéraire de ses vertus, de ses pouvoirs de séduction. On lit la nature à travers Virgile, mais on ne la connaît pas autrement que dans les fictions qu'on y brode et en en usant comme d'un simple décor. C'est une nature transposée en atelier, et qui conduit à ces toiles de fond dont feront justement grand usage les photographes qui aiment faire poser leurs modèles devant des jardins de fiction, vaguement romantiques, ou des forêts qui sont celles d'une vision théâtrale. L'air n'y circule pas, et guère plus les puissants élans fécondants qu'éprouve celui qui l'aborde dans sa franchise et ses pittoresques aspects.

Le XIXe siècle instaure de nouveaux rapports avec la nature qui ne sont plus ceux de la contemplation, chère au Romantisme, mais par la pratique du sport, qui se généralise et concerne justement le citadin, plus directement intéressé parce qu'il est privé, dans son quotidien, de ce contact bénéfique avec les forces élémentaires. Dont il a un besoin physique et que facilite l'établissement de transports ferroviaires qui mettent les bords non encore pollués de la Seine à la portée

Le Petit Bras de Seine à Argenteuil *(1884). Collection particulière. Un poème de la nonchalance aquatique. Quand le fleuve s'attarde dans un fouillis végétal.*

L'alliance heureuse des rivages encore sauvages avec une eau qui s'attarde dans son cours.

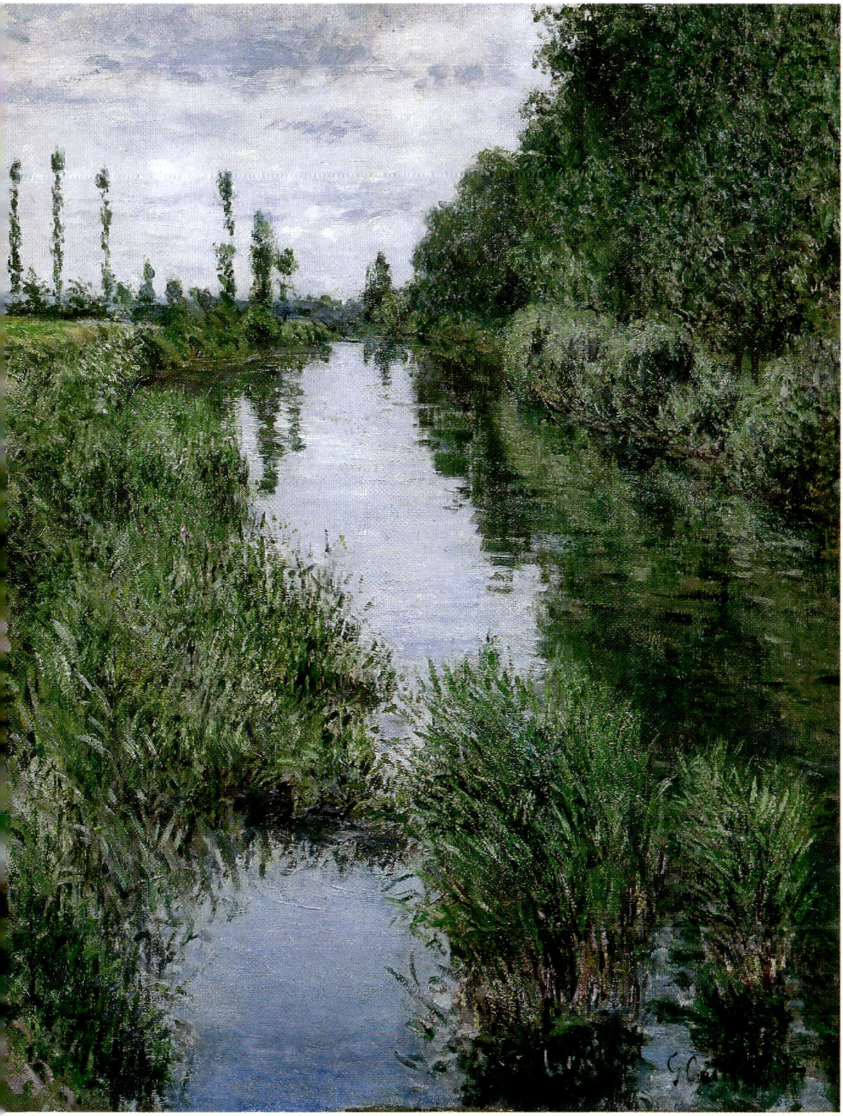

du petit peuple. La gare Saint-Lazare est la porte ouverte sur une nouvelle conception de la nature, et de son usage, qui passe par la fréquentation assidue de ses abords, et les sports nautiques.
Jeune, et parce que sa famille possède une propriété bordée par une rivière propice à sa pratique, Caillebotte sera un fidèle adepte des sports nautiques, et en particulier du canotage. Il en donne de multiples représentations.
On est là dans l'univers cher à Guy de Maupassant. Où l'homme déploie toute sa force musculaire, en faisant valoir sa virilité dans sa lutte avec la résistance de l'eau. Caillebotte est moins sensible que ses amis Manet, Monet ou Renoir à l'aspect érotique de l'eau, et aux scènes galantes qu'elle leur inspire. Ce ne sont pas

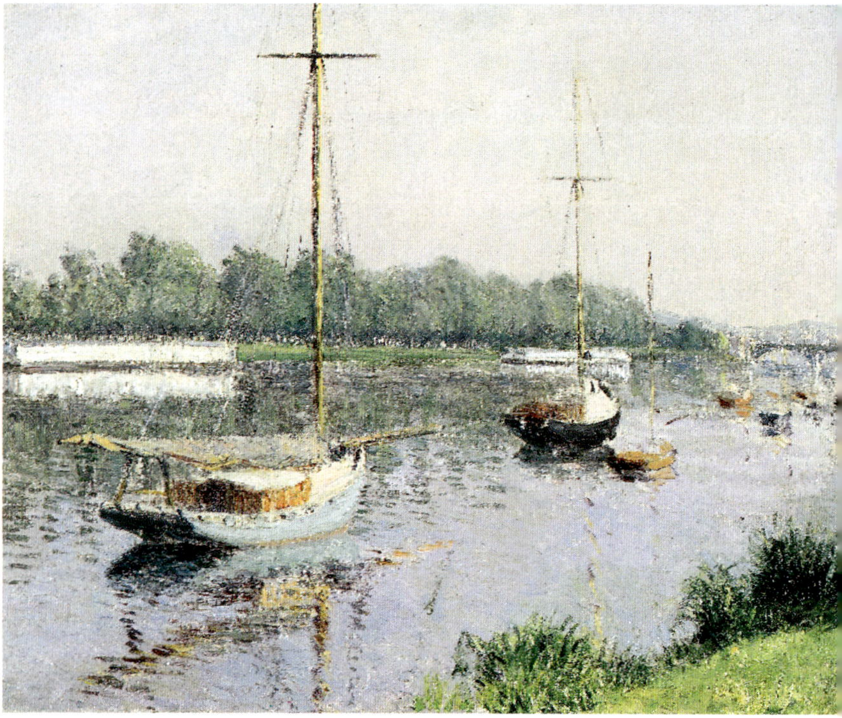

Bassin d'Argenteuil *(env. 1882). Collection Josefowitz. Un paysage familier au Caillebotte yachtman passionné.*

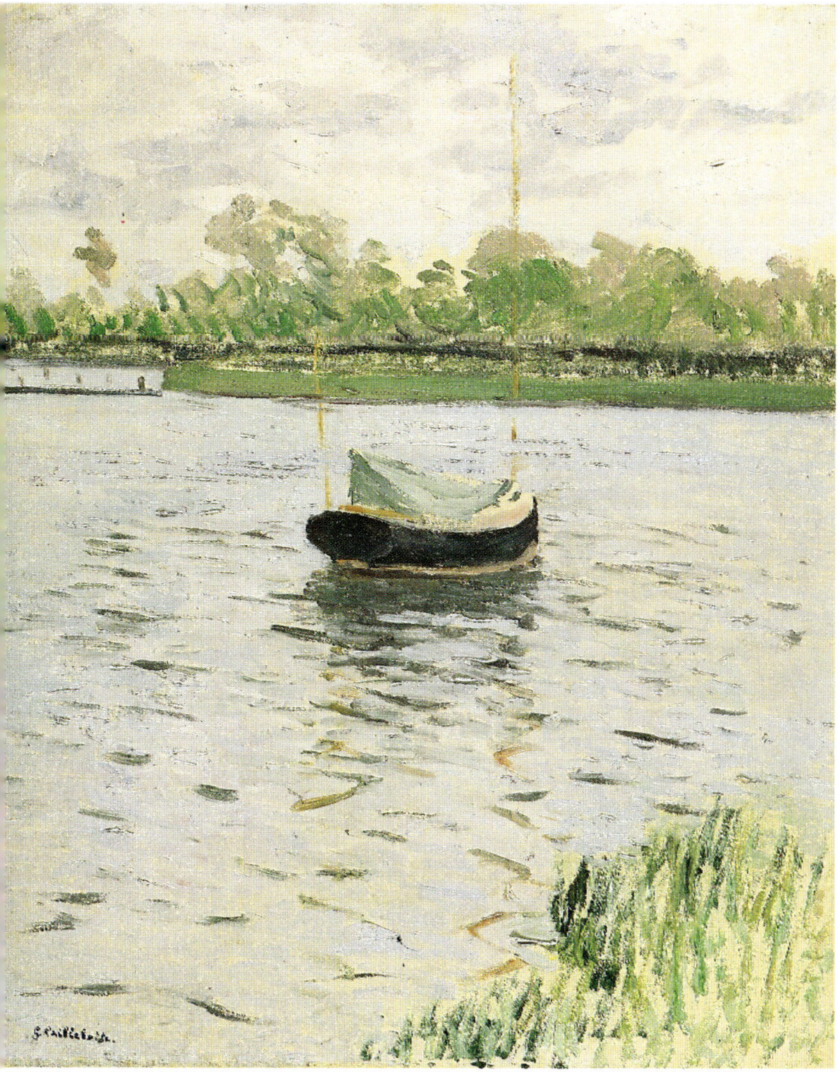

Bateau au mouillage sur la Seine à Argenteuil *(1883). Collection Josefowitz. A rapprocher de* Impression, soleil levant *de Monet. Un premier plan d'eau traité en une touche vive, légère, qui épouse les frissons d'une onde scintillante sous l'ardeur de la lumière.*

des couples en goguette, ni de gracieuses évolutions mettant en valeur la féminité.
L'eau est un élément qui suscite la puissance et elle n'est pas totalement étrangère à un certain mystère. Pour les symbolistes, l'eau est le décor des lentes et voluptueuses morts d'Ophélies abandonnées à son cours malheureux ; pour les impressionnistes, elle est celui de fêtes joyeuses, bon enfant, où le corps se libère de ses contraintes vestimentaires pour satisfaire des pulsions primaires. Associée à la nourriture par le biais des scènes de repas pris à son voisinage, et parce qu'elle lui confère un aspect festif.
Caillebotte se situe dans une zone très personnelle où n'interviennent ni l'idée de la mort ni celle du plaisir expansif. Mais où se formule un mode de vie en totale conformité avec sa classe qui pratique les sports nautiques en cercle fermé, ayant

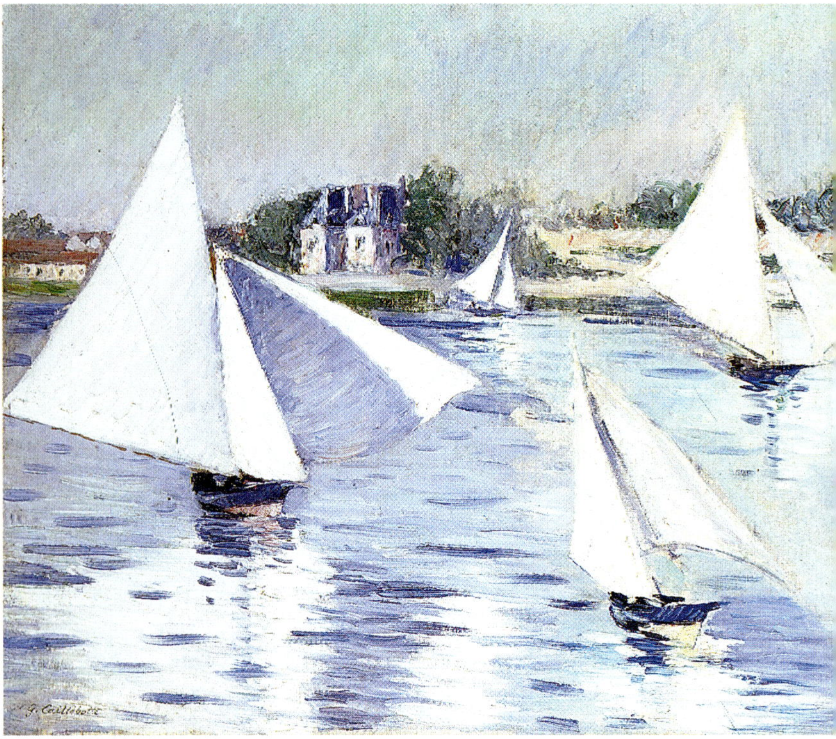

Voiliers sur la Seine à Argenteuil *(1892). Collection particulière. Un déploiement dynamique des voiles, expression de la présence du vent. Un poème de « l'élémentaire » tel que le percevait Bachelard.*

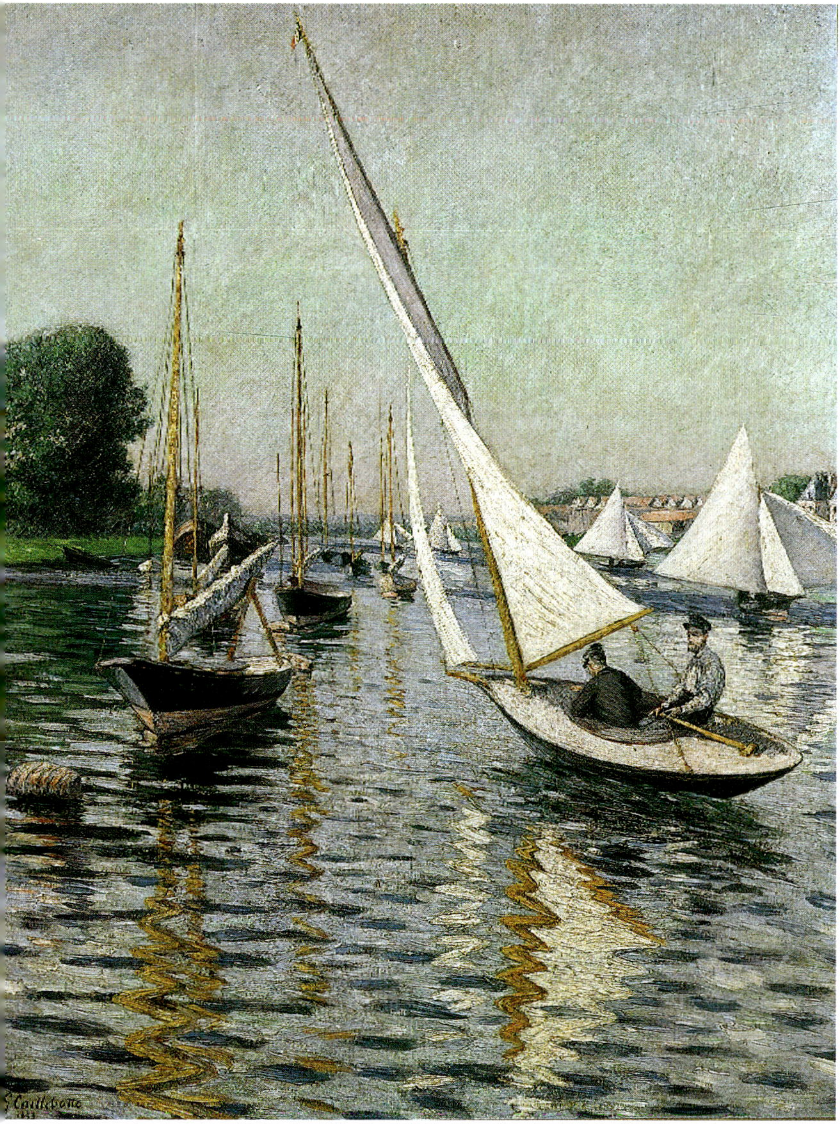

Régates à Argenteuil *(1893). Collection particulière. L'œuvre fait directement référence aux activités sportives du peintre à la fin de sa vie, et à l'importance prise par le monde de la voile, tant dans son existence, que ses tentations de peindre.*

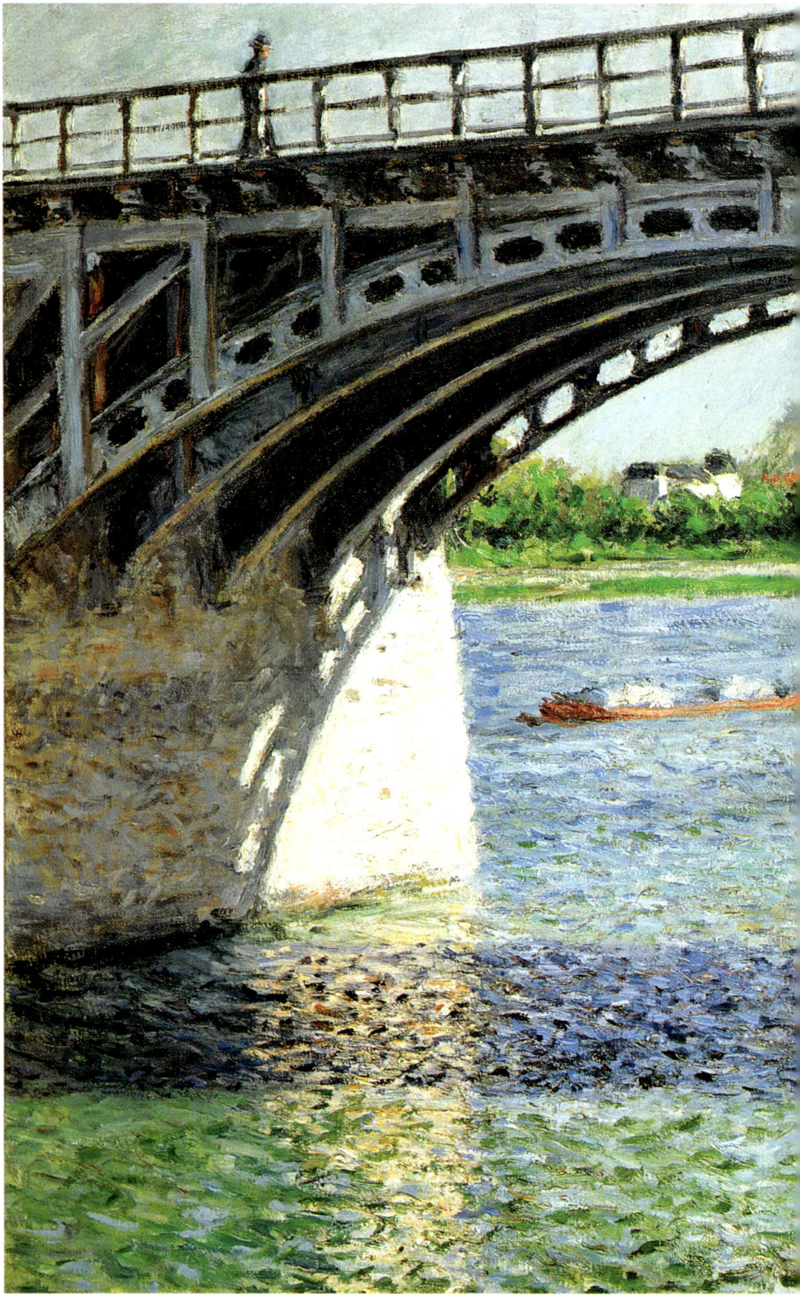

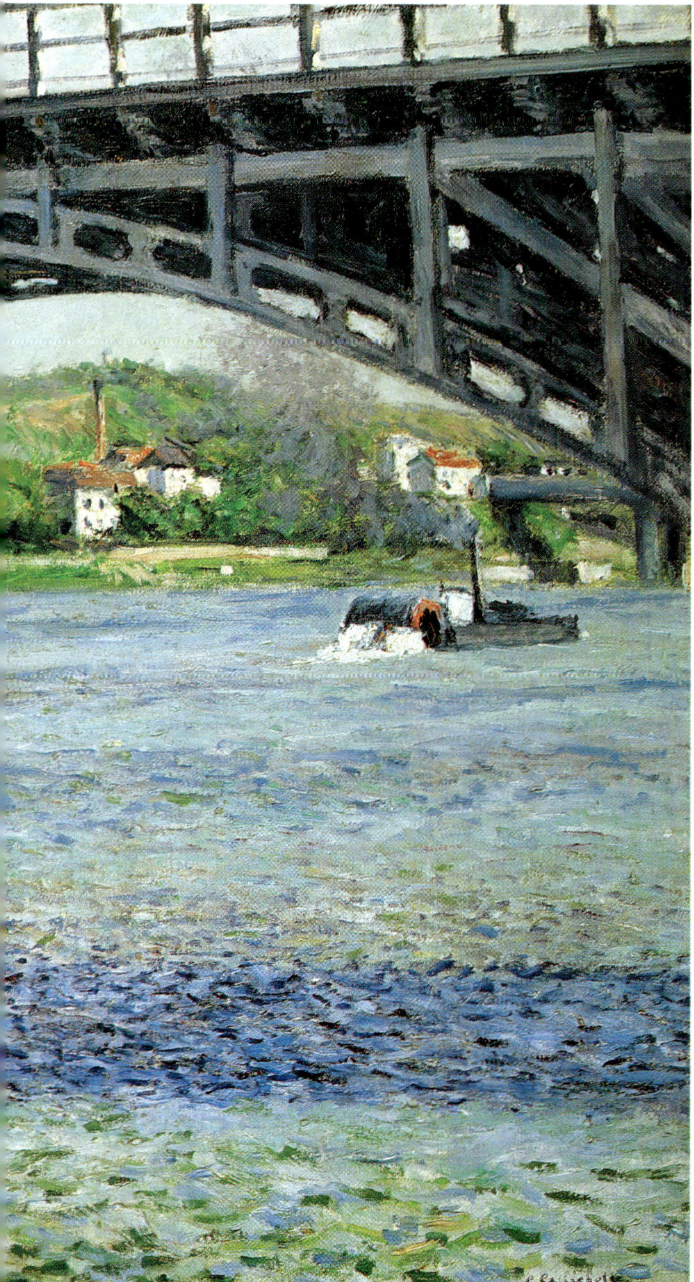

l'eau à sa portée, et s'y autorisant moins des libertés allant contre ses règles de bienséance sociale, qu'un comportement presque grave. On s'y divertit avec élégance, et retenue.
Des canotiers d'Yerres, et de ses débuts picturaux, aux régates d'Argenteuil de la phase finale, l'écart n'est que celui de sa meilleure connaissance de l'Impressionnisme, de son passage officiel dans le mouvement, et du changement d'habitat. Il a quitté la propriété familiale d'Yerres, qui mettait l'élément liquide près de lui, pour une maison au Petit-Gennevilliers qui le plaçait dans le voisinage d'une eau partagée et publique. Où l'idée de l'effort physique, dans le sens de la compétition, y est modifié par l'ouverture de son champ d'investigation. Ce ne sont plus les horizons étroits des bords de l'Yerres, petite rivière serrée dans l'étroite vallée où elle serpente et se fraie un chemin de fantaisie souvent bordé d'épaisses frondaisons – ce qui met le végétal en étroite liaison avec le milieu aquatique, l'ombrant et lui donnant cet aspect parfois mystérieux qui s'attache à une eau intime –, mais les plus vastes étendues de la Seine, qui offre une large surface, généreusement lumineuse, aux ébats nautiques, aux flottilles populaires, aux jeux publics, la régate y étant le sport en usage. Caillebotte, si passionné de navigation qu'il est devenu un spécialiste de la fabrication des embarcations, est sorti du cocon familial pour devenir un personnage public, et son regard de peintre passe des jeux aquatiques à une vision paysagée dont l'eau est l'élément dominateur.
Après Monet, qui en aura largement exploité les possibilités lors de son passage à Argenteuil, Caillebotte cadre les effets de perspective aquatique dans le jaillissement de ponts qui exaltent les forces alors toutes nouvelles et prometteuses de la technique, de l'industrialisation. Hymne à la modernité, le pont n'est plus celui du passage des piétons comme dans *Le Pont de l'Europe,* espace de représentation sociale où la figure humaine prédomine, mais dans son majestueux développement dans l'espace, le sujet même de la toile. L'eau y chatoie comme pour mieux faire valoir sa solidité, la force qu'il exalte alors qu'elle est, dans sa transparence lumineuse, l'idée reportée de la fluidité du temps qui passe.

Double page précédente :
Le Pont d'Argenteuil et la Seine *(env. 1885). Collection Josefowitz. D'une conception spatiale généreuse et ample, l'œuvre s'inscrit dans la logique de cette fascination (parfois inquiète) exercée par la technologie moderne, et l'architecture en fer, dont on trouve, ici, une version en contre-plongée que l'on peut rapprocher du* Pont de l'Europe *avec sa vision tour à tour en large diagonale et d'une agressive frontalité.*

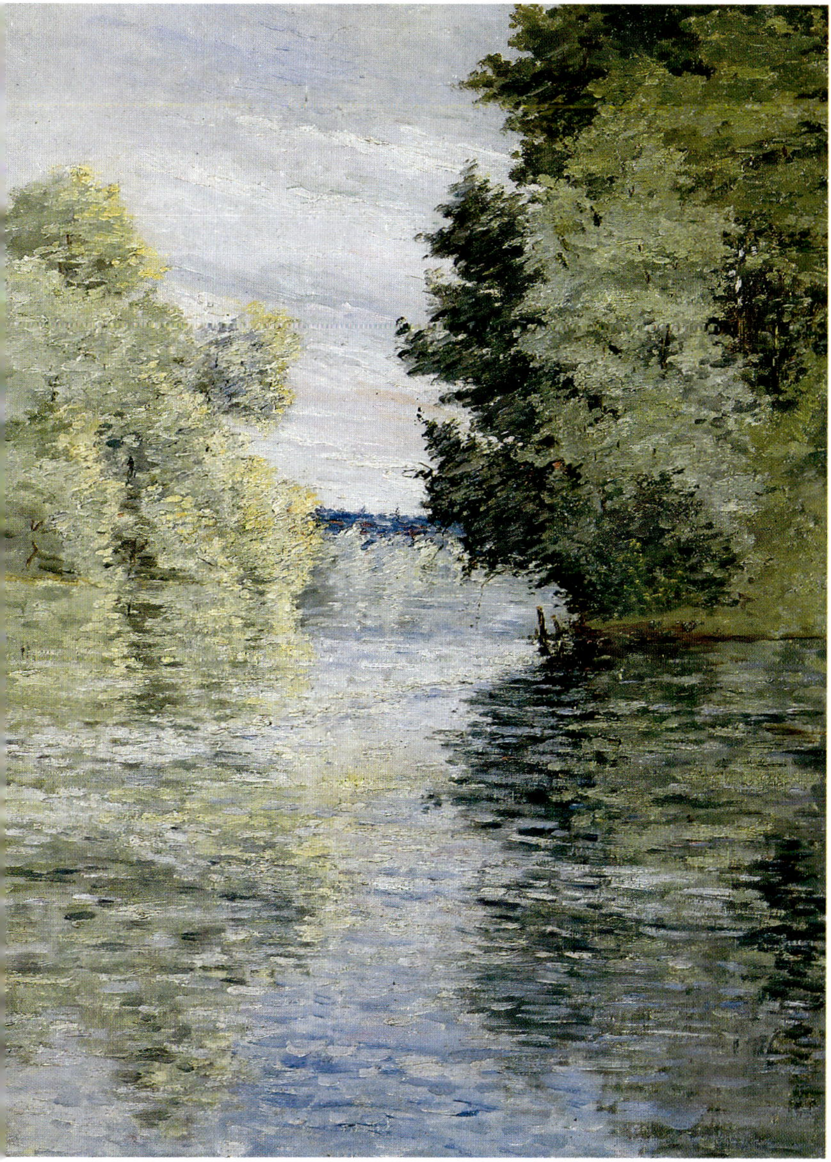

Petit Bras de la Seine près d'Argenteuil *(1890). Collection particulière. Dans une touche ardente, vive et fragmentée, l'eau et le feuillage se confondent, s'inscrivent dans une continuité dynamique dans l'espace de la toile.*

La peinture en ce jardin

Arbres en fleur *(1884-1886). Collection Josefowitz. Des fleurs en cascade, comme une chute d'eau, un déferlement heureux de couleurs.*

Généreux, accueillant, Caillebotte l'était, et le sera d'autant plus qu'il est chez lui. Dans son appartement parisien, la vie de famille (avec son frère) le maintient dans une sorte d'isolement. Qu'il peut briser par ses rapports intenses et d'aide cordiale à l'égard de ses amis qu'il soutient financièrement. Mais l'homme reste réservé, et sa vie est partagée entre l'appartement feutré qu'il décline volontiers dans ses compositions intimes et quelque peu désabusées, et sa participation active, directrice, aux expositions impressionnistes, à la vie sociale du mouvement.
La période du Petit-Gennevilliers (il s'y installe définitivement à partir de 1888, après le mariage de son frère Martial) est celle d'une grande ouverture sur ses compagnons.
D'une petite et modeste maison, il fait peu à peu, par des ajouts, des constructions successives, une belle et ample propriété. « A travers le champ d'épandage, un sentier menait vers un écart presque secret et très isolé, que l'on appelait "Le Petit-Gennevilliers", quelques maisons en contrebas du pont d'Argenteuil et en bordure du lieu dit l'île aux Draps » (Jean Prasteau). C'est un quartier en bordure de Seine à Gennevilliers, où la famille de Manet possédait aussi une propriété et dont le grand-père du peintre avait été le maire. Il s'y était créé un petit cercle d'amis qui peignaient sur place et dans les environs immédiats. Comme le fera Berthe Morisot.
Caillebotte, plus tardivement, reprend le principe, et avec lui le Petit-Gennevilliers devient ce que fut Argenteuil au temps où Monet y vivait et entraînait ses amis dans les chemins et les sentiers de ce qui était encore une aimable campagne, enfin aux rives de la Seine qui les attirait tous avec son animation festive.
Caillebotte, dans un petit port, « avait rassemblé ses bateaux, pour lesquels il avait une véritable passion ; il en vint à constituer toute une flottille. Il dessinait lui-même les plans de ses voiliers, prenait part

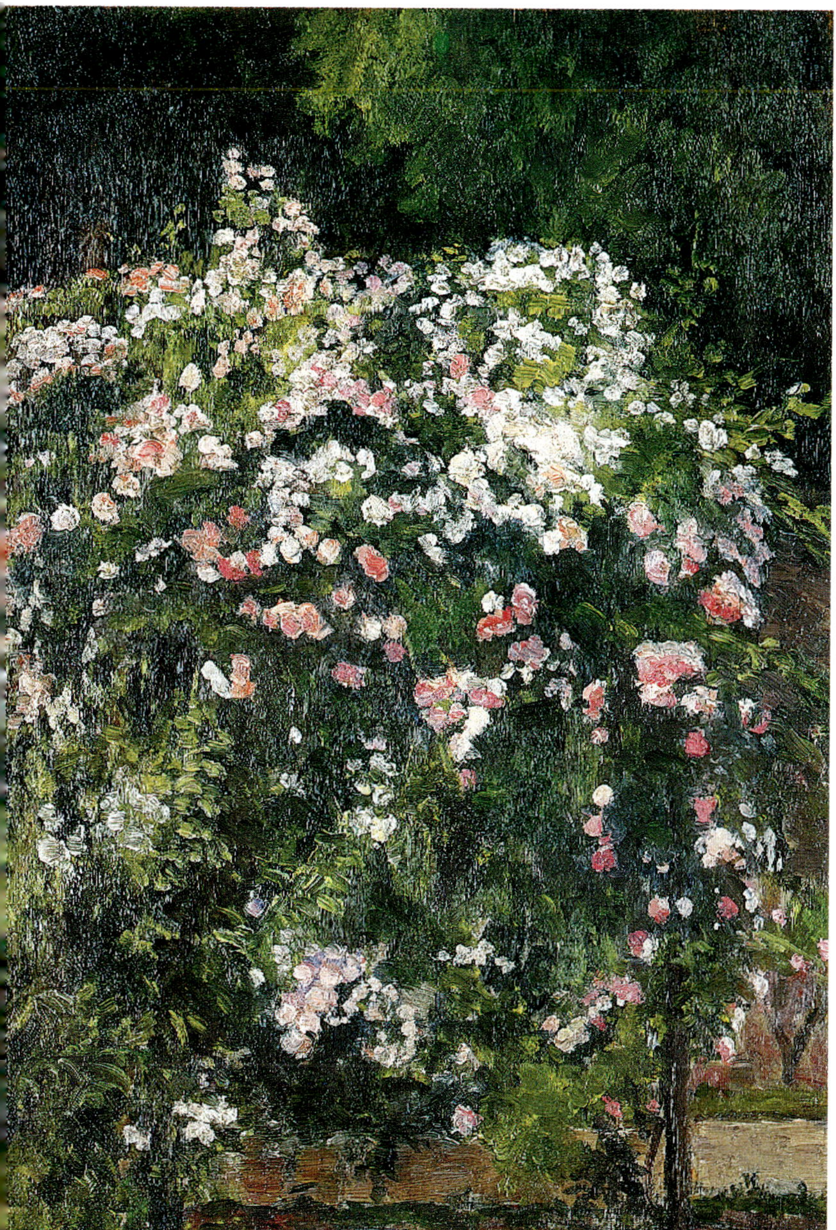

régulièrement aux régates et remportait de nombreux prix » (Georges Poisson).
C'est cette étroite association de la navigation et de la peinture qui va nourrir une production portant à ses solutions les plus franches, les plus décisives, la technique impressionniste. Comme si, entre les sujets et la manière de les traduire, l'Impressionnisme trouvait là l'essentiel de ce qui fait sa particularité.

Quand il était citadin, Caillebotte optait pour une facture plus feutrée, conforme à son cadre de vie, et à la forme de pensée qu'elle supposait, mais au Petit-Gennevilliers il retrouve la mentalité des paysagistes à l'affût du trait de lumière qui vient chatouiller le frisson des vaguelettes sur la Seine, ou dans les chemins creux qu'il parcourt comme le font alors tous les peintres courant la campagne. Une autre facette du personnage se fait jour. Plus joyeux,

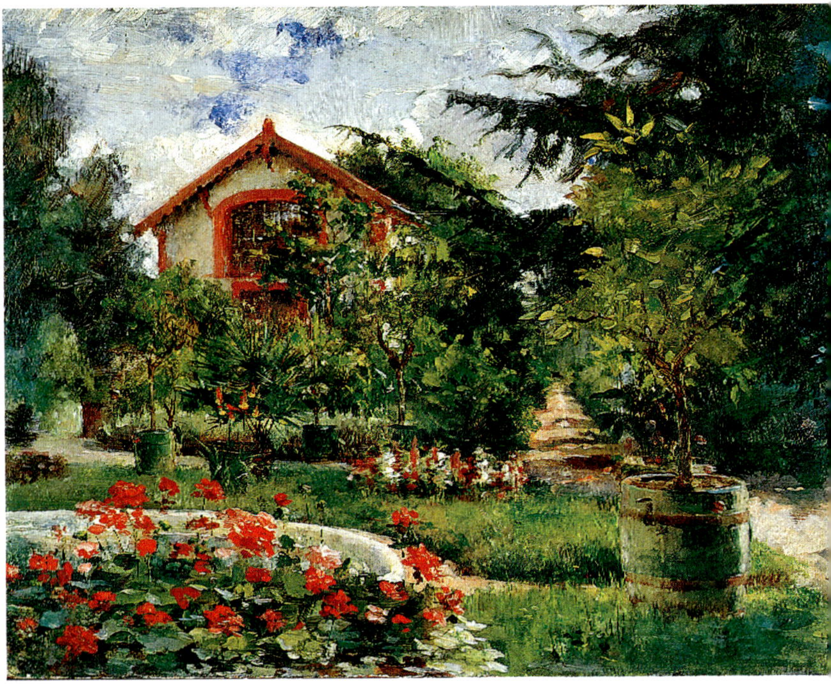

Jardin de l'artiste *(1875-1876). Collection Josefowitz. Tout comme Monet à Giverny, Caillebotte aime s'attarder à la contemplation de son jardin, objet de ses soins les plus attentifs.*

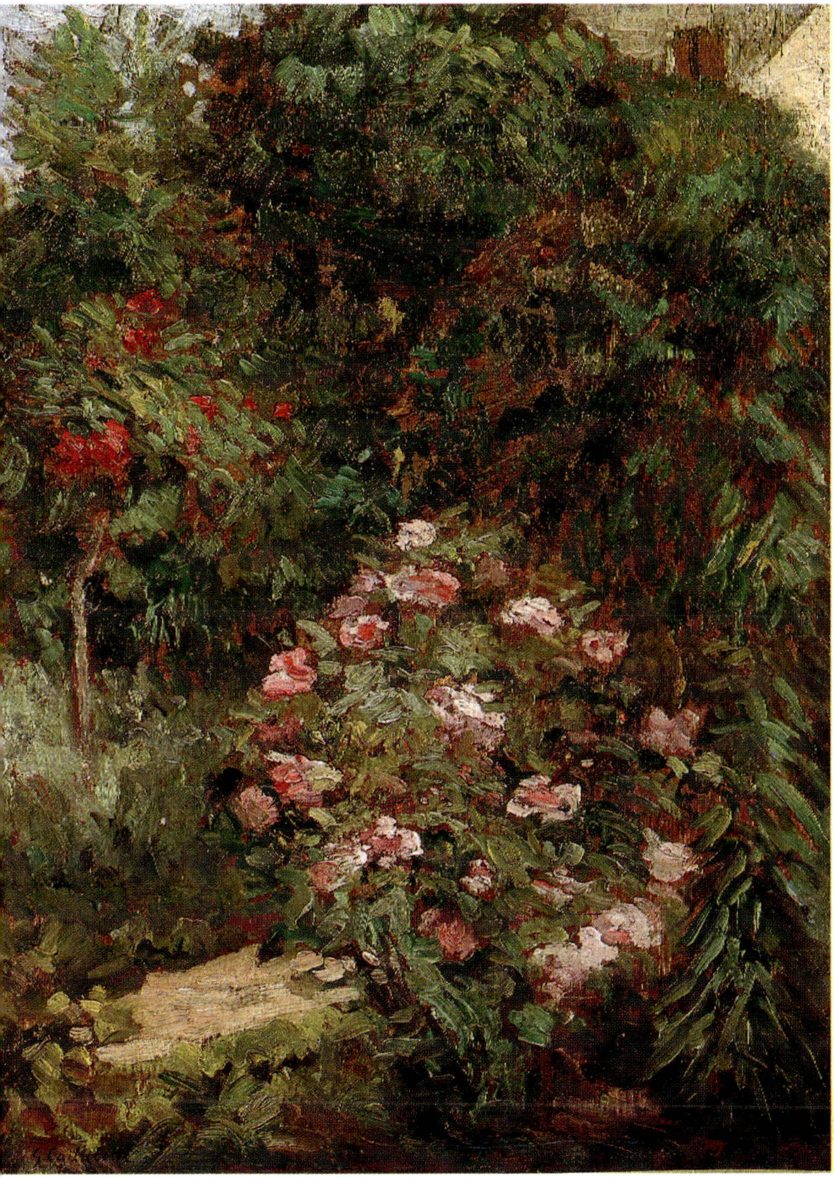

Massif de fleurs dans le jardin du Petit-Gennevilliers *(env. 1884). Collection particulière. Comme il le fit à ses débuts, dans la propriété familiale d'Yerres, Caillebotte aime choisir ses motifs dans la proximité de sa maison, parmi les massifs de son jardin. Lieu d'élection intime.*

et dont la vision sait être ample en ses plans, ses perspectives, ses champs d'observation.
Il avait déjà, lors de ses débuts à Yerres et dans ses environs immédiats, dans ces petits villages à la lisière de la forêt de Sénart (Brunoy, Boussy Saint-Antoine) donné libre cours à son plaisir de peindre en franchise et, comme un esprit vagabondant dans la campagne, il avait noté les coulées de lumière sur des champs de blé, exalté les horizons dorés de cette Brie naissante là, si près de Paris, repris inlassablement des études de ciel où il faisait jouer le lent cortège des nuages dans l'incendie crépusculaire, renouant dans des paysages *(Bois de la Grange)* avec cette verve bucolique des peintres de Barbizon.
Au terme de sa vie, curieusement, il retrouve une identique familiarité avec le paysage ambiant. Dans la périphérie d'un Paris qui a encore

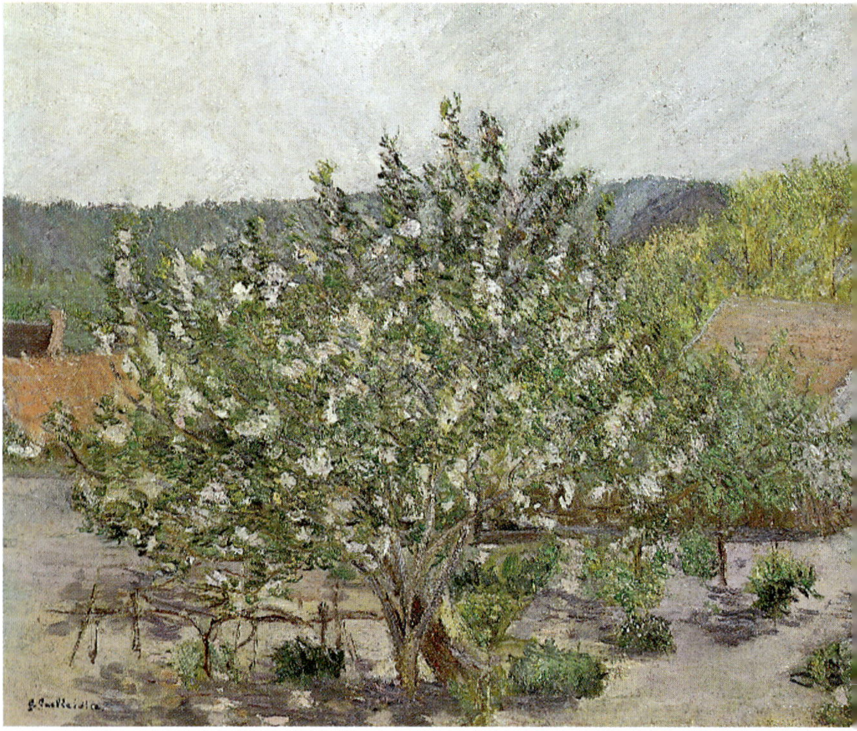

Le Verger *(1887). Collection particulière. Dans la grande tradition d'une nature à la mesure de l'homme, chantée par Pissarro, Sisley, et qui est au cœur de la peinture impressionniste.*

oublié ces lambeaux de campagne indisciplinée et pittoresque. « Le chalet attirait régulièrement l'attention des passagers du vapeur *Le Touriste* qui assurait, le dimanche, le trajet du Pont Royal à Saint-Germain-en-Laye en trois heures trente... Le jardin était superbe, débordant de roses et de dahlias. Les verrières de la grande serre dans laquelle le propriétaire de ce petit palais banlieusard faisait ses boutures brillaient au soleil. Une légère embarcation, devant sa porte, lui permettait de gagner son bateau de plaisance » (Jean Prasteau). S'il participe à la vie communale (il est conseiller municipal en 1888), Caillebotte donne à son jardin un soin particulier. Il échange avec Monet des conseils pratiques. Ce ne sont plus deux peintres qui correspondent, mais deux horticulteurs.

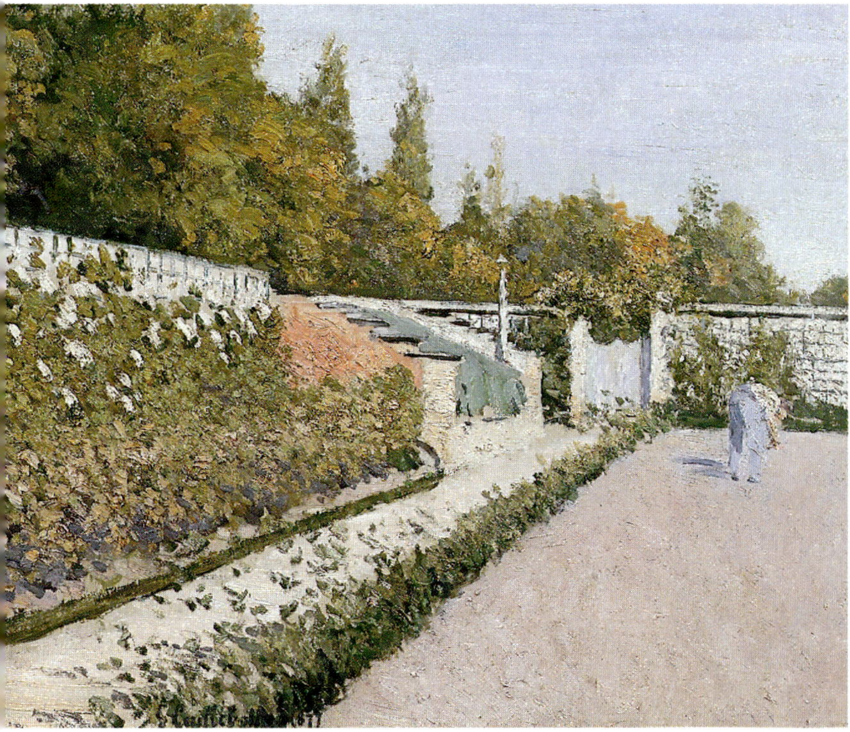

Le Jardinier *(1877). Collection particulière. Dans le déploiement végétal qui entoure le « Casin » à Yerres, un jardin de fleurs, et un potager, sont l'objet des soins les plus attentifs et les plus constants de jardiniers. Une conception généreuse du jardin, lieu de plaisir et d'utilité domestique.*

Quand il peint son jardin du Petit-Gennevilliers, il n'oublie pas d'y faire figurer sa compagne, si discrète, presque secrète : Charlotte Berthier qui partage sa vie. Ce n'est plus la femme prisonnière (comme l'Albertine de Proust) et soumise aux pressions d'un milieu familial qui distille son poison, et contraint ses membres à des relations épineuses, voire hostiles, mais une tranquille apparition, légère, furtive, au milieu d'un foisonnement floral. Comme l'image tardive mais sereine du bonheur. Caillebotte, horticulteur amateur, aime peindre les fleurs. Et même dans leur entité d'élément décoratif. Ce qui relève d'une tradition à laquelle les peintres les plus attentifs aux courants de modernité ne cherchent pas à faillir, et qui trouve chez cet artiste des solutions plastiques originales.

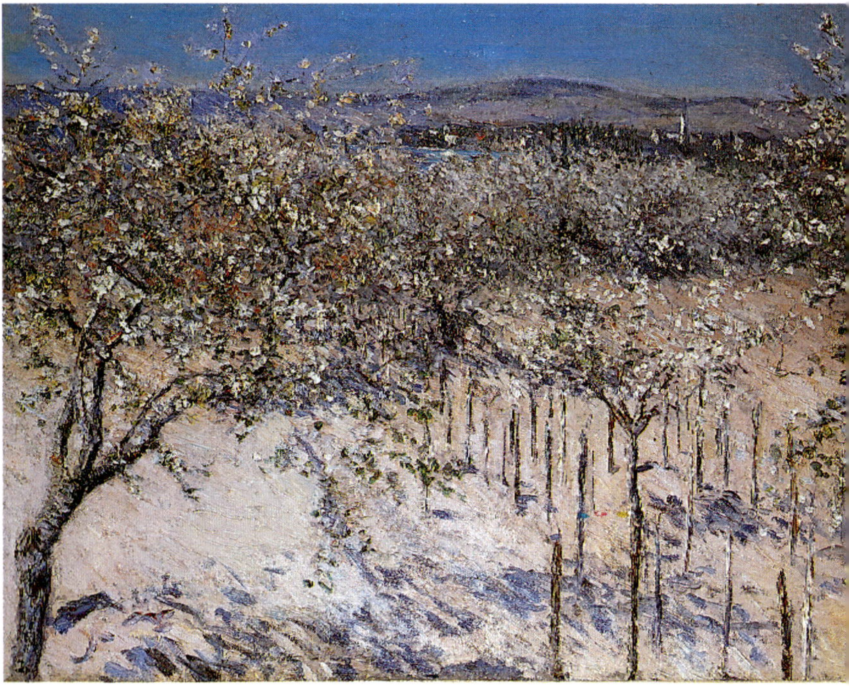

Verger aux pommiers en fleur, Colombes *(env. 1883). Collection Josefowitz. Tout comme il avait, dans les environs de la propriété familiale d'Yerres, cherché des sujets à peindre, c'est dans la région du Petit-Gennevilliers qu'il poursuit cette chasse féconde.*

On est loin de l'esprit de méditation que distille un Fantin-Latour, ou de la splendeur un peu ostentatoire d'un Courbet, sensuel jusque dans l'exécution d'un bouquet, donnant à celui-ci quelque chose de la beauté d'un corps vivant, mais dans un foisonnement qui devient pictural au-delà du sujet, et annonce la peinture pure de l'Expressionnisme. Une « montée » de la couleur qui semble secouer la figuration à laquelle on la soumet, en imaginant des essences de fleurs dont elle ne traduit que contrainte et forcée la nature et la ressemblance pour vibrer avec une force singulière, et promettre des effets strictement picturaux.

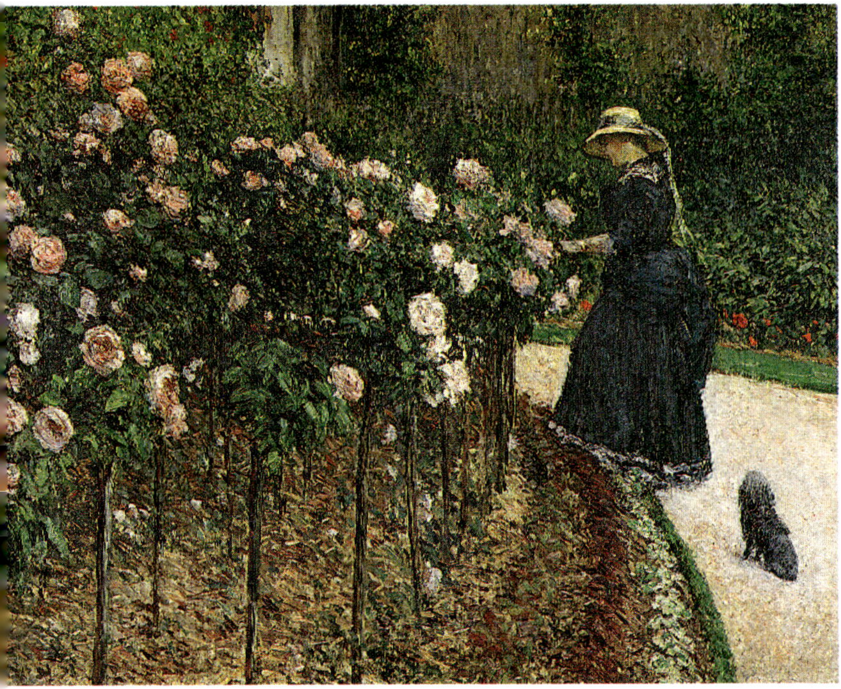

Les Roses, jardin du Petit-Gennevilliers *(1883). Collection particulière.*

Autoportrait

Autoportrait au chapeau de paille *(1873-1874). Collection particulière. Caillebotte a autour de vingt-cinq ans, il est un peintre débutant. Il a cette allure doucement triomphante et cet éclat du bonheur dans le regard qui dénoncent un jeune homme en pleine possession de ses moyens, résolu, et qui s'affirme avec une saine et pleine énergie.*

Les exemples sont nombreux, souvent significatifs. Au terme extrême d'une vie, un peintre qui se regarde peint son angoisse. David, mais Ingres surtout, dans le flamboiement de sa beauté juvénile, en 1804, et sur le tard, bouffi, bourgeois pesant et borné, en 1858. Et que dire de Courbet, s'incarnant tour à tour dans le personnage du fou (ou du « désespéré ») en 1843, de l'amant en 1844 et, au terme d'une longue et splendide série qui scande son œuvre, à la prison de Sainte-Pélagie, en 1874. De l'un à l'autre la vie a fait son travail de mort.
Un portrait ne dit pas que la géographie du visage, n'est pas que l'énumération des rides, mèches, cernes qui ornent ce visage et le marquent, et sont comme les apports du destin sur les traits donnés par la nature. Un autoportrait c'est aussi un aveu. C'est l'affrontement avec la glace. Avec soi-même. Un terrible et mortel face à face. Parce que le peintre voit la mort à travers ce qui lui est familier, qui devrait le rassurer, et qu'il y découvre un vertige. Un autoportrait n'est pas qu'un aveu. C'est une question. La plus intime, la plus radicale. Voulant déterminer des traits qui composent une personne connue, mais d'extérieur seulement. Et dans ses élans, ses craintes, ses souvenirs et ses soifs, on découvre un autre personnage qui s'avance, que l'on n'attendait pas, ou ne voulait pas attendre. Et que l'on regarde avec stupéfaction, crainte, et glacé d'effroi.
Courbet l'a bien montré, dans une faconde qui est bien dans sa nature. Caillebotte est d'une autre race, d'un tempérament plus réservé. Ainsi en sera-t-il de la représentation qu'il se donne de lui-même. Mais nullement plus apaisée pour autant. D'une angoisse plus rentrée, plus discrète, plus profonde peut-être derrière cette apparente soumission à soi-même, à son destin. A son image.
Il y a de la rigueur en lui. Le jeune homme gâté par le sort, s'essayant à la peinture sans crânerie, s'il ne manque pas d'audace et de brio, se voit avenant et jovial sous son chapeau de paille. Le portrait fait partie d'une série de petites œuvres assez enlevées que l'artiste exécute dans la propriété d'Yerres, et dans ce climat de vacances si propice aux scènes lumineuses, aux vues de nature, à cette allure décontractée qui est de mise en un tel cadre fait

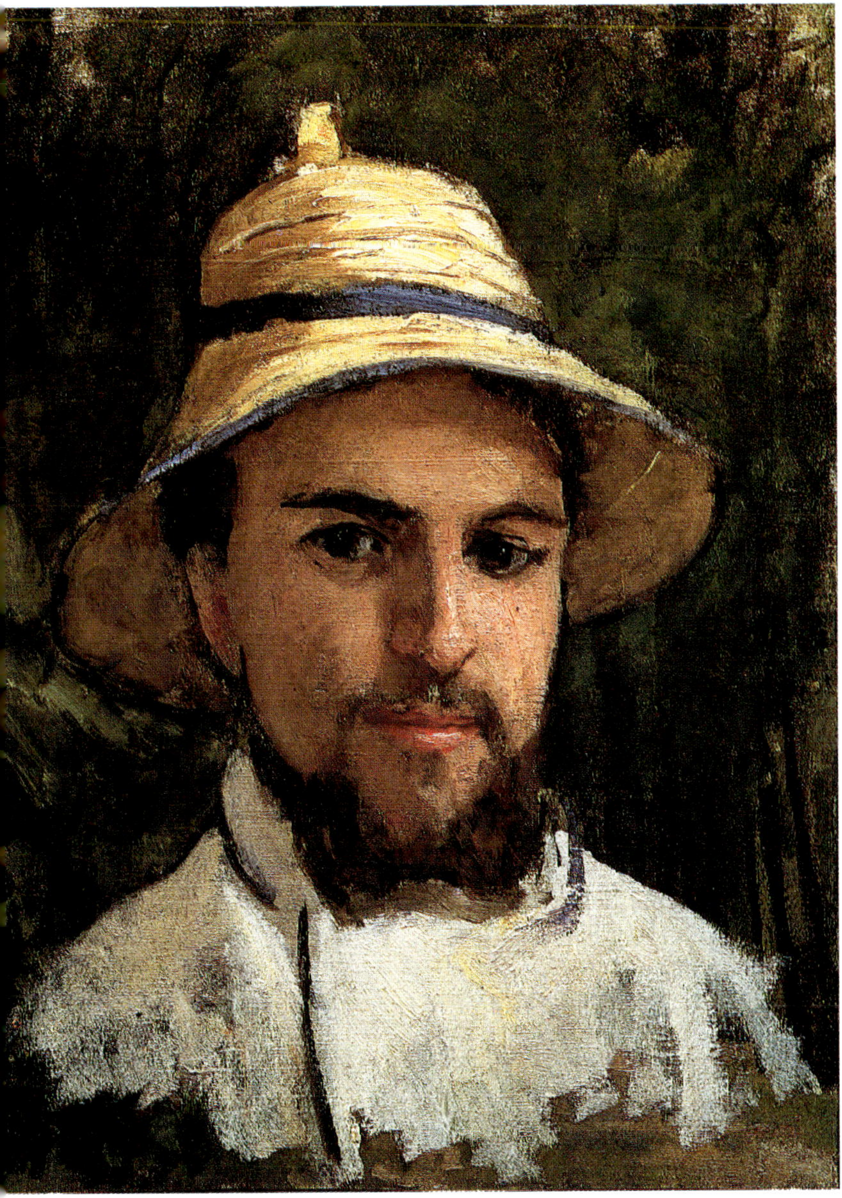

pour le plaisir, la détente et le repos. C'est un homme ordinaire et de complexion saine, au regard franc, avec dans l'œil de la malice, un rien d'impertinence. La barbe est joyeuse comme l'expression générale du visage.
Vingt ans après, c'est le sombre *Autoportrait* de 1892 où l'on découvre un homme usé, à la face profondément marquée, au regard interrogateur et terne, comme noyé dans une sombre rêverie. La tête est lourdement saisie dans la masse du corps au contraire de l'*Autoportrait* de 1873 où elle se dégage d'une chemise d'un blanc éclatant. Ici le vêtement est sombre, et ne laisse apparaître, du visage, qu'une sorte de masque tendu et vaguement boudeur. La barbe se confond avec le tissu de cet ample vêtement couvrant, annulant le corps. Le cheveu est rare, collé à la tempe. Il se dégage de cette vision éminemment pessimiste une impression de flou, comme d'un visage déchiffré sur un miroir

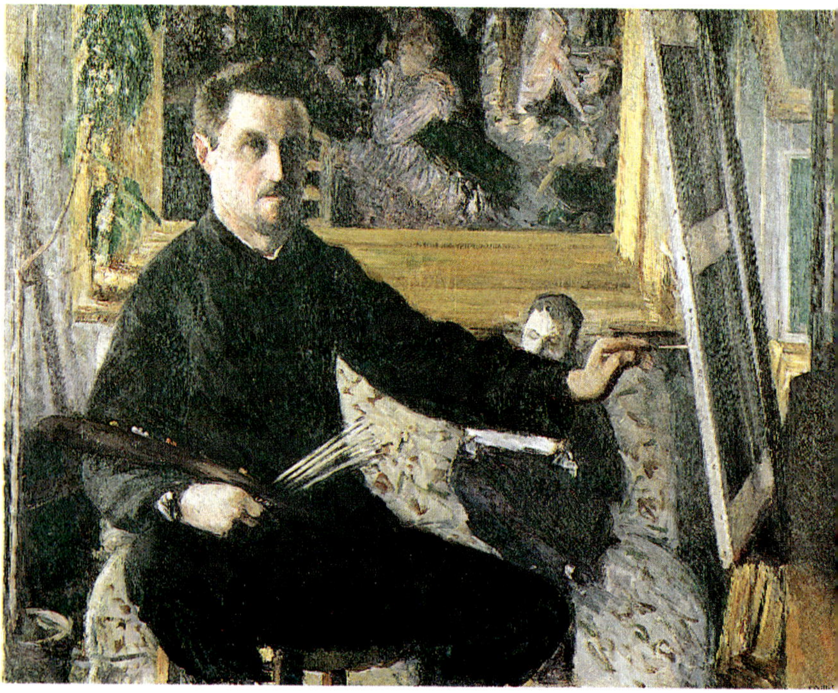

Autoportrait au chevalet *(env. 1879). Collection particulière. Une étrange mise en scène où le peintre s'affirme dans l'acte pictural, qui est le motif du tableau, et la présence, massive et presque oppressante, d'une toile sur le mur du fond, allusion à son goût de la collection. Aveu de l'omniprésence de la peinture dans sa vie quotidienne.*

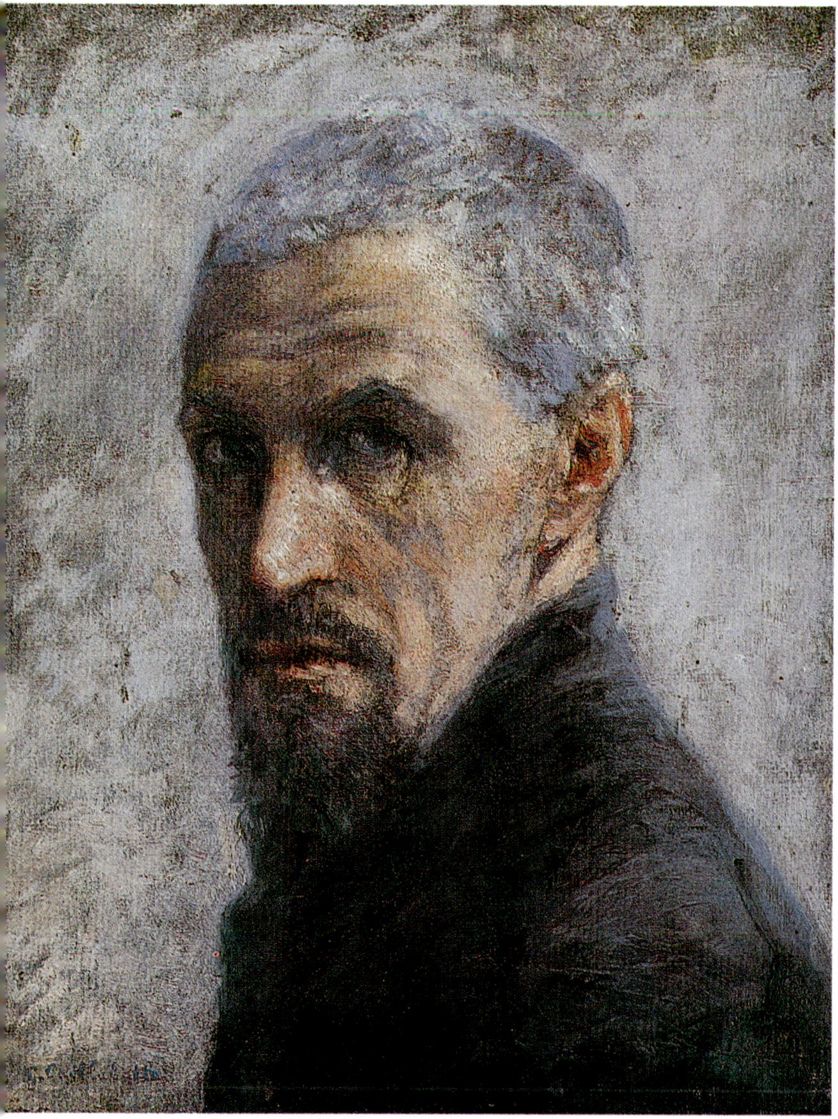

Autoportrait *(1892). Musée d'Orsay, Paris. Vision pathétique portée par le peintre sur lui-même. Enveloppé d'une mélancolie qui stagne dans une grande part de son œuvre et semble l'atteindre dans sa chair même.*

poussiéreux. Le voile de la mort qui, déjà, s'abat sur les traits du peintre. Dans un terrible tête-à-tête avec lui-même, et la prescience obsessionnelle de sa fin. Qu'il avait en raison du cortège de deuils qui accompagne sa vie, et de la disparition prématurée des siens. Entre ces deux représentations porteuses d'une si impressionnante

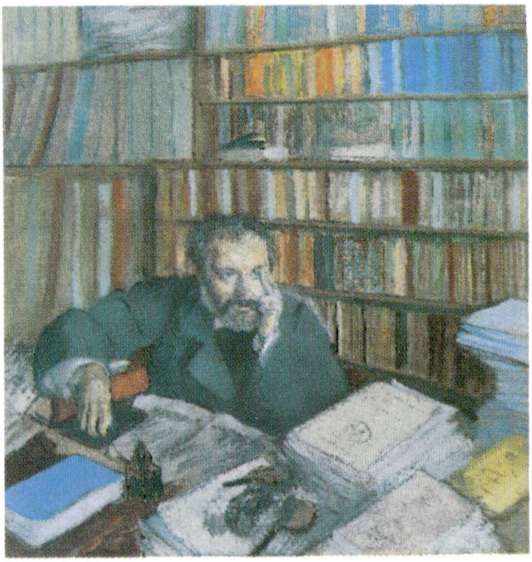

EDGAR DEGAS. Portrait de Duranty. *Burrell Collection, Glasgow. Degas aime situer ses modèles dans le décor qui souligne leur état culturel et social. Dans un tête-à-tête franc et sans concession, ni hargne ni complaisance, mais dans une réciproque estime. Affrontement qu'ignore Caillebotte qui semble appréhender ses modèles comme par effraction de leur intimité. Ou dans l'indifférence boudeuse de ceux-ci.*

évidence et témoignant de la lucidité du peintre vis-à-vis de lui-même, s'inscrit l'*Autoportrait au chevalet* (1880), dans son étonnante perspective qui rejette loin de lui, et dans l'indifférence qui caractérise souvent les figures assemblées de l'artiste, un témoin silencieux, tout occupé à sa lecture et qui isole d'autant plus le peintre raidi dans la pose et tout armé des instruments de son art comme pour se donner bonne contenance. Mais curieusement, dans le même temps, n'affichant nulle gloriole ni morgue, et ne donnant à voir de son visage qu'une moitié, et comme un masque brisé, fendu par le milieu, l'autre moitié étant mangée par l'ombre qui se pose arbitrairement sur elle et ne révélant que très chichement les traits. Une expression d'incertitude affichée, de morosité dans le climat feutré qui lui est habituel. Climat de labeur aussi choisi par lui lorsqu'il fait le portrait de son ami Henri Cordier, un sinologue avec lequel il entretient des relations cordiales, et qu'il a poussé jusqu'aux détails du décor, situant son modèle dans le cadre d'une bibliothèque et sous la lampe richement ornée qui en est tout le luxe. L'homme est penché sur son ouvrage, sur ses manuscrits, et nous tourne presque le dos. C'est une image type de Caillebotte, tant dans le climat général et l'attitude du personnage qui manifeste une digne indifférence au regard du peintre. On en retrouve une autre expression dans cet étonnant *Portrait d'homme écrivant dans son bureau* qui, comparé aux portraits de Degas (celui de Duranty par exemple), montre un personnage absent de la séance de pose, l'ignorant ; le

Duranty de Degas a une sorte d'heureuse jovialité qui suppose une conversation menée entre le peintre et son modèle, alors que celui de Caillebotte, l'ignorant, suppose une séance silencieuse.
Les portraits de ce dernier sont des moments de silence. Là où il se montre si intransigeant à son égard, et se scrute jusqu'au vertige, il reste qu'indulgente et attentive. Surtout ici, faisant passer sur le visage du modèle toute l'attention aiguë qu'il porte au manuscrit qu'il étudie. Caillebotte ne peint plus un temps qui a porté sa marque sur un visage, mais celui-ci dans l'étendue tranquille du temps qu'il se donne dans l'étude ou le travail. Et comme en une profonde harmonie avec l

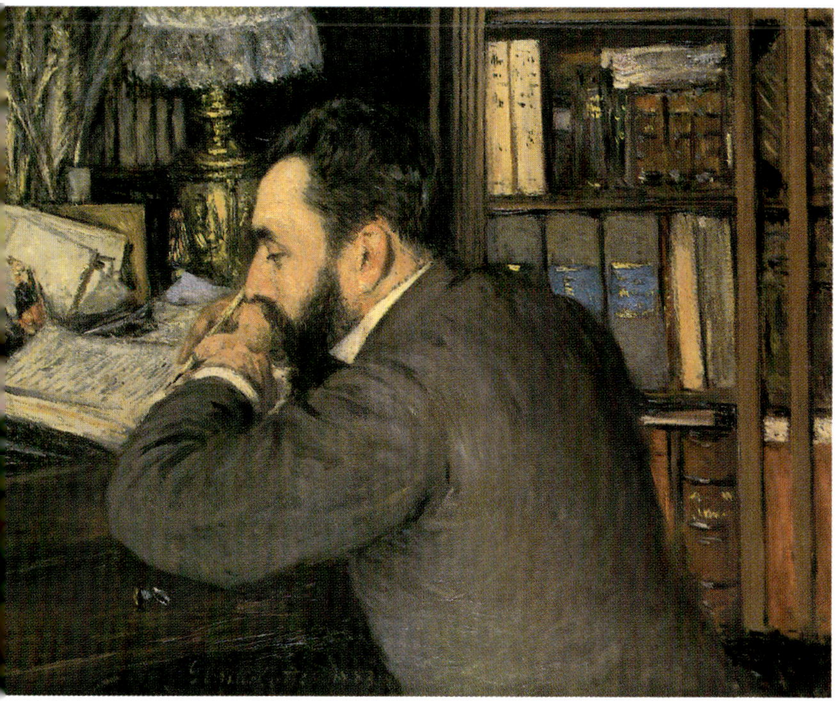

face aux amis dont il fait le portrait (il en existe un grand nombre qui sont souvent de simples pochades, des notations vives) dans toute l'indulgence que peut lui inspirer un modèle sans défense, et qui ne l'affronte pas. Ce n'est pas le terrible face à face avec le regard d'un autre, mais une approche aussi discrète

Henri Cordier, professeur à l'École des Langues Orientales, ami de l'artiste *(1883). Musée d'Orsay, Paris. Le peintre, dirait-on, s'est approché en silence de son modèle surpris dans son travail, dans l'atmosphère de quiétude qui y prédispose et le silence qui l'accompagne. Il peint l'attention savante et distinguée du chercheur.*

Un animateur du groupe impressionniste

Madame Renoir dans le jardin du Petit-Gennevilliers *(env. 1891). Collection particulière. Nombreux sont les portraits des membres des familles des impressionnistes dans les jardins des uns et des autres, et que l'on dirait arrachés à la tranquille et joyeuse habitude de se réunir dans une éternelle partie de campagne animée par les femmes, enfants et amis d'une turbulente compagnie. Une grâce sans manière et comme l'évidence d'un art de vivre.*

Si l'Impressionnisme est né des amertumes partagées par tous les peintres rejetés par les institutions, dans la rumeur des cafés où ils se réunissaient, et pour parachever une mise en place qui implique enfin une stratégie et des mesures pratiques dans l'atelier de Renoir rue Saint-Georges, il a survécu grâce au soutien permanent, généreux, désintéressé, de Caillebotte qui va devoir faire front aux humeurs chagrines des uns et des autres, aux rivalités croissantes entre les membres du groupe, aux chamailleries inhérentes aux associations d'individus de caractères parfois opposés (la faconde populaire de Renoir et la rigueur aristocratique de Degas). L'artiste sait aussi être un organisateur, un compagnon fidèle, un mécène généreux. Il en résultera une suite d'expositions qui, sans lui, auraient sombré, et une collection qui rassemble quelques-unes des plus belles pièces de la production du groupe.

Absent de la première exposition, Caillebotte sera présent à cinq d'entre elles (en 1876, 1877, 1879, 1880 et 1882), s'étant retiré de celle de 1881, à la suite de désaccords avec Degas, et de celle de 1886, la dernière, qui voit l'arrivée en force des nouveaux éléments (Signac, Seurat) et l'émergence d'une toute autre peinture qui s'oppose, par la rigueur qu'elle revendique, à l'Impressionnisme. Étant, du fait de l'évolution de Pissarro qui en est le responsable, la tribune du Pointillisme en voie de constitution.

Caillebotte marque son adhésion par un geste d'achat en 1875, lors d'une vente à Drouot où sont proposées soixante-treize toiles de Monet, Renoir, Sisley, Morisot qui ne trouvent pas preneur. Georges Rivière pouvait noter : « ...Un nouveau venu, Gustave Caillebotte, peintre lui-même, apporta aux impressionnistes un appui financier qui vint fort à propos... »

D'avoir été lui-même refusé au

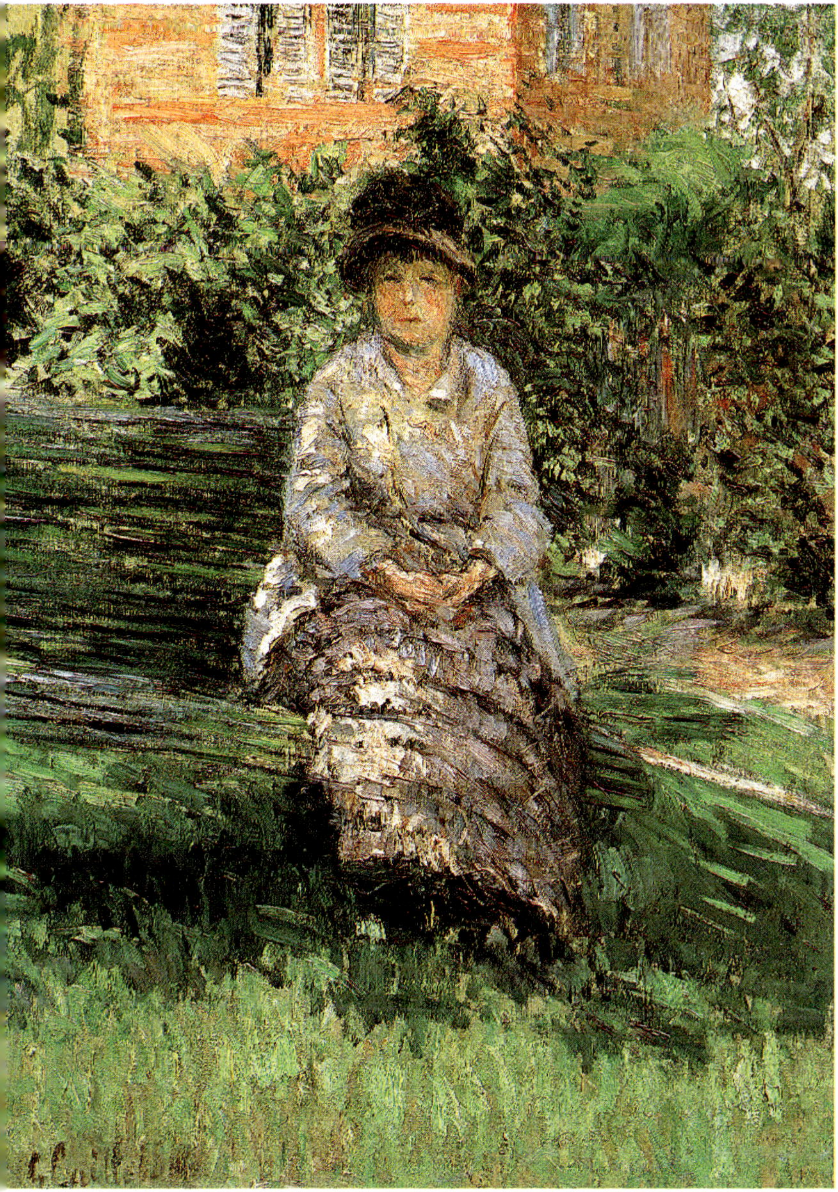

Salon pour *Les Raboteurs de parquet* l'encourage à rejoindre ceux dont il admire les œuvres au point de les acquérir. Ainsi se confondent son propre travail et la constitution de ce qui va être sa fabuleuse collection. Il accepte l'invitation de Renoir qui l'assure que « nous serions très heureux de vous voir vous associer à nous dans cette nouvelle tentative ». Il y présente ses *Raboteurs de parquet* mais également *Jeune Homme jouant du piano, Jeune Homme à sa fenêtre, Déjeuner*. L'exposition de 1876 est plus rigoureuse que celle de 1874 largement ouverte sur des artistes qui n'ont rien d'impressionniste et se trouvent mêlés au groupe sous le simple prétexte d'être eux aussi rejetés par l'institution.
L'exposition se tient, 11 rue Le Peletier, chez Durand-Ruel, leur marchand. Elle comprend deux cent cinquante-deux peintures, aquarelles, eaux-fortes et dessins signés par dix-huit exposants : Béliard, Caillebotte, Cals, Desboutin, Degas, François, Legros, Lepic, Levert, Millet, Monet, Morisot, Ottin, Pissarro, Renoir, Rouart, Sisley, Tillot. La presse poursuit sa campagne de dénigrement. Albert Wolff, l'adversaire déclaré, claironne, jouant la note humoristique : « La rue Le Peletier a du malheur. Après l'incendie de l'Opéra, voici un nouveau désastre qui s'abat sur le quartier. On vient d'ouvrir chez Durand-Ruel une exposition qu'on dit être de peinture. Le passant inoffensif, attiré par les drapeaux qui décorent la façade, entre, et à ses yeux épouvantés s'offre un spectacle cruel : cinq ou six aliénés, dont une femme, un groupe de malheureux atteints de la folie de l'ambition, s'y sont donné rendez-vous pour exposer leurs œuvres. Il y a des gens qui pouffent de rire devant ces choses. Moi, j'en ai le cœur serré. Ces soi-disant artistes s'intitulent les intransigeants, les impressionnistes ; ils prennent des toiles, de la couleur et des brosses, jettent au hasard quelques tons et signent le tout. Effroyable spectacle de la vanité humaine s'égarant jusqu'à la démence... » Emporté par sa verve, le critique décrit en forçant le ton les œuvres en s'attachant à les ridiculiser, tirer parti des libertés prises par les artistes pour nier leur savoir-faire, et dénoncer leur ineptie. Un certain Émile Porcheron use aussi volontiers du sarcasme, l'arme qui tue : « Deux toiles, représentant des gratteurs de parquet, sont par trop originales ; dans l'une d'elles, un de ces messieurs a quitté son ouvrage pour se livrer sur sa personne à une chasse que la propreté rendrait inutile ; c'est douteux comme goût. »
L'opinion n'est pas systématiquement aussi tranchée et négative. Maurice Chaumelin concède des qualités au peintre : « Dans ses *Raboteurs de parquet*, M. Caillebotte s'annonce comme un réaliste aussi cru, mais bien autrement spirituel, que Courbet, aussi violent, mais bien autrement précis que Manet... » et pour Émile Blémont, « c'est étonnant de vérité, de vie, d'intimité simple et fraîche ». Georges Rivière, qui le qualifie d'élève de Degas, voulant sans doute signaler une parenté de sujet, lui reconnaît « un cachet d'originalité incontestable », et le dessinateur Bertall, qui exerce son talent dans les éditions populaires de contes pour

enfants, prétend qu'il néglige la perspective pour faire parler de lui. Plus positif, mieux disposé à son égard, Castagnary dénote combien l'exposition souligne « un immense effort vers la lumière et la vérité... » Pour sa part, Caillebotte est moins attaqué que ses amis. Zola, largement répandu dans la presse et fort écouté, écrit de son côté : « Caillebotte a exposé *Les Raboteurs de parquet* et *Un Jeune Homme à sa fenêtre* d'un relief étonnant. Seulement, c'est une peinture tout à fait anti-artistique, une peinture claire comme le verre, bourgeoise à force d'exactitude. La photographie de la réalité, lorsqu'elle n'est pas rehaussée par l'empreinte originale du talent artistique, est une chose pitoyable. »
Le romancier Edmond Duranty (il a déjà publié un étonnant roman qui s'inscrit dans l'esthétique du Naturalisme, *Les Malheurs d'Henriette Gérard,* d'une crudité et d'une force psychologique bouleversante) publie, à la suite de la manifestation, un fascicule « à propos du groupe d'artistes qui expose dans les galeries Durand-Ruel » et cela s'appelle *La Nouvelle Peinture*. Il y procède à une analyse générale d'une grande pénétration où, faisant état d'une situation historique justifiant l'Impressionnisme, il souligne tout particulièrement, sans le nommer, le cas Caillebotte : « Il y a pour l'observateur toute une logique de coloration et de dessin qui découle d'un aspect, selon qu'il est pris à telle heure, en telle saison, en tel endroit (...) Chez nous, les valeurs des tons dans les intérieurs jouent avec d'infinies variétés, selon qu'on est au premier étage ou au quatrième, que le logis est très meublé et très tapissé, ou qu'il est maigrement garni ; une atmosphère se crée ainsi dans chaque intérieur, de même qu'un air de famille entre tous les meubles et tous les objets qui le remplissent. La fréquence, la multiplicité et la disposition des glaces dont on orne les appartements, le nombre des objets qu'on accroche aux murs, toutes ces choses ont amené dans nos demeures, soit un genre de mystère soit une espèce de clarté (...), nous ne séparerons plus le personnage du fond d'appartement ni du fond de rue. Il ne nous apparaît jamais, dans l'existence, sur des fonds neutres, vides et vagues. Mais autour de lui, et derrière lui, sont des meubles, des cheminées, des tentures de murailles, une paroi qui exprime sa fortune, sa classe, son métier ; il sera au piano (...) ou il sera en train de déjeuner dans sa famille, ou il s'assoira dans son fauteuil pour ruminer auprès de sa table de travail, ou il évitera des voitures en traversant la rue (...), son repos sera dans la vie comme une action (...) Du dedans, c'est par la fenêtre que nous communiquons avec le dehors ; la fenêtre est encore un cadre qui nous accompagne sans cesse, durant le temps que nous passons au logis, et ce temps est considérable. Le cadre de la fenêtre, selon que nous en sommes loin ou près, que nous nous tenons assis ou debout, découpe le spectacle extérieur de la manière la plus inattendue, la plus changeante, nous procurant l'éternelle variété, l'impromptu qui est une des grandes saveurs de la réalité... »
C'est à la suite du décès de son frère René que Caillebotte dépose, chez

un ami notaire à Meaux, le testament fondateur de sa donation. Il s'attache alors à rassembler des toiles de ses nouveaux amis, les invendus des expositions comme *La Balançoire* de Renoir ainsi que *Le Bal du Moulin de la Galette*, finançant par ailleurs l'installation de Monet qui veut s'attacher à une série de la gare Saint-Lazare, et pour qui il loue un appartement, 17 rue Moncey.

C'est lui qui finance l'exposition de 1877. Il trouve, pour la présenter, un appartement vide au second étage du 6 rue Le Peletier. « Les pièces grandes et bien éclairées, avec des plafonds hauts et de longs murs, étaient particulièrement appropriées. Caillebotte, qui connaissait le propriétaire, avança le montant du loyer... » (John Rewald). Il procède à l'envoi des invitations, mais se pose le problème récurrent du Salon. Il est interdit aux exposants de se présenter au Salon officiel. Dix-huit artistes sont finalement rassemblés, avec de nouveaux venus comme Cordey, Lamy, Maureau, Piette, auxquels se joignent Cézanne et Guillaumin qui n'avaient pas participé à la seconde manifestation. Caillebotte propose *Rue de Paris, temps de pluie, Le Pont de l'Europe, Portraits à la campagne, Peintres en bâtiment.* Zola revient à lui plus conciliant : « ...Je nommerai M. Caillebotte, un jeune peintre du plus beau courage et qui ne recule pas devant les sujets modernes, grandeur nature. Sa *Rue de Paris par un temps de pluie* montre des passants, surtout un monsieur et une dame au premier plan, qui sont d'une belle vérité. Lorsque son talent se sera un peu assoupli encore, M. Caillebotte sera certainement un des plus hardis du groupe. » Paul Sébillot souligne combien l'œuvre de Caillebotte a des rapports étroits avec la photographie. Roger Ballu dénonce « la teinte générale de cette peinture (qui est) celle de l'ardoise ». Georges Rivière, qui fait autorité, s'arrête avec intérêt devant sa participation. Parce que « dans *Le Pont de l'Europe* il y a de grandes qualités et une heureuse disposition du sujet dans la toile ». Et Philippe Burty, l'amateur d'art japonais qui le fait découvrir à Edmond de Goncourt, figure majeure du boulevard et de la vie intellectuelle du moment, vante ses qualités qui lui font mériter amplement une médaille. Intérêt partagé par l'historien Paul Mantz qui estime que les œuvres de Caillebotte « promettent un peintre qui pourra devenir intéressant ».

Après la fermeture de l'exposition, une nouvelle vente est organisée où Caillebotte figure moins par nécessité financière que par solidarité avec ses amis. Les résultats ne furent guère plus heureux que ceux de la première. Et si les paysages de Pissarro partent pour des sommes allant de 50 à 260 francs, les toiles de Renoir oscillent entre 47 et 285 francs, celles de Sisley entre 105 et 165 francs, mais Caillebotte obtient 635 francs pour *Les Raboteurs de parquet* et 301 francs pour *Peintres en bâtiment*, ce qui montre bien que sa manière rassure plus l'amateur. Poursuivant son rôle de mécène pour Monet alors en grande difficulté, il loue pour lui un nouvel appartement au 20 de la rue de Vintimille.

1878 est une année de réflexion. Paris est trop absorbé par l'Exposition Universelle et ses flonflons. On reporte tous les efforts qu'exige la situation du groupe sur un projet en 1879. La présence possible au Salon, et souvent jugée nécessaire, jette encore le trouble. Renoir, Sisley et Cézanne sont absents et Berthe Morisot s'abstient « pour cause de maternité ». Le groupe est menacé de l'intérieur. Pissarro s'en alarme : « Si les meilleurs se dérobent, que deviendra notre union artistique ?... » Il s'en faut de peu que Monet, retenu à Vétheuil, ne fasse aussi défection. Caillebotte doit prendre entièrement sur lui les problèmes de sa participation pour qu'il y consente : « Je passerai la semaine à courir pour vous, si vous le voulez... », assortissant ses démarches d'une allocation de deux mille cinq cents francs dont l'artiste a bien besoin. Avec une large représentation de Monet, Pissarro et Caillebotte, « sans doute pour faire oublier les absents », l'exposition se tient 28 avenue de l'Opéra. Le terme impressionniste a disparu et, suivant l'injonction de Degas, on a baptisé le groupe d'« artistes indépendants ». Ce qui inspira à Armand Silvestre l'information narquoise : « Vous êtes prié d'assister aux service, convoi, enterrement de messieurs les Impressionnistes. Ce billet cruel nous vient de la part de messieurs les Indépendants. Ni fausses larmes, ni fausses joies ? Du calme. Il n'y a qu'un mot de mort (...) Ces artistes ont décidé, en grand conseil, que le vocable adopté par le public pour les désigner ne signifiait absolument rien et en ont inventé un autre... » De nouveaux venus remplacent les défections : Lebourg, Mary Cassatt, Forain et Zandomeneghi et, même pas mentionné sur le catalogue parce que « récupéré » à la dernière minute, Gauguin qui ne présente qu'une statuette. Perfide, Bertall part à la charge contre Caillebotte, confondant l'homme d'action, mécène, et le peintre. « Si M. Caillebotte est assez dévoué à la cause pour payer princièrement de son argent la publicité donnée à l'école dont il est devenu le chef vénéré, il paye aussi de sa personne. Il n'a pas moins de trente-cinq tableaux magnifiquement encadrés qui affirment d'une manière énergique son tempérament et ses convictions. »

Les problèmes multiples qui atteignent chacun des artistes normalement assimilés au groupe des impressionnistes, ne revendiquant même plus cette appellation qui faisait leur particularisme, rendent de plus en plus difficile leur participation régulière aux expositions. Celle de 1880, la cinquième, est privée de Monet, Renoir, Sisley et Cézanne. Elle comprend Bracquemond et sa femme, Guillaumin, Lebourg, Morisot, Degas et sa cohorte d'amis : Mary Cassatt, Forain, Levert, Rouart, Zandomeneghi, Tillot, Vidal et Raffaelli qu'il avait déjà, mais vainement, tenté de faire participer à la manifestation. De son côté, Pissarro avait amené Gauguin et un inconnu : Vignon. Le lieu choisi est un appartement du 10 rue des Pyramides. Le public se fait plus rare. L'effet d'impertinence, de scandale qui l'avait d'abord attiré, s'est dilué et c'est l'indifférence qui prédomine. S'agit-il d'une exposition impressionniste ? L'apport grandissant des émules de Degas n'a-t-il pas vicié l'esprit qui régnait au début ?

Zola ne s'y trompe pas qui parle de Naturalisme et, ayant rappelé le pourquoi de cette manifestation en marge du Salon officiel, situe bien en quoi ces artistes s'attachent à la réalité : « Ils se sont appliqués à rendre des coins de nature autour de Paris, sous la vraie lumière du soleil, sans reculer devant les effets de coloration les plus imprévus... » Et, retenant la participation de Caillebotte, il note que c'est « un artiste très consciencieux, dont la facture est un peu sèche, mais qui a le courage des grands efforts et qui cherche avec la résolution la plus virile... » J.K. Huysmans intervient avec un long article sur « l'exposition des indépendants ». Et, parlant de Caillebotte, « celui-là est un grand peintre, un peintre dont certains tableaux tiendront plus tard leur place à côté des meilleurs ; la série des œuvres qu'il expose cette année le prouve. Il y a parmi elles, un simple chef-d'œuvre. Le sujet ? oh mon Dieu ! il est bien ordinaire. Une dame nous tourne le dos, debout à une fenêtre, et un monsieur, assis sur un crapaud, vu de profil, lit le journal auprès d'elle – voilà tout ; – mais ce qui est vraiment magnifique, c'est la franchise, c'est la vie de cette scène, la femme qui regarde, désœuvrée, la rue, palpite, bouge ; on voit ses reins remuer sous le merveilleux velours bleu sombre qui les couvre ; on va la toucher du doigt, elle va bâiller, se retourner, échanger un inutile propos avec son mari à peine distrait par la lecture d'un fait divers. Cette qualité suprême de l'art, la vie, se dégage de cette toile avec une intensité vraiment incroyable (...). C'est un coin de l'existence commune, fixé tel quel. Le couple s'ennuie, comme cela arrive dans la vie, souvent ; une senteur de ménage dans une situation d'argent facile s'échappe de cet intérieur. M. Caillebotte est le peintre de la bourgeoisie à l'aise, du commerce et de la finance, pourvoyant largement à leurs besoins, sans être pour cela très riches, habitant près de la rue La Fayette, ou dans les environs du boulevard Haussmann. » Son commentaire abondant, courant sur plusieurs pages, fait alterner une minutieuse description des toiles et une analyse assez pertinente du travail. « En résumé, M. Caillebotte a rejeté le système des taches impressionnistes qui forcent l'œil à cligner pour rétablir l'aplomb des êtres et des choses ; il s'est borné à suivre l'orthodoxe méthode des maîtres et il a modifié leur exécution, il l'a pliée aux exigences du modernisme, en quelque sorte rajeunie et faite sienne... »
Charles Ephrussi, le brillant directeur de la *Gazette des Beaux-Arts*, manifeste quelque restriction : « M. Caillebotte oublie volontiers que Vitruve, Piero della Francesca, Léonard, Albert Dürer et autres ont fixé les lois de la perspective ; les plans successifs n'existent pas pour lui, les distances sont supprimées. Et c'est grand dommage, car M. Caillebotte a certaines qualités de peintre. » Restriction également formulée par Armand Silvestre, un amateur attentif aux manifestations des impressionnistes.
Toujours en désaccord avec Degas, en raison de l'obstination de ce dernier qui soutient Raffaelli, un protégé également de Huysmans, Caillebotte ne participe pas à l'exposition de 1881. En revanche, celle de 1882, la dernière à laquelle

il participe, est entièrement de son fait. Durand-Ruel s'engage dans le combat, il y trouve un débouché pour les nombreuses toiles achetées. Et du fait du recul de Degas qui s'abstient devant l'opposition à ses protégés, elle redevient une authentique illustration du mouvement impressionniste dans ses spécificités. « Jamais les impressionnistes n'avaient fait une exposition plus homogène, jamais il n'y eut moins d'éléments étrangers à leur groupe. Après huit ans d'une lutte poursuivie en commun, ils réussissaient pour la première fois (mais au prix de quelles difficultés !) à réunir un ensemble fidèlement représentatif de leur art » (John Rewald). L'exposition s'ouvre au 254 rue Saint-Honoré. Caillebotte y participe avec dix-sept toiles que Huysmans remarque à nouveau. « Contrairement à la plupart de ses confrères, il se renouvelle, n'adoptant aucune spécialité, ne risquant pas de la sorte de certaines redites, d'inévitables diminutions ; ses fruits se détachant sur des lits de papier blanc sont extraordinaires. Le jus pointe sous les pelures de ses poires que chinent sur leur épiderme d'or pâle de grandes balafres de vert et de rose, une vapeur ternit les grains de ses raisins qui se mouillent ; c'est d'une stricte vérité, d'une fidélité absolue de tons, c'est la nature morte exonérée de sa dîme routinière, c'est l'abolition de ces fruits creux qui gonflent d'imperméables épidermes sur les fonds usités des gris caoutchouc et des noirs suie. » Et il s'étonne du silence de la presse à son égard.
La vie privée de Caillebotte aura changé. Il se fixe de plus en plus au Petit-Gennevilliers, ne participera pas à la dernière exposition impressionniste de 1886, tardive, après bien des tergiversations, preuve que l'existence du groupe est de plus en plus relative. D'ailleurs Pissarro entame des incursions vers les nouveaux venus, fait alliance avec Seurat, et introduit le Néo-Impressionnisme qui va faire son propre chemin. En revanche, c'est le groupe des XX, à Bruxelles, ralliement européen des artistes nouveaux, qui fait appel à Caillebotte. Il s'y trouve dans le voisinage des artistes les plus novateurs, ceux qui préparent les mutations vers le Pointillisme et le Symbolisme.
Retiré, Caillebotte n'en continue pas moins à aider ses amis. Dont Pissarro toujours dans de graves difficultés financières. Le peintre Caillebotte est peu à peu oublié des critiques, négligé, confondu avec un Impressionnisme lui-même dépassé. Éclaté. En revanche, la collection s'enfle, et rassemble alors ce qui deviendra sa donation, soit soixante-sept tableaux des maîtres de l'Impressionnisme dont sept pastels de Degas *(Un Café, boulevard Montmartre, Chanteuse de café-concert, Femme sortant du bain...)*, quatre Manet *(Le Balcon, Les Courses...)*, seize Monet *(Régates à Argenteuil, Le Déjeuner, La Gare Saint-Lazare, Le Givre...)*, dix-huit Pissarro *(Le Lavoir, Chemin montant à travers champs...)*, huit Renoir (*La Liseuse, Le Moulin de la Galette, Bords de Seine à Champrosay...)*, neuf Sisley *(Une Rue à Louveciennes, La Seine à Suresnes...)*, cinq Cézanne *(Cours de ferme à Auvers, L'Estaque...)*.

En matière de finale

Après sa mort, et dans les remous que son legs suscite, qui illustrent parfaitement l'état de méconnaissance des institutions et d'ignorance de ses représentants qui vont longtemps bouder un formidable ensemble, et rejeter ainsi des pièces de premier plan, l'œuvre picturale de Caillebotte connaît un long purgatoire. L'éclat de la donation lui porte préjudice. Il est significatif qu'un écrivain jouant le rôle de porte-parole de l'opinion comme Octave Mirbeau, dont les écrits esthétiques font autorité, ne parle jamais de Caillebotte qu'à travers son legs et ignore le peintre. Ce n'est pas faute de ne pas être à l'écoute de l'art de son temps. On le voit, entre 1877 et 1900, parler avec abondance, et un évident enthousiasme, de Puvis de Chavannes, Bastien-Lepage, Eva Gonzalès, Fantin-Latour, Gervex, Forain, Jules Breton, et naturellement Monet, Renoir, Cézanne, Morisot, Pissarro, dont il possède d'ailleurs des œuvres. Il ne manque pas de rendre justice à Raffaelli que l'on trouve souvent dans le voisinage de Caillebotte, mais courant les chemins creux d'un Paris de misère, et se faisant peintre-photographe de la rue quand Caillebotte est le fin analyste des salons où l'on s'ennuie. De Raffaelli, il reconnaît la justesse de ses évocations d'une vie « surprise jusque dans les tréfonds des misères sociales... », nous faisant témoin de ses sourdes révoltes et des douleurs muettes. Le grand bourgeois qu'il fut, l'auteur un peu pervers du *Journal d'une femme de chambre*, du *Jardin des supplices*, inventeur de personnages sulfureux, mais, au-delà du pittoresque dont il sait habilement tirer toutes les séductions pour atteindre le plus large public, pourfendeur des faiblesses et des vices de sa classe, n'a pas su voir combien Caillebotte, sans user d'abus de style, sans forcer le ton, a su, lui aussi, donner une image ambiguë de son monde.

Entre le Huysmans douloureux de *Là-Bas*, et le Mirbeau des flamboyantes chroniques, Caillebotte a préparé un tout nouveau regard sur le monde. Et bien qu'il n'ait pas vraiment fréquenté la même classe que lui, ni célébré les charmes un peu surfaits de ses personnages déjà décadents, cet artiste annonce un peu le Proust d'*A la Recherche du temps perdu.* Arrêté justement au côté stable de la société qu'il décrit, quand Proust est plus fasciné par ce qui la fait vaciller, Caillebotte ne sort pas de son milieu. Il en connaît les fibres les plus secrètes. Et son sens des valeurs intangibles, dans la tradition de la bourgeoisie telle qu'elle se constitue entre respect

Portrait de l'artiste se promenant au bord de la mer *(1885). Collection Josefowitz. Contrairement à Courbet, il ne montre pas le peintre affrontant l'espace marin, mais dans un contexte naturel, où il conserve son attitude urbaine, sa silhouette de piéton de Paris. C'est le bourgeois à la campagne.*

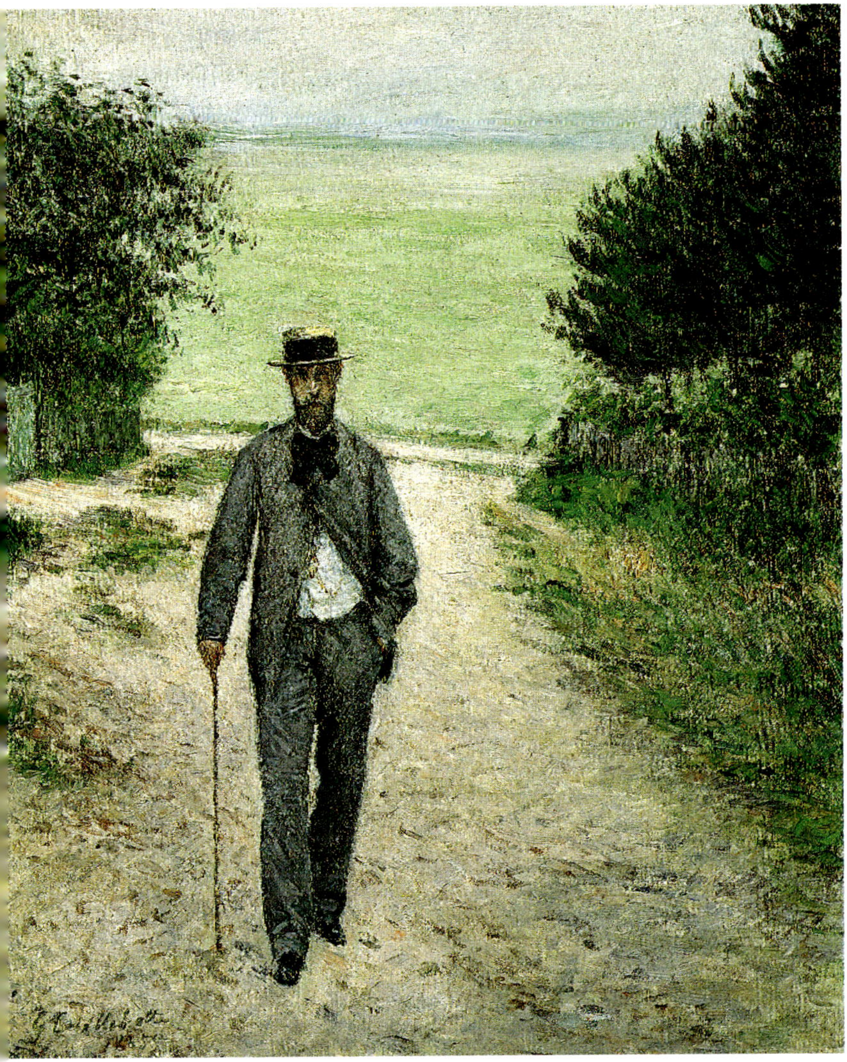

du travail, goûts modestes, et refus de tout panache ; alors que Proust, voulant sortir du sien, se brûle les ailes aux prestiges frelatés d'une aristocratie qui flambe de ses ultimes attraits, basculant vers les alliances douteuses (un nom prestigieux contre un confortable compte en banque). Où l'argent reste le moteur de la vie sociale, pour le pouvoir d'apparence qu'il peut donner, alors que chez les Caillebotte il n'est que le moyen de vivre dans un confort rassurant. Aussi le peintre analyse son propre milieu avec les moyens d'investigations dont Proust fait usage pour analyser un milieu qui le fascine, mais dont il n'est pas naturellement issu.
Caillebotte est tout proche du Proust qui s'imprègne du poids des choses

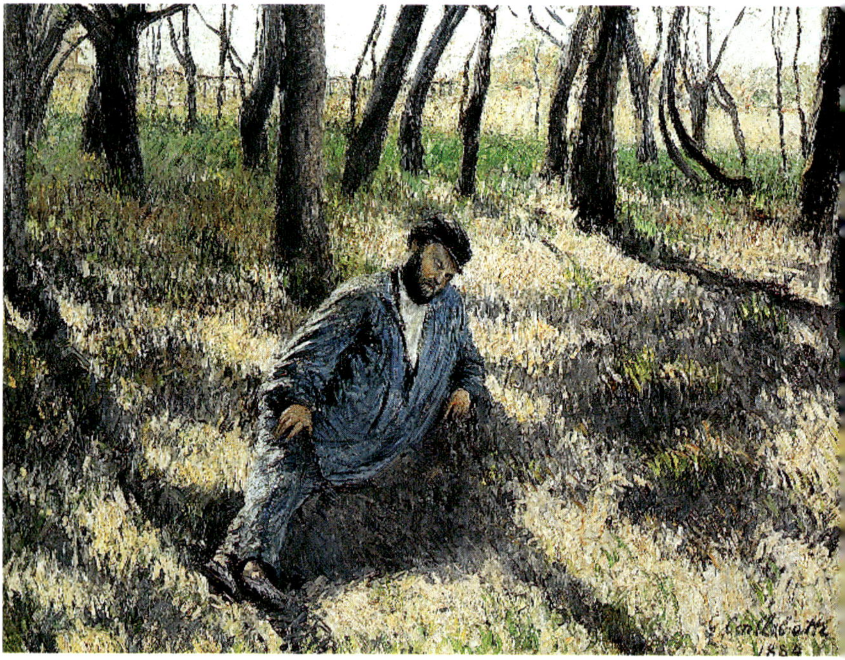

Le Père Magloire allongé dans un bois *et* Le Père Magloire *(1884). Musée du Petit Palais, Genève. Dits aussi* Claude Monet faisant la sieste *et* Claude Monet à Étretat, *l'hypothèse qu'il puisse s'agir d'un portrait du peintre ayant été admise. Les deux amis fréquentent volontiers les plages normandes et y travaillent de concert. Monet est l'un des amis préférés de Caillebotte qui joua toujours pour lui le rôle d'un généreux mécène.*

dont est faite la réalité, non pour tisser la légende de ses parades, mais expliquer sa nature profonde. Un rapport d'intimité avec le monde en le pénétrant de toute sa pensée, et dans la scintillante ardeur de la mémoire. Elle tend, avec Proust, vers les mouvements symphoniques où l'universel se profile ; elle se scelle, avec

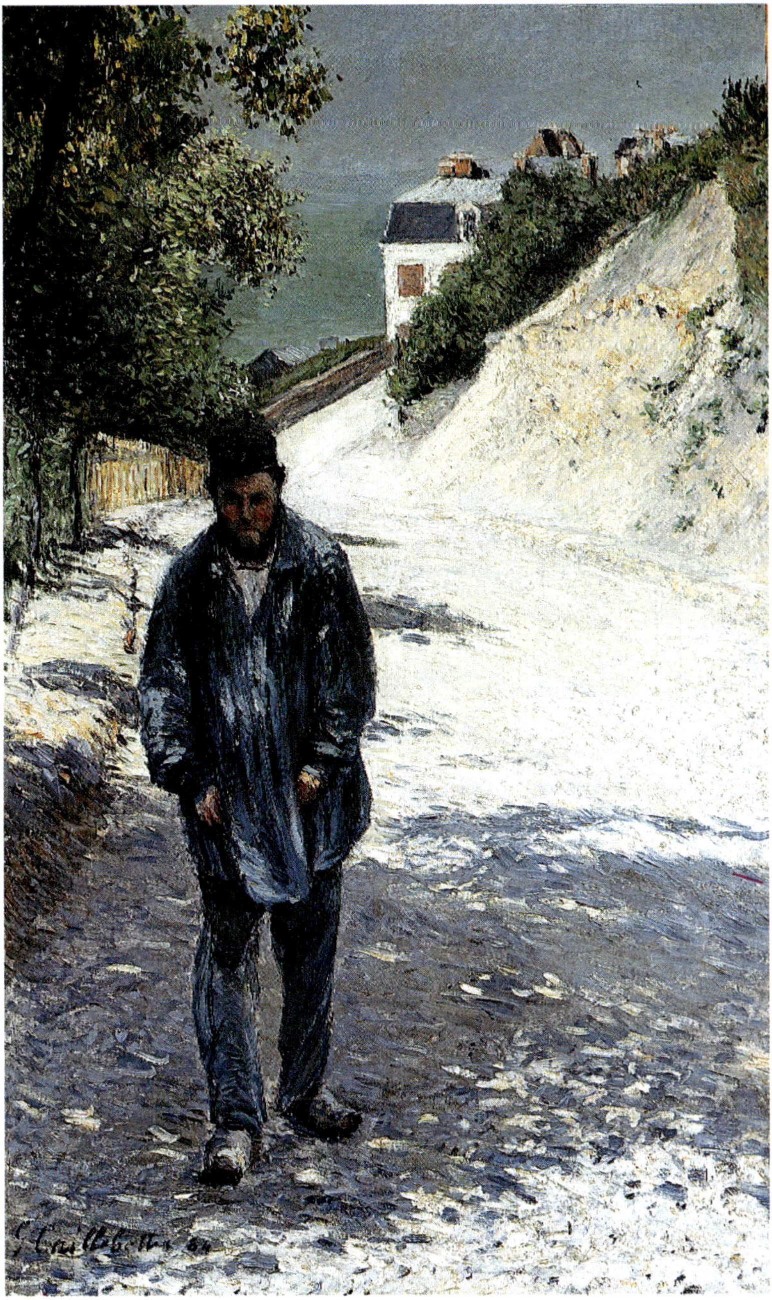
G. Caillebotte 84

Caillebotte, en de brèves mais denses séquences où c'est l'universel qui se fond. Avec une étrange impression de déjà vu, tant chaque scène est issue d'une très vieille mémoire collective qui charrie les mêmes angoisses, les mêmes craintes et les identiques mésententes. Mais cadrée dans un environnement qui est celui de son temps, d'un présent qui prend sous son pinceau, sous son regard, une force singulière, étrangère à ses contemporains exclusivement attachés au présent.
Tenté par la technique impressionniste, l'artiste va progressivement s'adonner à une exclusive peinture de plein air, alimentée par les sujets communs à tous les peintres de ce courant. Ce n'est pas le Caillebotte novateur. Il a rejoint une certaine avant-garde qui

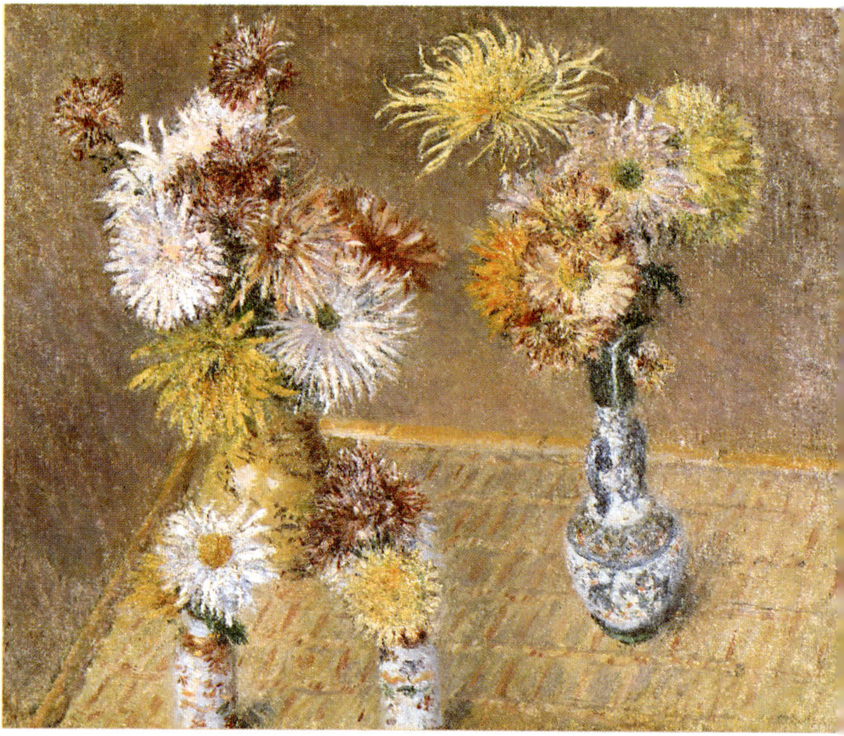

Chrysanthèmes dans un vase *(1893). Collection Josefowitz.*

Nature morte aux pommes *(1888). Collection particulière.*

Nature morte aux pêches *(env. 1887). Collection particulière.*

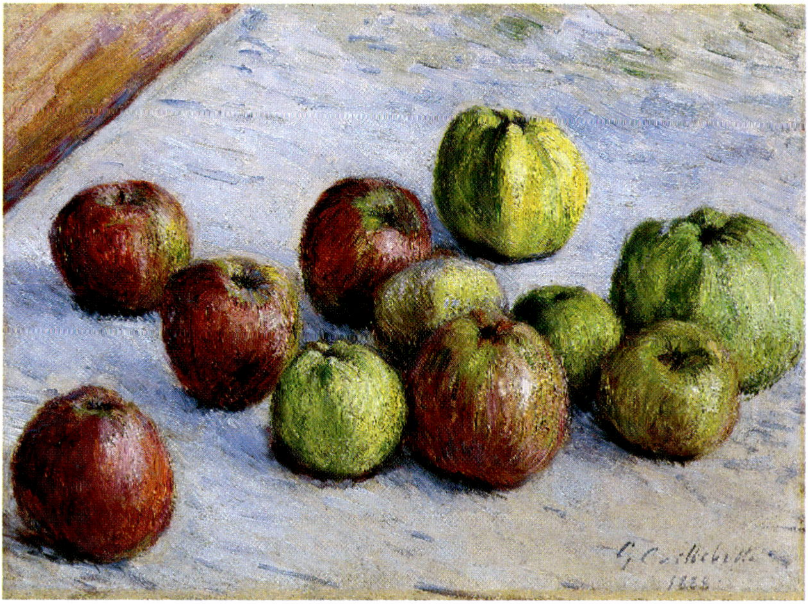
G. Caillebotte

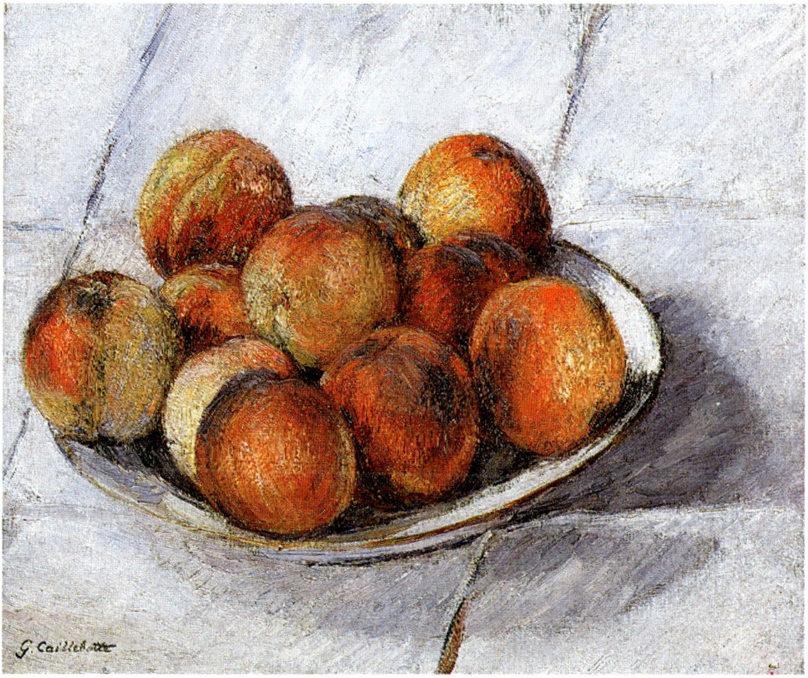
G. Caillebotte

veut mettre fin à une peinture d'anecdote et de conventions d'atelier. C'est moins dans sa nature profonde que par cette manière bien à lui de fouiller l'âme bourgeoise et de camper en des scènes bien serties dans un dessin aux feintes complaisances, aux douceurs qui sont autant de pièges, les espaces périlleux de l'ennui, de l'angoisse message, du moins une sensation qu'il fait partager. Un regard qui n'a que la complaisance de la politesse, de la convivialité qui est au cœur du jeu social dont il est héritier et à son tour acteur discret. Un regard qui, au-delà du vernis qu'il se donne, tant dans sa manière (raisonnable et presque classique) que par ses sujets (une chronique de la vie

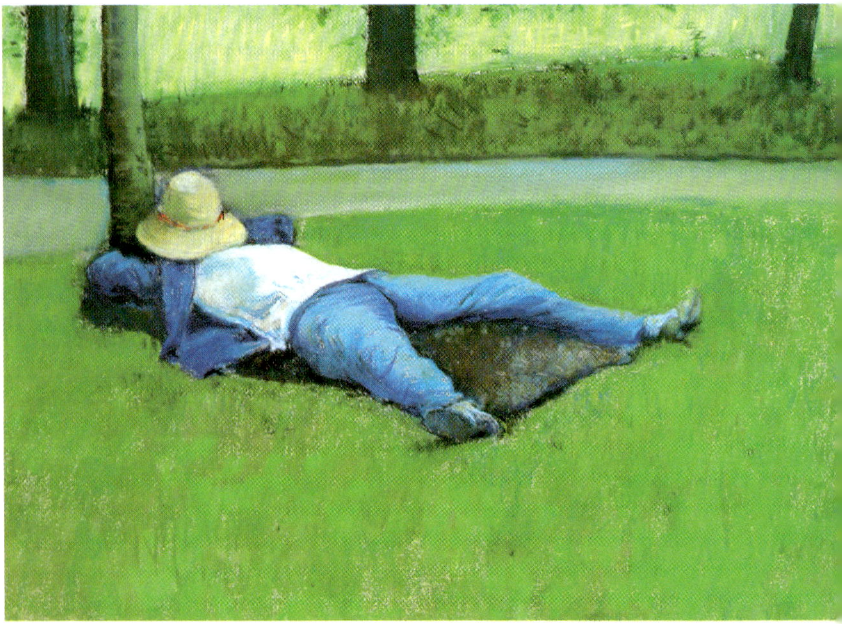

existentielle qui est au cœur d'une société dispensée des besoins de lutter pour survivre matériellement. Un peintre ayant à gagner sa vie quotidienne, à répondre aux besoins d'une clientèle, n'aurait pu aller où il est allé dans la finesse de l'analyse, ni se conduire comme il l'a fait. Dispensé de l'une et de l'autre de ces contraintes pesantes, et tout entier donné au seul besoin de peindre pour délivrer, sinon un familiale), perce à jour ce qui est supposé dans l'inconscient de chacun. Et dans celui des spectateurs de sa peinture. Fera-t-elle tellement peur qu'on n'y verra qu'un exercice sans grandeur d'un simple amateur ? Disant ce dernier éclairé, ce qui évitait de dire que le peintre l'était, qui fut si finement attaché à percer les âmes.

Munch, qui s'est placé dans son sillage, n'aura pas sa politesse et ira

au-delà des conventions sociales pour tirer un cri du corps qu'il peint. Caillebotte, lui, se contente d'exposer sa pudique désespérance, son désarroi « habillé pour sortir », et parce que chez lui on ne crie ni ne se révolte, mais assume ses doutes et ses craintes.
C'est en avançant vers une libération de la peinture, en découvrant les prémices de la peinture moderne, qu'il prend sa place dans l'aventure impressionniste où il n'existe pas seulement en tant qu'amateur distingué, et collectionneur averti ; c'est en regardant sans complaisance son milieu qu'il prépare une nouvelle vision de la réalité. Elle reste d'une étonnante actualité.

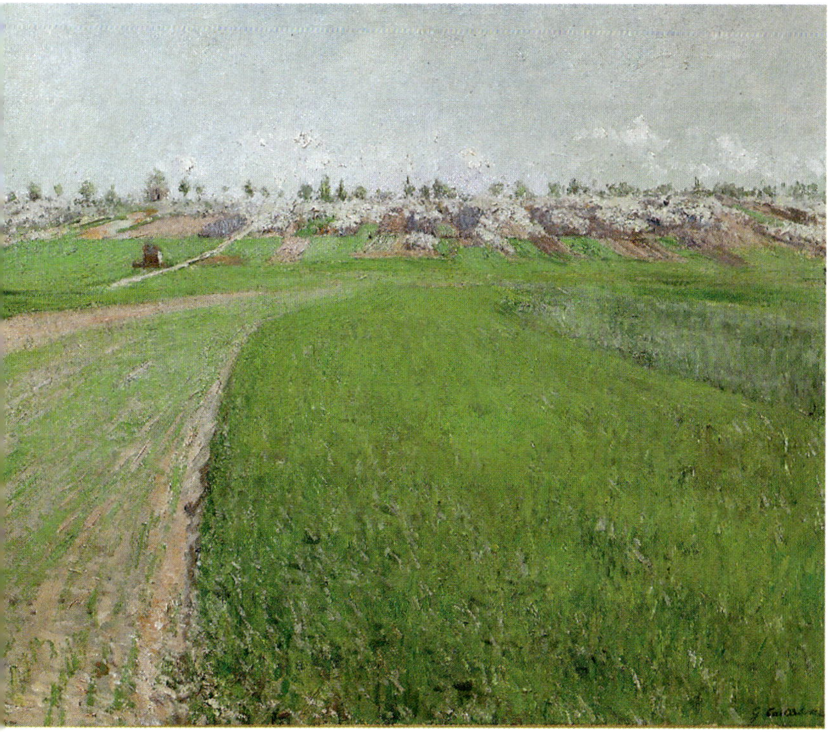

La Sieste *(1877). Wadsworth Atheneum, Hartford (Connecticut). Caillebotte ne va pas chercher bien loin ses sujets. Il les trouve dans le déroulement de la vie quotidienne et dans l'espace familial.*

Le Coteau de Colombes *(1884). Collection particulière. La constance de l'intérêt porté par les impressionnistes aux sites qu'ils fréquentent donne, à leurs tableaux, une valeur documentaire qui s'ajoute à la valeur picturale que chacune de leurs interventions, en dépit du sujet, constitue en soi.*

INDEX DES ŒUVRES

Chronologie de la vie de Gustave Caillebotte

1830 : Naissance de Camille Pissarro, aux Antilles.
1834 : Naissance d'Alfred, l'aîné des trois enfants issus des deux premiers mariages de Martial Caillebotte. Il sera « chanoine honoraire de la Métropole », chargé de la création de l'église Saint-Georges et, nommé curé de Notre-Dame-de-Lorette, considéré comme « le plus riche curé de Paris ».
Naissance d'Edgar Degas, 8 rue Saint-Georges.
1840 : Naissance de Claude Monet, 45 rue Laffitte.
1841 : Naissance d'Auguste Renoir, à Limoges.
1848 : Naissance de Gustave Caillebotte, 160 rue du Faubourg-Saint-Denis.
1850 : La famille s'installe 152 rue du Faubourg-Saint-Denis.
1851 : Naissance de René, premier frère de Gustave. Il figurera dans plusieurs toiles, dont *Homme à sa fenêtre,* et meurt en 1876.
1853 : Naissance de Martial, second frère de Gustave. C'est un musicien. Gustave partagera avec lui l'appartement du boulevard Haussmann jusqu'à son mariage en 1888.
1857 : Gustave entre au Lycée Louis-le-Grand, pensionnat de Vanves.
1860 : Martial Caillebotte père acquiert la propriété d'Yerres. Gustave a 12 ans.
1868 : La famille quitte le trop populaire Faubourg-Saint-Denis et s'installe dans un hôtel particulier, 77 rue de Miromesnil, dans un tout nouveau quartier qui deviendra éminemment bourgeois.
1869 : Gustave est bachelier en droit. Débuts de peinture dans le cadre, qui s'y prête tant, de la propriété d'Yerres.
1870 : Gustave, renonçant à travailler dans l'entreprise familiale, entre à l'atelier de Bonnat, peintre à la mode. Il est mobilisé dans la Garde mobile de la Seine.
1871 : Gustave est démobilisé.
1872 : Voyage de Gustave avec son père en Italie. Peint sous l'influence de Giuseppe De Nittis.
1873 : Gustave est reçu au concours de l'Ecole des Beaux-Arts.
1874 : Première exposition (15 avril), dans les locaux mis à leur disposition par Nadar, 35 boulevard des Capucines, des artistes-peintres de la Société anonyme coopérative. C'est la Première Exposition des Impressionnistes. Monet y présente son œuvre *Impression, soleil levant,* titre qui sera à l'origine (par dérision) de l'appellation du groupe. Caillebotte, qui vient de rencontrer Degas qui sera son introducteur auprès des autres membres du groupe, n'y participe pas, ne s'estimant pas prêt.
Mort de Martial, le père. La famille conserve la propriété d'Yerres en dépit de son importance.
1875 : Gustave étend son réseau de relations dans le monde de la peinture. Il rencontre les futurs impressionnistes mais également Jean Béraud, chroniqueur de la vie mondaine.
Les Raboteurs de parquet est refusé au Salon. Lors de la vente d'œuvres impressionnistes, organisée à l'hôtel Drouot, Gustave achète plusieurs toiles pour aider ses amis. Il commence sa collection. Elle sera la plus considérable de son temps.
1876 : Mort de René, le frère cadet de Gustave. Celui-ci rédige son premier testament, afin de donner une destination posthume à sa collection.
Caillebotte participe à la Deuxième Exposition des Impressionnistes,

11 rue Le Peletier et 16 rue Laffitte (galerie Durand-Ruel).
Manet est à Montgeron, village voisin d'Yerres, ainsi que Monet au château d'Hoschedé, un collectionneur ami.
1877 : Caillebotte loue un appartement pour Monet, 17 rue Moncey, dans le quartier de la gare Saint-Lazare.
Troisième Exposition des Impressionnistes, 6 rue Le Peletier, dans un appartement loué à cet effet par Caillebotte qui prend sur lui l'organisation difficile de la manifestation. Il y présente en particulier sa grande toile *Portraits à la campagne, Le Pont de l'Europe* et *Rue de Paris, temps de pluie.*
Deuxième vente d'œuvres impressionnistes à l'hôtel Drouot. Caillebotte « pousse » les enchères.
1878 : Mort de la mère. Claude Monet s'installe dans un atelier mis à sa disposition par Caillebotte au 20 de la rue de Vintimille.
1879 : Les frères Caillebotte se séparent de la propriété d'Yerres. Installation boulevard Haussamann.
Quatrième Exposition des Impressionnistes, 28 avenue de l'Opéra. Caillebotte y présente des œuvres exécutées à Yerres.
1880 : Cinquième Exposition des Impressionnistes, 10 rue des Pyramides. Caillebotte y présente 11 tableaux, dont *Dans un café.* Achat par Gustave de la maison du Petit-Gennevilliers. Il est vice-président du Cercle de la Voile à Paris.
1881 : Sixième Exposition des Impressionnistes, 35 boulevard des Capucines. Un vif désaccord oppose Caillebotte à Degas. Il préfère se retirer de la manifestation.
1882 : Septième Exposition des Impressionnistes (sous l'étiquette Artistes indépendants), 251 rue Saint-honoré, dans les salons du Panorama de Reichshoffen. Présentation remarquée de *Partie de Bésigue* par Caillebotte, qui lui vaut un abondant commentaire de J.K. Huysmans avec lequel apparaissent des affinités d'esprit.
Il aménage la maison qu'il a achetée au Petit-Gennevilliers.
1883 : Mort d'Édouard Manet. Séjour de Renoir chez Caillebotte au Petit-Gennevilliers. Il s'y crée un noyau d'amis attachés aux plaisirs de la navigation, autour de Gustave qui dessine lui-même des bateaux et en fait construire.
1884 : Achat par Caillebotte du *Balcon* de Manet.
1886 : Caillebotte participe à une exposition d'artistes impressionnistes organisée par Durand-Ruel à New York. Début de la percée de la peinture française moderne sur le Nouveau Continent.
Huitième et dernière Exposition des Impressionnistes. Elle est totalement dominée par l'arrivée des pointillistes (Seurat) sous la poussée de Pissarro. Gustave n'y participe pas.
1887 : Caillebotte s'attache progressivement à ses plantations du Petit-Gennevilliers et, au mariage de son frère Martial, quitte définitivement l'appartement du boulevard Haussmann. Il conserve un local, 29 boulevard de Rochechouart.
1888 : Caillebotte s'intègre bien au Petit-Gennevilliers. Il est même élu conseiller municipal de Gennevilliers et gère plusieurs commissions, dont celles de l'enseignement et des fêtes.
Il participe à l'Exposition des XX à Bruxelles, véritable anthologie de l'art qui se fait alors en Europe, et à la manifestation organisée par Durand-Ruel, 11 rue Le Peletier : *Peintres impressionnistes et post-impressionnistes.* On y a déjà un regard rétrospectif sur le mouvement.
1890 : Un groupe de souscripteurs, dont Caillebotte, offre l'*Olympia* de Manet à l'Etat. Elle entre au musée du Luxembourg.
1892 : Caillebotte conserve des liens sociaux avec Paris grâce à la tradition des dîners (au café Riche).
1894 : Frappé par une congestion cérébrale, Gustave meurt à 46 ans, le 21 février.
1896 : Après de multiples démarches et réticences des services officiels, le legs Caillebotte est en partie accepté (67 tableaux contre 29 refusés).
1897 : Le legs entre au Luxembourg. Manifestations diverses d'hostilité. En particulier de la part de l'Académie des Beaux-Arts et d'un certain Hervé de Saisy, sénateur.
1903 : Mort de Camille Pissarro.
1917 : Mort d'Edgar Degas.
1919 : Mort d'Auguste Renoir.
1926 : Mort de Claude Monet.

CRÉDIT PHOTOS

D.R., archives A.C.R., collectionneurs privés et BL-Giraudon, Paris, pp. 5, 7, 8, 9, 13, 28, 29, 32, 33, 38-39, 46, 52-53, 54, 55, 57, 62-63, 64, 69, 75, 83, 84-85, 89, 94-95, 103, 105, 112, 113, 114, 115, 127, 128, 131, 139, 141, 143, 153, 165, 167, 168, 173. Galerie Brame et Lorenceau, Paris, pp. 15, 18, 19, 71. Galerie Hopkins-Thomas, Paris, p. 10-11. Galerie Malingue, Paris, pp. 152, 164. Galerie Robert Schmit, Paris, pp. 37, 43, 60, 61, 149, 157, 161, 162, 163, 187, 189. Giraudon, Paris, p. 51. Lauros-Giraudon, Paris, pp. 36, 135. Musée du Petit Palais, Genève, pp. 17, 90-91, 93, 106, 136, 184, 185. Réunion des Musées Nationaux, Paris/H. Lewandowski, p. 47.